华东政法大学 主办

中国公共法律服务

2024年 | 第1辑

杨凯 ◎ 主编

本书为 2021 年度国家社会科学基金重大项目
"民事司法程序现代化问题研究"的阶段性研究成果
（项目批准号：21&ZD205）

人民法院出版社

图书在版编目（CIP）数据

中国公共法律服务. 2024年. 第1辑 / 杨凯主编. -- 北京：人民法院出版社，2024.5
ISBN 978-7-5109-4139-9

Ⅰ．①中… Ⅱ．①杨… Ⅲ．①法律－工作－研究－中国 Ⅳ．①D92

中国国家版本馆CIP数据核字(2024)第088173号

中国公共法律服务（2024年第1辑）
杨 凯 主编

策划编辑	张 奎
责任编辑	张 奎
出版发行	人民法院出版社
地　　址	北京市东城区东交民巷27号（100745）
电　　话	（010）67550673（责任编辑）　67550558（发行部查询）
	65223677（读者服务部）
客 服 QQ	2092078039
网　　址	http://www.courtbook.com.cn
E – mail	courtpress@sohu.com
印　　刷	三河市国英印务有限公司
经　　销	新华书店
开　　本	787毫米×1092毫米　1/16
字　　数	259千字
印　　张	15.5
版　　次	2024年5月第1版　2024年5月第1次印刷
书　　号	ISBN 978-7-5109-4139-9
定　　价	68.00元

版权所有　侵权必究

学术委员会（编辑委员会）

主　任：

张新宝　邓甲明

委　员（按姓氏拼音排序）：

宾　凯	蔡　虹	陈金钊	陈小君	丛立先	邓甲明	杜宴林	杜　宇
段厚省	方　潇	付子堂	高一飞	葛洪义	韩　强	何丽新	胡学军
胡玉鸿	扈纪华	季奎明	姜　晶	姜　涛	蒋传光	梁　欣	刘风景
刘福臣	刘学在	刘作翔	龙大轩	马长山	马宏俊	莫纪宏	潘剑锋
彭诚信	秦前红	沈丽飞	申卫星	施汉生	舒国华	宋方青	孙笑侠
王福华	王　健	王兰萍	王月明	王周户	吴汉东	项　炎	许身健
杨　凯	杨　奕	姚　佳	叶名怡	张新宝	张　渝	郑智航	周尚君

主　编：

杨　凯

副主编：

王海军　吴思远

责任编辑：

杨铜铜　杨璐嘉　高　娟　王璨璨　白蒙尼

外文编辑：

赵智勇　陈美颖　袁杲炜　郝志光　闫　倩

校　对：

丁润俏　李　莉　张明星　金啸杰　金得济　沈桦鑫　侯欣宇　蒋伟彬

第1辑 2024年

目录
CONTENTS

▶ **卷首语**

1　法脉传承　公心为民（白蒙尼）

▶ **特稿**

4　司法程序现代化中的法官角色定位
　　——关于法官运用司法方法促进审判公共法律服务的思考（席建林）

28　论构建符合"案-件比"司法规律的刑事审判质效管控新机制（路　华）

▶ **融合发展理论**

42　《民事诉讼法》修正背景下的司法确认再造检视
　　——兼论公共法律服务视域中诉前调解的路径探索（张　新）

▶ **诉讼与非诉讼公共服务**

70　收买被拐卖妇女、儿童罪刑罚配置三阶段规范论
　　——基于刑罚分配正义法社会学与阶段分配理论法教义学相融合的实证分析（林　艳）

89　能动司法视域下信息数据犯罪的协商性共治
　　——企业刑事合规中司法审查的模式和路径（许　娟　雷　敏）

▶ **新时代枫桥经验与基层社会治理**

116　乡村振兴视野下基层法院参与社会治理的路径探寻
　　——以福建罗源法院"无讼畲乡"治理模式为样本（池开通）

▶▶ 公共法律服务新视野

129 新时代律师队伍建设的成就与展望（高一飞　田宝帅）

151 企业破产程序转换机制的检视与建构

　　——以破产重整与和解程序转换为视角（杜玉兰　邱向茜）

▶▶ 立法评估与服务质效评价

168 2020—2023年全国公共法律服务地方立法及实施情况简析报告

　　（杨凯教授立法后评估团队）

176 法律援助服务质量的评估

　　——兼析值班律师办理认罪认罚从宽案件质量评估指标（程　滔　张　宏）

▶▶ 科技应用前沿与产品创新

190 广东省社区矫正自助排查监管教育科技产品应用前瞻（吴晓荻）

195 AI浪潮下法律科技如何推动法律服务产业化发展（黄选锋）

▶▶ 省厅（局）特色经验展示

211 "四个转变"打造高能级公共法律服务平台（江苏省司法厅公共法律服务管理处）

▶▶ 公共法律服务中心建设

218 推进苏州现代法律服务产业高质量发展　聚力打造更优法治化营商环境（徐亦文）

223 加快推进成渝地区双城经济圈公共法律服务一体化建设（刘景文）

"China Public Legal Services" Collection (First issue in 2024) Table of Contents

▶ **Preface**

1 Legacy Inheritance , Public Heart for the People (Bai Mengni)

▶ **Feature Article**

4 Positioning of the Role of Judges in the Modernization of Judicial Procedures—Reflection on the Use of Judicial Methods by Judges to Promote Public Legal Services in Trials (Xi Jianlin)

28 On the Construction of a New Mechanism for Controlling the Quality and Efficiency of Criminal Trials that Conforms to the Judicial Law of "Case Ratio" (Lu Hua)

▶ **Integrated Development Theory**

42 Review of Judicial Confirmation Reconstruction in the Context of the Revision of the "Civil Procedure Law"—Advise on the Path Exploration of Pre-Litigation Mediation in the Perspective of Public Legal Services (Zhang Xin)

▶ **Litigation and Non-Litigation Public Services**

70 The Three-Stage Normative Theory of Penalty Allocation for the Crime of Buying Abducted Women and Children—An Empirical Analysis Based on the Integration of the Sociology of Justice in Penalty Distribution and the Legal Doctrine of Stage Distribution Theory (Lin Yan)

89 Consultative Co-Governance of Information Data Crimes from the Perspective of Active Justice—The Model and Path of Judicial Review in Corporate Criminal Compliance (Xu Juan, Lei Min)

▶▶ Maple Bridge Experience and Grassroots Social Governance in The New Era

116 Exploring the Path for Grassroots Courts to Participate in Social Governance from the Perspective of Rural Revitalization—Taking the "Litigation-Free She Township" Governance Model of Luoyuan Court in Fujian Province as a Sample (Chi Kaitong)

▶▶ A New Perspective on Public Legal Services

129 Achievements and Prospects of Lawyer Team Building in the New Era (Gao Yifei, Tian Baoshuai)

151 Examination and Construction of the Transformation Mechanism of Corporate Bankruptcy Procedures—From the Perspective of Bankruptcy Reorganization and Reconciliation Procedure (Du Yulan, Qiu Xiangqian)

▶▶ Legislative Evaluation and Service Quality and Efficiency Evaluation

168 A Brief Analysis Report on Local Legislation and Implementation of National Public Legal Services from 2020 to 2023 (Professor Yang Kai's Post-Legislation Evaluation Team)

176 Evaluation of the Quality of Legal Aid Services—Analyzing the Quality Evaluation Indicators of Cases Where Duty Lawyers Handle Guilty Pleas and Leniency (Cheng Tao, Zhang Hong)

▶▶ Cutting-edge Technology Applications and Product Innovation

190 Prospects for the Application of Educational Technology Products for Community Correction Self-Service Inspection and Supervision in Guangdong Province (Wu Xiaodi)

195 How Does Legal Technology Promote the Industrialization of Legal Services Under the AI Wave (Huang Xuanfeng)

▶▶ Provincial Departments (Bureaus) Characteristic Experience Display

211 "Four Transformations" Creating a High-Level Public Legal Service Platform (Public Legal Service Management Office of Jiangsu Provincial Department of Justice)

▶▶ **Construction of Public Legal Service Center**

218 Promote the High-Quality Development of Suzhou's Modern Legal Service Industry and Focus on Creating a Better Legal Business Environment (Xu Yiwen)

223 Accelerate the Construction of Integrated Public Legal Services in the Chengdu-Chongqing Twin-City Economic Circle (Liu Jingwen)

Recueil de communications « Services juridiques publics chinois » (Premier numéro en 2024) Table des matières

▶▶ **Préface**

1 Hériter l'esprits des lois pour servir le peuple (Bai Mengni)

▶▶ **Article vedette**

4 Le rôle des juges dans la modernisation des procédures judiciaires : Réflexions sur des méthodes judiciaires utilisées par les juges pour promouvoir les services juridiques publics dans les procès (Xi Jianlin)

28 Le nouveau mécanisme de contrôle de la qualité et de l'efficacité du procès pénal en conformité avec la proportionnalité entre le nombre des affaires et le nombre de procédures à passer (Lu Hua)

▶▶ **Théorie du développement intégré**

42 Bilan de la confirmation judiciaire après la révision de la Loi de la procédure civile et la recherche d'une nouvelle voie de médiation précontentieuse pour les services juridiques publics (Zhang Xin)

▶▶ **Recours contentieux ou non contentieux liés aux services publics**

70 La théorie normative par trois étapes pour déterminer des peines pour le crime de vente et trafic de femmes et d'enfants enlevés : une analyse positive basée sur la détermination des peines selon la sociologie de la justice et la doctrine de la détermination des peines par étapes (Lin Yan)

89 Co-gouvernance pour lutter les infractions liées à l'informatique pour une justice active—le modèle et la voie du contrôle judiciaire des entreprises en matière de conformité du droit pénal (Xu Juan, Lei Min)

▶▶ Expérience Maple Bridge et gouvernance sociale de base dans la nouvelle ère

116 La voie permettant aux tribunaux de base de participer à la gouvernance sociale pour la revitalisation rurale—l'expérience dite "sans litige pour le district de She" ménée par le tribunal de Luoyuan dans la province du Fujian (Chi Kaitong)

▶▶ Nouvelle perspective sur les Services publics

129 Succès et perspectives sur la constitution d'équipes d'avocats dans la nouvelle ère (Gao Yifei, Tian Baoshuai)

151 Examen et conseil sur le mécanisme du remplacement pour la procédure de faillite : du point de vue des procédures de réorganisation et de réconciliation (Du Yulan, Qiu Xiangqian)

▶▶ Évaluation de la législation et de la qualité et de l'efficacité des Services

168 Bref rapport sur la législation locale des services juridiques publics nationaux et de sa mise en œuvre de 2020 à 2023 (équipe d'évaluation post-législative du professeur Yang Kai)

176 Évaluation de la qualité de l'aide juridictionnelle et analyse des indicateurs d'évaluation de la qualité des affaires dans lesquelles les avocats de service aident les accusés de reconnaître leur culpabilité et demander la clémence (Cheng Tao et Zhang Hong)

▶▶ Application technologique de pointe et innovation de produits

190 Perspectives sur l'application des produits de technologie éducatifs pour l'inspection et la supervision en libre-service des services correctionnels communautaires dans la province du Guangdong (Wu Xiaodi)

195 Comment la technologie juridique favorise-t-elle l'industrialisation des services juridiques sous la vague de l'IA ? (Huang Xuanfeng)

▶▶ Les expériences sépcifiques menées par les départements(bureaux)provinciaux

211 «Quatre transformations » pour créer une plateforme de service juridique public de haut niveau (Direction de gestion des services juridiques publics du Bureau de la Justice du Jiangsu)

▶▶ **Construction d´un centre des services juridiques publics**

218 Promouvoir le développement de haute qualité du secteur des services juridiques modernes de Suzhou, se concentrer sur l'optimisation de l'environnement commercial en voie légale (Xu Yiwen)

223 Accélérer les services juridiques publics intégrés dans le cercle économique des villes jumelées Chengdu-Chongqing (Liu Jingwen)

卷首语

法脉传承　公心为民

白蒙尼*

"公共法律服务"是一个具有鲜明中国特色的概念，公共法律服务的发展与建设植根于中国特色社会主义制度的沃土。公共法律服务体系建设作为我国社会主义法治建设的关键一环，应致力于弘扬社会主义法治精神，积极推动国家治理体系和治理能力现代化，为国家发展和社会进步提供坚实的法治保障。

2022年10月，习近平总书记在党的二十大报告中强调："加快建设法治社会。法治社会是构筑法治国家的基础。弘扬社会主义法治精神，传承中华优秀传统法律文化，引导全体人民做社会主义法治的忠实崇尚者、自觉遵守者、坚定捍卫者。建设覆盖城乡的现代公共法律服务体系，深入开展法治宣传教育，增强全民法治观念。"[①] 社会主义法治精神是社会主义法治建设的灵魂，它具有的人民性、实践性、共识性是深刻认识和弘扬社会主义法治精神的强大动力。社会主义法治精神与法治社会建设的成效和中国式现代化的进程有着紧密联系。2023年6月，习近平总书记在文化传承发展座谈会上指出："中国式现代化赋予中华文明以现代力量，中华文明赋予中国式现代化以深厚底蕴。"[②]

在中国式现代化建设的进程中，需要构建"以供需平衡体系为基础、以运

---

* 作者信息：为华东政法大学公共法律服务学专业博士研究生。
① 习近平：《高举中国特色社会主义伟大旗帜　为全面建设社会主义现代化国家而团结奋斗——在中国共产党第二十次全国代表大会上的报告》（2022年10月16日），人民出版社2022年版，第42页。
② 习近平：《在文化传承发展座谈会上的讲话》，载《求是》2023年第17期。

营平台体系为抓手、以产品内容体系为主线、以法治治理体系为目标、以人力资源体系为根本、以政策法规体系为方法、以经费保障体系为支持、以数字数据体系为依托、以监督管理体系为中心的全方位发展的现代公共法律服务多元化规范体系。"[1] 推进公共法律服务体系建设，需要凝聚法治力量，调动律师、公证、司法鉴定、仲裁、调解、基层法律服务等法律服务业广泛参与的积极性，促进社会公平正义，弘扬社会主义法治精神。公共法律服务体系建设应当以社会主义法治精神为指导，积极倡导和宣传社会主义法治理念，加强社会主义法治宣传教育，提高人民群众对法治的认识和理解，贯彻和落实社会主义法治精神。如此，社会主义法治精神与公共法律服务体系建设能够形成良性的互动，共同推动中国特色社会主义法治建设。

"公心为民"是中国公共法律服务建设的核心理念和目标。回顾过去，我国公共法律服务体系建设取得了显著的成就。《全国公共法律服务体系建设规划》（2021—2025年）指出，"十三五"时期开创了公共法律服务工作新局面，司法部深入贯彻落实党中央决策部署和习近平总书记重要指示精神，牵头建立公共法律服务体系建设部际联席会议制度，统筹推进改革，公共法律服务体制机制、制度体系不断健全完善，公共法律服务体系建设迈上新台阶。

我国公共法律服务体系建设始终坚持以人民为中心的发展思想，是一项符合民意、惠及民生、赢得民心的长久性工程，为维护社会公平正义、促进国家法治建设作出重大的贡献。随着我国法治建设的不断深入，中国特色社会主义进入了新的发展阶段，我国社会的主要矛盾已经转化为人民日益增长的美好生活需要和不平衡不充分的发展之间的矛盾，人民群众对法律服务的需求日益增长，并且呈现出多元化、个性化的特点。

展望未来，我们对中国公共法律服务的发展前景充满信心。我们处在一个高速发展的新时代，需要不断创新公共法律服务的内容和形式，注重服务供给质量、效率和信息化水平的提升，发挥数字赋能的作用，探索出更加符合人民群众日益增长的需求的公共法律服务模式，"进一步拓宽提高法律服务层次、领域、品质，逐步实现从基本满足群众需求到精准满足群众多元化、个性化需求

---

[1] 杨凯：《推进中国特色现代公共法律服务多元化规范体系建构》，载《中国司法》2022年第5期。

的转变"。①

  我国公共法律服务体系建设承载着重要的历史使命和社会责任，青年学者是推动公共法律服务发展的中坚力量，应该担当起推动公共法律服务发展的重任。新时代公共法律服务学的研究和发展离不开广大青年的力量。2023年2月，中共中央办公厅、国务院办公厅印发的《关于加强新时代法学教育和法学理论研究的意见》明确指出："法学教育和法学理论研究承担着为法治中国建设培养高素质法治人才、提供科学理论支持的光荣使命，在推进全面依法治国中具有重要地位和作用。"青年人是新时代发展的重要力量，鼓励广大青年参与到公共法律服务学的研究中，推动公共法律服务理论和实践的创新和深化，为公共法律服务学科体系建设提供有力人才保障和理论支撑。

  "明天的中国，希望寄予青年。青年兴则国家兴，中国发展要靠广大青年挺膺担当。年轻充满朝气，青春孕育希望。广大青年要厚植家国情怀、涵养进取品格，以奋斗姿态激扬青春，不负时代，不负年华。"青年学者在传承和发扬中国优秀法律传统的同时，需要注重与国际接轨，取其精华，为中国公共法律服务学注入源源不断的活力；要以公共利益为出发点和落脚点，全心全意为人民服务，切实解决人民群众的现实需求；要加强与其他学科领域的交流与合作，发挥出公共法律服务学学科体系建设与法政治学、法经济学、法社会学等学科的联系与交流，推动公共法律服务学的多元化发展，推动构建具有中国特色的公共法律服务学学科体系建设。

  展望明日之中国，希望之光熠熠生辉。《中国公共法律服务》将持续发挥指引作用，成为理论界和实务界等领域的专家学者交流与合作的平台，期待在这个平台中汇聚更多优秀的青年学者，共同探讨公共法律服务的理论和实践问题，为中国公共法律服务事业的繁荣发展贡献力量，助力法治国家、法治政府、法治社会建设！

---

① 中央全面依法治国委员会办公室：《深入学习贯彻习近平法治思想 坚定不移走中国特色社会主义法治道路——认真学习〈习近平著作选读〉第一卷、第二卷》，载《光明日报》2023年6月8日第6版。

特 稿

司法程序现代化中的法官角色定位

——关于法官运用司法方法促进审判公共法律服务的思考*

席建林**

内容提要：司法裁判是实现法治建设的重要途径，法官角色受制于正义的相对性、司法的被动性、法条的抽象性、程序的机械性以及与当事人诉讼期待的冲突性所产生的挑战和压力。在司法程序现代化进程中，法官要善于运用司法方法进行思考和裁判，努力在正义的相对性中追求确定性；在司法的被动性中争取主动性；在抽象的法条背后去把握法律的价值取向；在绝对程序中去柔化程序的机械；在与当事人诉讼期待的冲突中，去增强互信、抚平焦虑，从而充分发挥司法审判的公共法律服务职能，努力让人民群众在每一个司法案件中感受到公平正义。

关键词：司法程序；现代化；法官角色；司法方法

---

* 基金项目：本文系2021年度国家社科基金重大项目"民事司法程序现代化问题研究"（项目批准号：21&ZD205）的阶段性研究成果。

** 作者信息：上海市第三中级人民法院党组书记、院长、一级高级法官，上海法院审判业务专家，上海市法学会诉讼法学研究会副会长，复旦大学法学院兼职教授、硕士生导师。主要研究领域为民事诉讼证据制度、合同法等。本文根据2022年7月—9月间在法院年中会议及法官会议上的发言整理而成，感谢华东政法大学《中国公共法律服务》杂志编辑部王海军、吴思远、白蒙尼的细心编校及注释梳理。

一、问题的提出

随着社会的现代化转型，在推进中国式法治现代化的进程中，司法程序现代化是其题中应有之义。其中，法官的角色定位十分重要，法官运用司法方法得出的裁判结果直接影响着司法公正。司法是实现法治的关键，司法裁判的结果和司法运行状况体现着法治的实践样态。[①] 在推进司法程序现代化过程中，法官应坚守司法是正义的供给者，正义是司法者的产品。法官必须实现正义、输出正义，并"努力让人民群众在每一个司法案件中感受到公平正义"，从而让社会大众在感受到司法正义的同时，去理解司法、尊重法官。

法院被尊重则法治可期，法官被尊重则正义可期。法官要具备定分止争、实现公平之能，有捍卫权利、惩恶扬善之志。法官在审理个案时，不仅需要向当事人提供权利救济的裁判立场，还需要向社会输出正义理念。[②] 但法官定分止争是确定权属、分配利益，两方当事人总有胜败之别，败者自然不平、不满，难谈尊重，且法官只能分配利益，无法创造利益。同时，公平正义只是一个相对性概念，既涉及法律判断，又涉及社会判断；既有个体认知，又有大众感受，在社会高度关注的疑难案件中，尤其在价值观多元、互联网加持之下，在罪与非罪、违法与合法、规则与情理的冲突中，判断更为复杂、选择更为艰难。在努力追求"胜败皆服"的道路上，法官角色受制于正义的相对性、司法的被动性、法条的抽象性、程序的机械性以及与当事人诉讼期待的冲突性所产生的挑战和压力。如何妥当处理这些挑战和压力，本文从五个角度出发，尝试对法官如何运用司法方法进行思考和裁判展开论述。

[①] 章武生：《司法的良好运行：城市走向法治化的关键——以上海司法改革为视角》，载《法学杂志》2010年第5期。

[②] 庄绪龙：《司法公信力遭遇的"柔性侵蚀"困境及破解思路——以系统思维为视角》，载《法学》2023年第8期。

二、法官角色的困境

（一）正义的相对性

关于公平正义是什么的争论很多，不同时期、不同地域有不同的定义。古罗马法学家乌尔比安认为"正义是给予每个人他所应得的部分坚定而持久的愿望"；罗尔斯在《正义论》中指出"正义即公平的相对稳定性"；凯尔森认为"正义是一种主观的价值判断"。关于正义的学说有很多，既有交叉，又有冲突，很难统一，有人称之为"正义共识难题"。因此，古典自由主义学派认为："公正只是幻想，由于偏好不同，不可能就社会评价达成共识，所以唯有法治定义的正义是唯一有价值的。"柏拉图在《理想国》中也提出类似的观点，即正义一定要以法律为基础，或者说法律是正义的底线。那么法律如何定义正义？从实践层面而言，司法是解决纷争的最后一道工序，唯有法律定义的正义才是有价值的，然而法律定义的正义也是在变化的概念。

例如，"'罗伊案'判决近五十年后，美国最高法院在'多布斯案'中以5∶4裁定堕胎权不受宪法保护，应由各州议会或国会通过民主过程自行决定。"①关于"堕胎"与"控枪"是美国社会最为撕裂的话题，争论了半个世纪仍无法达成共识。又如我国《民法典》第1043条关于"夫妻应当相互忠实"的规定，是属于倡导性、宣誓性的条款，还是效力性的强制性条款，如果一方违反忠实义务是否具有可诉性，该条在实践中争论很大。在疑难案件中，关于"是与非"的价值判断，争论是永恒的。而司法是维护公平正义的最后一道防线，法官在面对这些"是与非""对与错"的争议时，不能拒绝裁判。"'法官不得拒绝裁判'原则的形成依托于国家权力的生成与运行、公民权利的行使与保障以及两者之间的内在平衡。"②加之，司法实践中，类型化重复诉讼案件大量涌入法院，"案多人少"的压力，亦考验着法官努力实现政治效果、社会效果和

---

① 朱洪达、金衡山：《美国最高法院堕胎权案的宪法解读——从"罗伊案""凯西案"到"多布斯案"之考察》，载《美国问题研究》2022年第2期。

② 范伟：《"法官不得拒绝裁判"原则的法理基础与形成路径》，载《东南大学学报（哲学社会科学版）》2022年第6期。

法律效果相统一的智慧。①

（二）司法的被动性

司法的被动性是司法权与行政权最大的不同。司法的被动性体现在三个方面：一是"不告不理"原则。"被动性意味着'不告不理'不仅是审判的程序性原则，而且着实规制着司法的全过程。"②该原则不仅体现在收案上，即"没有纠纷就没有诉讼"，而且表现在诉讼中，即"尊重当事人的程序选择权"，否则有违中立性原则。二是职责有限。所谓职责有限，涉及主管与管辖权问题。主管是法院与其他部门的分工问题，比如，关于户口的迁移争议隶属公安主管，法院不受理此类诉讼；再比如，关于争议解决方式，如设定了具体的仲裁条款，法院也不能受理。管辖是法院内受理案件的规定，主要以地域、标的额以及影响程度划分，法院不得超越管辖权受理案件。三是法官思维方式方法，法官面临的都是已经发生的纠纷，适用的都是过去制定的法律，因此法官的思维方式是习惯"向后看"。由于改判风险和当事人的异议，法官更倾向于抑制自己的不同意见，形成了法官保守、被动的思维方式。③

被动性是司法的显著特点：一是有助于法官中立，通过尊重当事人的程序选择权，以超然的心态去处理具体案件；二是有助于保持法律的稳定性，严格按照法律的规定解决纠纷，有助于实现人们对遵守法律行为的预期以及减少对司法不公的误解指责；三是有助于对当事人的平等保护，严格依照诉讼程序，是对当事人"看得见公正"的重要保障。但司法被动性也存在着不足：一是忽视了当事人事实上存在的诉讼能力的差别，导致实体判决结果有时极度不公正；二是导致判决结果与时代的普遍性认知相脱节；三是导致法官疏忽了自己应该承担的某些法定义务。

---

① 杨凯：《习近平法治思想中的公共法律服务理论》，载《东方法学》2022年第6期。
② 蒋银华：《功能视角下司法规律性与社会性的调和》，载《江西社会科学》2017年第4期。
③ 参见孙笑侠：《论司法多元功能的逻辑关系——兼论司法功能有限主义》，载《清华法学》2016年第6期。

（三）法条的抽象性

"法条是以语言形式表达的行为规则或判断规则。法条要履行这一功能，就必须被适用。"① 但由于简练、精准的要求，法律条文往往给人抽象晦涩的感觉。

一是文字的表意是有限的，立法者不可能面面俱到，面对纷繁复杂的纠纷，法官在寻找适用法条时，常常有法条不能完全涵盖或者很模糊之感。例如，一对夫妻去餐厅吃饭，在吃剩的贝壳里，服务员发现了一颗珍珠，该珍珠归谁所有？查看《民法典》关于所有权归属的条文，也很难得出确定性答案。二是法律概念是不确定的，一个规范的法律条文一般由三部分组成，即假定（又称条件）、行为模式和后果，法官可以通过三段论推理得出结论，但在"行为模式"的表述中，由于纠纷的千差万别，往往会存在不确定性。当找到的法律规则属于或者包含不确定概念时，需要对不确定概念作价值补充。② 例如，《民法典》合同编中的合理期限、明显不公、显失公平、应当知道等，侵权责任编中的一定风险、安全保障义务、合理注意义务、合理损失等，学理上称之为不确定性概念，需要法官结合每一个案件的不同情况以及社会常识和商业习惯综合判断。三是法律是滞后的，法律规范是立法者立足当下，对过去已发生的事件的提炼和总结，"法律一旦制定，就落后于这个时代"。例如，全国第一例"代孕"案件，③ 涉及"代孕"的效力认定、所生子女的法律地位、能否成立拟制血亲、监护权归属等，引起广泛讨论。又如，人工智能飞速发展，由此而引发的纠纷逐渐增多，无人驾驶汽车引发的交通事故，涉及生产商、销售者、持有人以及软件开发者，如何衡平各方利益，法律也无明确规定。

综上，一方面，由于法律的模糊性、抽象性、滞后性，我们不能仅从条文表面去理解法律，机械适用法律，必须理解法律条文背后的价值取向，才能真正做到定分止争；另一方面，由于法律条文的不周延性、不可避免的法律漏洞，法官必须把握社会习惯、交易惯例、公序良俗乃至某一方面的技术知识，才能真正做到"无惧裁判"。

---

① ［德］卡尔·拉伦兹：《法学方法论》（第6版），黄家镇译，商务印书馆2020年版，第344页。
② 梁慧星：《裁判的方法》（第3版），法律出版社2017年版，第285页。
③ 上海市闵行区人民法院2014年12月受理的原告罗某某、谢某某诉被告陈某某监护权纠纷案曾引发理论和实务界的广泛讨论。

（四）程序的机械性

"实体是相对的，程序是绝对的。"绝对的程序是实现正义的保障，也是让正义不仅要实现，而且要以看得见的方式去实现的保障。坚持程序正义，熟悉程序的严格规定，是法官的基本功。调查显示，人民群众对司法裁判的信赖感植根于司法裁判所作出决定的程序本身。①

当然，不可否认，程序的绝对性有时候会导致实践中具体适用的机械。例如，有的依据简易程序审理的案件，事实均已查明，法律适用也很明确，但在判决之前，因某一法律之外的客观原因（比如一方当事人因意外事件无法到庭），申请延期开庭而超过 90 天，法院必须转入普通程序，另组成合议庭审理，既导致程序空转，又引发当事人不满，还导致诉讼效率低下。②又如，在一些事实复杂的案件中，因为严格的诉讼程序，导致相关内容在法庭陈述阶段、质证认证阶段、庭审辩论阶段（两轮）、最后陈述阶段甚至调解阶段反复重复，浪费了大量的时间。再如，在一些当事人可能承担败诉责任的案件中，当事人故意利用程序规则，提出无益审计、评估、鉴定，无益管辖权异议，以拖延诉讼。"法律、程序和社会期待对法官裁判思维起到塑型作用"，③因此法官需合理利用司法资源，在柔化程序的机械中，提高诉讼效率。

（五）当事人的不安

司法活动离不开社会公众，这决定了司法的复杂性。"评判司法是否公平正义并不取决于司法机关的自说自话，与人民群众对司法的评判密切相关。"④将

---

① 参见［日］谷口安平：《程序的正义与诉讼》，王亚新、刘荣军译，中国政法大学出版社1996年版，第12页。

② 根据《民事诉讼法》第164条规定，人民法院适用简易程序审理案件，应当在立案之日起三个月内审结。基于审判实践中的情况，《最高人民法院关于适用〈中华人民共和国民事诉讼法〉的解释》已作出尊重当事人程序选择权的相关规定。

③ 龙乙方、吴英姿：《论法官程序思维的培养——从法官思维行政化问题切入》，载《湘潭大学学报（哲学社会科学版）》2021年第5期。

④ 孙辙、张龔：《司法的实体公正、程序公正及法官的行为公正》，载《法律适用》2022年第3期。

矛盾纠纷诉诸法院的人民群众，在判决结果出来之前，必定是紧张不安的，面对复杂的诉讼程序、严肃的庭审，他们容易对法官及法院工作人员产生怀疑的态度。正义根植于信赖，此时如若我们的法官稍有言行举止不当，哪怕一个不注意的细节、一个不耐烦的眼神，都会导致当事人的怀疑甚至是不信任。"信"这个字是左"人"右"言"，意即先信其人，再信其言。而一旦对法官这个"人"产生了怀疑和不信任，可能的结果是，哪怕你的判决结果是公平的，也得不到当事人的理解。因此，法官需要取得当事人的信赖，不仅要有扎实的法律功底，还要有严谨的行为方式，注意细节规范，善于沟通表达，努力做到让当事人感受到公平正义的对待，才能让裁判结果得到当事人及社会的认可。

三、法官运用司法方法进行裁判的几点思考

"法律人是社会正义的维护者。"[1] 法官在司法裁判过程中，不能滥用自由裁量权，要遵循"事物本质、法律原理、司法经验、社会常识"。[2]

（一）正确认识正义的相对性

虽然我们无法给公平正义下一个确定性的结论，对公平正义的认识也是相对的，但公平正义是客观存在的。[3] 因此，法官的任务就是努力去追求客观的公平正义，通过自己的努力，最大限度地去实现公平正义的确定性。

1. 坦然面对争议

争议是常态，由于经历、阅历、知识背景、个性的不同，法官在讨论案件时会有不同的观点。尤其在新类型案件中，法官与法官间、一审与二审之间，经常存在着观点分歧。舆论也是一样，每一个人都有表达的视角、表达的权利，关键是法官要保持职业所要求的职业素养，面对争论多包容，面对不同观点多尊重，如此，才能得出情理法兼容的结论。同时，还要善于思考，在静心思考

---

[1] 梁慧星：《从法律的性质看裁判的方法》，载《金陵法律评论》2005年春季卷。
[2] 胡玉鸿：《法律技术的正当性基础》，载《法学》2007年第7期。
[3] 罗翔：《法治的细节》，云南人民出版社2021年版，第11页。罗教授认为，柏拉图在《理想国》中，以严谨的逻辑推理驳斥了色拉叙马霍斯的正义相对论，证明了客观正义的存在，就如同我们虽然画不出完美的圆，但圆这个概念是客观存在的。

中激发自身的司法想象力，"司法想象力就是法官的一种司法美德"，① 法官富有司法想象力，才能在争论中凝聚共识，从而写出伟大的判决。

2. 努力避免武断

正如恩格斯指出，世界是可知的，但在人类历史的长河中，每个人的认识又是有限的。正所谓"吾生也有涯，而知也无涯"，法官要承认自身知识的局限性，尤其在复杂问题的判断上不能简单化，更不能武断。

司法裁判不仅要求法官做到依法裁判，同时也要实现个案正义，其中，思维方式尤为重要，正如习近平总书记指出："思维能力是人类认识世界、改造世界能力的最直接体现。人要使自己聪明起来，最根本的方法是培养思维能力。"② 这其中，历史思维、辩证思维、系统思维、创新思维，包括底线思维，对审判工作尤为重要。

（1）把握双向式思维，避免单一性判断。双向思维是法官的基本功，法官在得出一个裁判结果后，要向这个结果的反面去思考，考虑结果能否"正面立得住，反面推不倒"。③

（2）把握立体式思维，避免平面性判断。司法实践中的纠纷是复杂多变的，涉及多方利益的平衡保护。例如，在离婚案件中既有身份关系又有财产关系，既涉及婚内财产分割，又涉及婚外债务清偿、未成年子女抚养，法官裁判案件要多维度、立体式进行考量，仅仅因第一次离婚诉讼，就直接判决不支持，或

---

① 王凌皞：《发现、证立与司法想象力——双系统决策理论视角下的法律推理》，载《浙江学刊》2016年第1期。

② 习近平：《广大青年成长成才要励志勤学、加强磨炼》（2017年5月3日），载《论党的青年工作》，中央文献出版社2022年版，第142页。

③ 笔者在执行局曾讨论过一个案件：一小区业主因车位问题起诉物业公司，他怀疑物业公司将车位租给了外小区人员，要求提供小区内所有车位业主的具体信息，包括姓名、地址、电话、车牌号等，其请求权基础是知情权，法官判决物业公司提供相关信息，但在执行时遇到了麻烦，其他业主提出上述信息属于其隐私，拒绝物业公司提供，其依据是隐私权保护，导致执行不能。反思这个案件，法官判决过于简单，没有考虑判决结果带来的权利冲突。纠纷的起因是业主无法停车，其理由是有车位但物业公司租给了外小区人员，这个案件的争议焦点就两个，第一个还有无车位，这个物业公司承担举证责任，比如小区能停多少车，现在已停多少车，等等；第二个是否租给了外小区人员，这个由起诉业主承担举证责任，比如提供了可能不是本小区的某车牌号，物业公司再去证明这个车是否为本小区的。这个案件给我们的启示，通过双向思维，一是要看判决结论的正当性、可执行性；二是要了解当事人的诉讼真意，要求提供具体信息是表象，实质是车位问题。

者仅处理身份关系,财产分割另行处理等,容易导致当事人的不认同。又如,在公司类案件中,法官既要对公司内部决议保持司法谦抑,又要积极保护外部债权人以及可能涉及的第三人利益。

（3）把握穿透式思维,避免机械性判断。法律从来不是机械的"三段论"推理,特别是在复杂疑难案件中,法官要有"不畏浮云遮望眼"的智慧、要有穿透式查询诉讼真意的敏感。例如,在调解案件中,法官要防止恶意调解,有可能诉讼双方隐藏真意,实施侵害第三人的虚假诉讼,如虚构债务以求在离婚诉讼中多分财产等情况。穿透式思维还要求法官用历史的眼光（历史思维）看今天的诉讼,不考虑纠纷的历史背景及其成因,往往得出的结论不会被当事人认同。

3. 善于自我验证

法院裁判结果关乎利益分配、关乎权利保护、关乎自由生命、关乎社会价值取向。因此,一个不当的判决不仅危害司法的公信,而且会对社会价值取向产生严重干扰,如正当防卫（"昆山反杀案"）、[1]好意施惠（"芭蕉案"）、自甘风险（"私自摘杨梅案"）的认定等。所谓自我验证,其实就是尊重常识。

（1）法律不强人所难,德国法上有"期待不可能理论"（发源于"癖马案"）,揭示了如果从行为人当时的具体情况看,不能期待其作出合法行为,则此人的行为不构成违法或者犯罪。法律不强人所难,体现了司法者的人文关怀,法官可以以此去验证自己的司法判断（"三株兰草案""收购玉米案"）。

（2）法律是善良和公正的艺术,缺乏善良难谓公正。司法应尊重大众朴素的、相对稳定的、道德层面的情感,如果裁判结果与社会大众普遍的道德情感相悖,就需要法官认真验证裁判结果的正当性（"电梯内抽烟案""吃霸王餐案"）。

（3）法律的惩罚不是目的,只是手段。违反法律的行为,都必须接受法律的惩罚,这是法治的要义,这也是行为人为其过去不当行为应付出的代价。但惩罚不能解决所有的问题,而且过度的惩罚有害无益（"贩卖鹦鹉案"）。当然,司法者经常看到人性的丑陋面,刑事法官看到的是"道德沦丧、毫无底线"、民

---

[1] 以下文中所有在括号内标注的案例均为比较有影响力的案例,由于篇幅所限,不再在正文中展开,感兴趣的读者可以输入关键词上网查询。

商事法官看到的是"不守诚信、信口雌黄"、执行法官看到的是"能赖则赖、百般抵抗",如此,法官会有"职业麻木感"或者"心会变硬",但惩罚也带来了破坏,"导致家庭破碎,子女失教,夫妻离异……"因此,法官要善于自我验证,如刑事法官是否保持了谦抑而不让"刑法的刀子乱飞"(激情犯罪案件的处理)、民商事法官是否体现了诚意而不是"非此即彼"的判断(意外风险导致违约的利益衡量)、执行法官是否把握了善意而不是"简单粗暴"的强制(保护被执行人的基本生存权),这样的惩罚才是积极的、有效的。

(4)法律不是万能的。法律不能解决所有的社会问题,法官也不能解决所有的社会纠纷。除法律外,道德、习惯、纪律、规则等共同调整着社会秩序。以道德为例,道德是内在的自我约束,法律是外在的干预强制,法官在判决书的"本院认为"中,可以正面弘扬某一道德规范,但一般不提倡用某种道德规范去怀疑或者谴责某种行为。法官的职责是努力去追求客观的公平正义,最大限度地实现法律所保护的公平正义的确定性。如此,裁判结果才能经得起历史的检验。

(二)在被动中争取主动

司法的职能和性质决定了司法的被动性,有助于司法在被动中保持中立,在中立中保持超然,从而维护法的稳定性价值,实现人们对法律公正判断的预期。但法官不应成为"说话的法律",法官有权力更有义务在推进庭审过程中去追求程序的妥当、在公开心证中去消解当事人的不满、在履行社会责任时去实现司法更大的价值。如此,才能在被动中争取主动,才能树立司法的公信力,并进一步提升人们对法治、对法官的信任。

1. 以妥当的释明去平衡当事人诉讼能力的不平等

释明是权力还是义务,理论有争论,通说认为权力义务合一。释明被认为是促进充分辩论的重要保障,对避免突袭裁判和公正司法有不可替代的作用和价值。尤其在当事人诉讼能力欠缺、法律理解明显有误、诉讼请求明显不当的情况下,法官应当主动释明,如果机械坚持被动、中立原则,则可能产生实体结果不公正且增加诉累的后果。例如合同无效,原告以合同有效作为基础起诉,法官不能简单驳回起诉,要予以释明。

但是,释明也存在着一定的争议。一是疑难案件的法律适用具有非确定性,法官也没有肯定性答案，无法准确释明。基于此，2019年《最高人民法院关于民事证据的若干规定》第53条对法官释明权作出修正，当法院初步认定的法律关系性质与当事人的主张不一致时，取消了法院应当告知当事人变更诉讼请求的义务性规定，而是要求将法律关系性质作为争议焦点问题进行审理，减轻了法官在疑难法律适用中的释明压力。二是有未审先判的质疑，当事人在信访原因中常提到庭审还没结束，法官就明确合同无效，明显不公，要求法官回避。因此，平衡当事人诉讼能力不平等的实际问题，需要妥当的释明方法。

（1）假设性释明。例如，关于合同效力问题，法官在听取当事人的有效诉、辩后，可以询问双方当事人假如合同无效有何诉辩意见？由此问题出发，当事人会围绕无效发表各自意见，从而促进纠纷的一次性解决，提高诉讼效率。

（2）引导性释明。司法实践中，有的当事人比较坚持，例如固守合同有效，不愿意就合同无效作为基础进行诉、辩，法官可以运用引导性释明的方法，让另一方当事人发表观点，比如，"关于原告合同效力的主张，被告是何观点"，由此，引导双方当事人抗辩。

（3）告知性释明。在诉讼过程中，由于当事人对法律适用或者事实认定存有误解，当事人主观认为自己所提供证据已能证明诉讼请求，但依据证据规则规定，该证据尚待补强。例如，在借款纠纷的案件中，原告仅有借条复印件或者仅有微信转账记录等证据，法官要告知当事人需进一步提供证据。又如，当事人的诉讼请求不明确、不具体或者不能反映其诉讼真意，法官可以通过告知性释明，让当事人予以明确。在告知性释明中，法官用语要准确、具体，便于当事人理解告知的内容，但释明不得过度。①

2. 以妥帖的说理去消解当事人的不满

法官善于说理至关重要。当事人对裁判结果不满，主要是法官没有把道理讲清楚、讲明白，既包括法理，也包括情理。法官内心对公平的判断，要善于用语言表达出来。导致说理不充分的主要原因有：一是主观上不重视，有的法官简单认为"判决之外，法官无言"，机械理解司法的被动性，仅专注结果，不

---

① 参见《上海市高级人民法院民事诉讼释明指南》第23条：一方当事人提出诉讼主张和诉讼理由后，应由另一方当事人自己提出反驳主张和理由，包括权利发生、权利妨碍、权利消灭、权利制约等抗辩。在诉讼过程中，法官不得帮助当事人组织权利抗辩事由，不得帮助当事人组织辩论理由。

重视判决书的过程推理以及庭审中的释明和庭审后的法治宣传。二是能力上有不足，部分法官的语言表达能力、文字归纳能力、争议焦点的提炼能力尚需提升，庭审中不善于归纳提炼、公开心证，判决书中不善于仔细分析、细致说理，判决后不善于耐心沟通、争取理解，导致一些判决虽然结果无错，但当事人依然不满、信访不断。在司法实践中，"案多人少"是个突出问题，说理既需要思考、更需要时间，法官面临着繁重的压力，但法官要充分认识到，说理不充分的判决书严重影响着法治的权威、司法的尊严，同时，也会"为未来制造麻烦"（比如信访）。因此，法官要摆脱被动性思维的习惯，以积极的心态努力提升说理能力、主动沟通的能力。法官说理既要体现在开庭时，也要表达在判决中，同时，还要善于通过法治宣传让社会理解法律。

（1）庭审中的说理，重在公开心证。庭审的主要功能一般包括准确查明事实、正确适用法律、积极促进调解、弘扬宣传法治，是集中体现法官综合能力的舞台。庭审方式历经多次改革，但庭审方式的核心要义就是避免突袭裁判，所谓突袭裁判是指法官在判决时依据未经庭审充分辩论甚至是从未辩论的法律观点作为法律依据，或者是庭审中未明确告知举证责任是否完成，而让一方当事人承担败诉不利后果、出乎当事人意外直接作出的裁判。导致突袭裁判的重要原因在于，法官庭审说理不够，未让当事人理解法官的法律观点或者关于事实的认知，让当事人既觉得庭审走过场，又有法官秘密裁判的嫌疑，既剥夺了当事人对法律适用讨论的参与权，又忽视了当事人在事实认定上的辩论权，此对司法公信力的损害尤为严重。避免突袭裁判就要求法官在庭审中学会妥当地公开心证，①这一过程既是和当事人沟通的过程，又是释明法理、道理的过程。当然，公开心证对法官准确理解法律的能力、提炼归纳能力、语言表达能力有很高的要求，法官要善于在实践中提升。

（2）判决书的说理，重在论证分析。判决书是一个法官综合能力的静态体现，其重要性不用多言。主要存在以下问题：一是过于烦琐，动辄几万字，过于注重证据罗列又少有分析，尤其"本院认为"部分失之简单，体现不出法官的分析和研判水平。二是过于煽情，甚至写成了鸡汤文章，缺少了法律的痕迹。

---

① 现今，德国、日本、法国等大陆法系代表性国家均将释明范围扩大到法律的评价及观点，被称为"法律观点指出义务"。

判决书的作用在于首先让当事人明白，其次让法律人理解，不能仅有道德评判或者道德指责，还要有法律分析，明确法律依据以及法律推理过程。① 三是内容高度雷同。比如，大部分离婚判决的本院认为部分，理由基本一样。② 每一个案件都有不同，不一定需要长篇大论，但判决的理由既是法官能力的体现，又是当事人服判息诉的关键，需要每位法官认真对待。

（3）判决后的说理，重在法治宣传。一是要提升宣传意识，每位法官都是宣传员，对典型案例要有敏感性。例如，在疫情防控期间，发生过一起殴打志愿者的案件，刑庭法官早发现、早准备，对外积极与公安、检察院沟通，对内主动与法宣部门沟通，通过互联网直播开庭，对全市疫情防控秩序发挥了良好的法治宣传保障作用。二是要打造宣传平台，积极依托信息化技术，进一步打造互联网公开开庭的平台；通过典型案例宣传、法律法规解读，进一步扩大影响力。三是要提升宣传能力，善于运用老百姓喜闻乐见的形式，深入浅出宣传法治道理。目前，围绕打击整治"养老""电信"诈骗专项行动，多思考、善谋划，营造强大舆论声势，帮助老年人识别养老诈骗"套路"手法，确保专项行动取得人民群众看得见、感受到的效果。

3. 以积极的态度履行好法官义务

司法是被动的，但在审判中发现的社会管理问题不能忽视，应以积极的态度去提示风险，堵塞漏洞。司法能够对社会变革作出合理有效回应，③ 司法者既是法律人、也是社会人，既要承担法律人的责任也要承担社会人的责任。

（1）主动制发司法建议的意识。司法建议是人民法院延伸审判职能、体现社会责任的重要载体。根据最高人民法院的相关规定，针对审判、执行工作中发现的社会管理、政策执行、法律适用等问题，人民法院均可以向相关党政机

---

① 在2016年最高人民法院公布的10起弘扬社会主义核心价值观典型案例之二"北燕云依"诉某派出所拒绝办理户口登记案中，法院在裁判理由部分就对案件的裁判结果可能带来的社会影响及其后果作了很好的分析："倘若允许随意选取姓氏甚至恣意创造姓氏，则会增加社会管理成本，不利于社会和他人，不利于维护社会秩序和实现社会的良性管控，而且极易使社会管理出现混乱，增加社会管理的风险性和不确定性。"

② 如《史上最美离婚判决书：众里寻他千百度，蓦然回首，那人却在，灯火阑珊处》，其"本院认为"部分的内容被各地法院离婚判决书引用数十次。参见微信公众号"民商裁判实务"，2022年5月9日。

③ 杨凯：《关注基本问题促进民事司法程序现代化》，载《检察日报》2022年2月5日第3版。

关、企事业单位、社会团体及其他社会组织提出司法建议，以避免可能存在的法律风险。

（2）主动移送犯罪线索的意识。例如，在对"套路贷"的打击中，虽然犯罪分子以形式完整的民间借贷起诉，但在审理过程中的疑问都被忽视了，犯罪分子以有效的判决书催要非法的债权，导致被害人流离失所、法院的公信力受到质疑。我们不能苛责法官在这类诈骗案件进入诉讼伊始就有分辨能力，但这类案件大量出现后，要有敏感意识。

（3）主动识别类案风险的意识。由于市场经济的波动，商业风险无处不在，而由于市场主体交易的关联性，商业风险会发生外溢，甚至影响一个区域的正常经济运行。法官办理刑事、民商事、行政、执行等案件过程中，一方或多方当事人为企业法人或企业家的，应全面采集企业（企业家）信息并综合研判案件情况，重点关注审执工作可能对区域经济发展、经济政策执行、企业生产经营、社会秩序稳定造成的外溢风险，在依法公正审判的基础上，加强风险研判和防范，及时向相关部门和企业进行风险预防提示，防范风险外溢扩大。

（三）准确理解法律背后的价值取向

正确适用法律是法官的职责，但法律的生命不在逻辑而是经验，了解法律是重要的，但理解法律更重要。机械地、简单地照搬法律条文，不会给我们正当的答案。

1. 从立法目的及背景中找答案

当法律条文无法为案件纠纷提供明确的依据时，或者依据法条的字面意思得出的结论明显不正当时，法官要去了解立法目的及其背景，从中发现立法者考虑的价值取向。例如，关于对《消费者权益保护法》第57条的理解。该条是关于惩罚性赔偿的规定，对于打击假冒伪劣商品，营造诚信市场环境发挥了重要作用。但审判实践中出现了高额商品索赔的案件，比如商品房、汽车等，还出现了以"打假"为职业的公司，这些在审判实践中争论很大。梁慧星老师指出："立法目的是要鼓励受损害的广大消费者同不法经营者作斗争，绝不是要鼓励个别人利用该条来牟利，甚至建立打假公司"；"这个立法目的，就是针对假冒伪劣和短斤缺两，绝不是针对一般的产品质量问题。一般的产品质量问题，法律上有瑕疵担保制度。"① 明确了这个立法目的，许多困扰司法实践的案件就有了确定性答案。

又如，关于适用《最高人民法院关于审理建设工程施工合同纠纷案件适用法律问题的解释（一）》（以下简称《解释》）第43条的规定。根据该条规定，建设工程实际施工人可以直接向发包人主张工程款。该条规定突破了合同相对性原理，审判实践中出现不少争议，存在扩大化滥用现象。法官需要正确理解该条规定并且把握其起草的背景，该条之所以突破合同相对性原理，就是为了解决农民工工资问题，"只有在欠付劳务分包工程款导致无法支付劳务分包关系中农民工工资时，才可以要求……不能扩大发包人范围。"② 如果我们仅从司法解释字面意思理解该条，实际施工人都可以主张，不仅有违合同相对性，也与《解释》出台的背景不符。

再如，关于对《民法典》第1208条的理解。该条是关于机动车发生交通事故损害赔偿的规定。电动自行车闯红灯导致正常行驶的机动车因避险而导致其财产、人身受损害，机动车车主可否要求电动车车主赔偿？这个问题的争论很大。反对者认为，依据《道路交通安全法》第76条的规定，没有赋予机动车车主可以要求非机动车一方赔偿的权利。但支持者认为：首先，无论机动车还是非机动车都有遵守交通安全的义务，如果非机动车一方无需担责，明显不公且无助于形成遵守交通安全的意识；其次，《民法典》第1208条是《侵权责任法》第48条的移入，但有变化，增加了"依照……本法的有关规定承担赔偿责任"，根据《侵权责任法》第48条只能依据交通安全法处理交通事故，故机动车一方要求非机动车一方承担赔偿责任无法律依据，而根据《民法典》第1208条，机动车一方可根据"本法"的一般侵权责任规定，要求非机动车一方承担赔偿责任。

综上，如果关注每一次立法过程、关注每一次立法的变化，都会发现立法过程的复杂性以及围绕其中的关于价值取向的争论。比如担保法制度近十年来，关于倾向于保护债权人还是担保人的立法及司法解释变化；公司法制度关于尊重内部意思自治还是倾向于外部债权人保护的不断平衡，都反映了立法者针对

---

① 梁慧星：《裁判的方法》（第3版），法律出版社2017年版，第270页。
② 最高人民法院民事审判第一庭编著：《最高人民法院新建设工程施工合同司法解释（一）理解与适用》，人民法院出版社2022年版，第443页。

一个时期在交易行为中出现的不公平现象,试图运用法律或者司法解释的手段去平衡。但一个问题解决了,其相对应的另一个问题又凸显出来,因此,法律或者司法解释又一次进行了调整。法官要及时了解其中的变化,依据法律或者司法解释出台的背景以及时间、空间的不同,准确理解法律背后的价值取向,并准确适用于具体纠纷中。

2. 要善于把握利益衡量的方法

司法是平衡的艺术,如果依据法条字面的含义得出的结论明显不当,则需校正这一结果,校正的手段就是利益衡量的方法。所谓利益衡量,是指法官在案件事实查清后,不急于找法,在综合各方面情况后,先进行实质判断,再寻找法律上的依据。[①]利益衡量的方法可以概括为,先作价值判断,再作技术分析。利益衡量是法官面对法条的模糊性、滞后性、不周延性时,非常重要的一种论证或者思考方法,尤其在民商事案件处理中,审理较为复杂的侵权、合同、人身关系三大类纠纷时各自价值判断是不同的。

(1)解决侵权纠纷的价值判断,就是对风险如何公平分配。"谁能控制风险,谁就承担责任",侵权责任关注的是过去——"假如未发生"。比如,交通事故案件中确定无过错责任的原因在于,机动车一方通过提升注意义务,尽量避免风险的发生;又如,银行卡被盗刷纠纷,只要持卡人证明银行卡未离开本人,在收到盗刷短信提示后第一时间就近使用该卡并到公安机关报案,一般发卡行要承担盗刷的损失,这也是建立在银行应提高防盗技术水平,以避免风险发生的基础上。在侵权案件中还要注意自担风险规则和意外事件的衡平处理,自担风险规则就是建立在风险控制理论基础上,这是《民法典》的新规定;审判实践中对意外事件的风险分配较为复杂,《民法典》对"高空抛物"作出了规定,但由于意外事件成因的多样性,需要法官根据具体案情分配风险责任。

(2)解决合同纠纷的价值判断,就是对损失如何公平分配。"谁避免伤害的成本最低,谁就应该承担最大责任",合同责任关注的是现在——"假如发生了"。因此,合同违约方承担的赔偿责任的范围,就是假如未违约,守约方现在可得到的利益。比如,商品房买卖合同,卖家违约,后房价上涨,双方合同约定的违约金不足以弥补房价上涨而给买家造成的损失,则卖家需继续承担填补

[①] 参见梁慧星:《裁判的方法》(第3版),法律出版社2017年版,第291页。

买家损失的责任,而不以违约金为限。又如,产品质量瑕疵纠纷,一个零部件的质量问题可能导致整台机器的完全报废(对这一情况该零部件供货方是知悉的),零部件供货方则不仅要承担零部件的质量瑕疵担保责任,而且对由此扩大的损失也要承担一定责任。在违约纠纷中,还要注意止损规则和不可预见规则的适用。止损规则是《民法典》第591条的规定,指一方当事人违约后,另一方当事人应在合理期限内采取合理措施避免损失过大,以衡平双方利益;不可预见规则是《民法典》第584条的规定,即违约方承担赔偿责任的范围不能超过订立合同时可以预见或者应该预见到的损失,比如,因飞机晚点,导致合同未能签订,则不能要求航空公司承担违约赔偿责任。

(3)解决人身权益纠纷的价值判断,就是对权利状态如何公平分配。"谁能行使权利,谁就享有权利",人身权益纠纷关注的是未来——"假如会更好"。比如,婚姻案件涉及离婚、子女抚养以及财产分割,就是否判决离婚而言,看是否构成离婚的法定条件,如分居是否满两年以及婚姻关系是否破裂的其他情形等,看似是对过去事实的判断,但婚姻不只关涉个人的自由还关涉社会的稳定,法官在处理婚姻案件时还要向未来看,也就是说对个人、对家庭、对社会怎么会更好,既要尊重个人的自由与幸福,也要考虑家庭、社会的稳定与祥和,《民法典》第1077条之所以设计离婚冷静期制度也是出于这方面的考虑。又如,子女抚养,关注的也是未来,即未成年子女怎样有更好的成长条件,决定了哪一方可以拥有子女的抚养权,等等。

3. 要有独立思考的品格

诉诸法院的纠纷是复杂多变的。从纠纷性质上看,既有善与恶的较量(诚信与失信行为的判断),又有善与善的冲突(隐私权与知情权法定权利的交织),还有恶与恶的对决(双方为追求不法利益恶意串通损害社会正常秩序的狡诈),等等;从行为方式上看,既有因不可预测的市场风险而导致的损失分担争议(如价格波动而产生的期待利益损失),又有因不规范的交易方式而导致的履行责任不明争议(如合同条款约定不清),还有因谋取双方私利隐藏真意失败而产生的相互攻讦争议,等等。复杂多变的纠纷无疑都是对法官能力、智慧和方法的考验。法条没有给我们明确的答案,法官必须斟酌具体个案的总体情况,绝没有一件个案会与另一案件完全相同,因此不能奢望随着时间推移能逐渐形成某种确定的规则，使得在个案中仅仅凭借涵摄推理就能解决。[①]因此，法官的角色定位要求其必须具备独立思考的品格，在规则与价值之间来回穿梭和调和，实现"让胜诉者当然胜诉，败诉者当然败诉"的司法价值追求。

（1）当一般规则适用于个案导致明显不公时，要有勇气去怀疑规则。例如，根据《全国法院民商事审判工作会议纪要》的规定，公司对外担保应经董事会讨论决定，这对于此前大量出现的公司对外不当担保发挥了制约作用，但针对实践中一些家族式公司的对外担保问题，则不能机械适用，否则将导致此类公司的对外担保会一律无效，显然不符合担保法律制度的法益，要勇于在个案中突破，否则，担保制度在这类案件中将形同虚设。无论是最高人民法院的纪要、问答，还是高级人民法院的指南、案例，法官在适用时要考虑发布的背景、适用的范围等时空不同，不能简单参照。

（2）当法条适用与价值衡量冲突时，要有智慧去实现价值。每条法律都有每条法律的价值，但也有每条法律的局限，社会生活是复杂多变的，一个行为虽然符合了一个法律的所有构成要件，但细节会改变认定。正所谓，葱葱绿叶无一片相似，漫漫黄沙无一粒相同。比如，依据最高人民法院第24号指导性案例的裁判要旨，交通事故受害人特殊体质不属于减轻赔偿义务人责任的理由。但在一般侵权纠纷中，比如，邻里吵架，一方当事人甚至受害人自己也不知道有严重心脏病而导致死亡之后果的，在赔偿范围上，除考虑纠纷的过错外，要不要考虑受害人的特殊体质，值得研究。

（3）当有人利用法律去谋求不当利益时，要有担当去阻止恶意。人性固有的趋利性，在审判实践中有时会表现得更为明显。为了追逐利益，夫妻间可以虚假离婚以逃避债务，公司间可以相互虚构合同以规避监管，行为人可以利用合同漏洞以次充好，当面对这些以合法的形式去谋求私利的行为时，法官要有勇气和担当，不能让法律成为恶意人谋取私利的工具。

在追寻正当答案的过程中，法官不仅在"推"与"敲"之间反复衡量，而且还在"他人意见，包括二审意见"与自我的"内心判断"之间来回犹疑。机械适用可能最简单，也无需承担责任，而"遵循内心判断"不仅要有复杂的证明过程而且还可能有错案追责风险。但"法律的一粒沙，个人的一座山"，我们

[①] ［德］卡尔·拉伦兹：《法学方法论》（第6版），黄家镇译，商务印书馆2020年版，第519页。

要有也应该有"内心独立判断"去保护真正权利人的担当。面对法律的抽象性，法官要以独立思考去努力挖掘立法原意及其背后的价值取向；面对法条的模糊性，法官要以独立思考去努力实现个案审判结论的妥当性；面对立法的滞后性，法官要以独立思考去努力实现当事人对公正的期待。

（四）在柔化程序的机械中，提升诉讼效率

诉讼法规定的程序是普适性的，通过细密严格的程序设定，以保障程序正义的实现。但所有的当事人都又希望诉讼是高效的，尽快从纠纷中解脱，以恢复生活或者生产经营秩序的正常。"迟来的正义即为非正义"，针对个案不同，尤其当事人的利益选择不同，法官要有方法，在严密细致推进程序的同时，选择最有利于当事人的方法去实现公正。

1. 以推进新型庭审方式改革柔化程序的机械

推进新型庭审方式改革，[①] 对于复杂疑难案件集中争点审理、提高庭审效率，公开法官心证、避免突袭裁判具有重要意义。其核心要素有四点：

（1）庭前书证交换。开庭前在法官指导下，双方当事人各自进行书面意见的交换，包括双方诉辩质证意见的交换、证据的交换以及针对质证意见发表的补充意见的交换，通过充分的书面意见交换程序，从而在正式开庭之前，法官能够基本确定有争议的事实和无争议的事实，进而有效整理争点，同时达到初步固定证据、固定诉请、固定争点"三固定"的效果，有效排除了与争点无关的信息进入庭审，为庭审的高效集中开展打下扎实的基础。同时，通过对各交换程序要素式表格的设计以及信息化技术的加持，将表格化、电子化的诉讼材料即时通过"微法庭"推送给原、被告双方，既便捷也容易操作。

（2）围绕争议焦点推进庭审。传统的开庭方式往往先进行法庭调查，原、被告各自陈述诉辩意见、证据逐项质证认证，庭审过程较为传统单一，当事人难以知晓法官的心证过程，所以当事人为了本方利益，会把一切可能的细节都各自全面陈述，庭审散乱、低效，且无法聚焦真正的事实争议或者法律争议。新型庭审方式则要求围绕争议焦点而展开，在当事人简单陈述诉辩意见后，法

[①] 指由复旦大学章武生教授 2021 年领衔主持的国家社科基金重大项目"民事司法程序现代化问题研究"中所探索的以心证公开、围绕争点、诉辩合一为主要内容的庭审方式改革。

官根据庭前书证交换已初步梳理的争议焦点，在征询各方当事人是否同意、有无补充后，即围绕确定的争议焦点开展庭审，由于此时是在确认了双方无争议的事实基础上，所以，庭审聚焦而高效。

（3）要有效引导释明。法官在组织诉辩双方围绕争点推进庭审的过程中，要积极引导当事人进行有效抗辩以及有针对性的攻击和防御，从而排除疑点、形成内心确信。对影响内心确信形成的疑点要及时进行释明，在这一过程中，法官应对内心确信的形成情况予以适当公开。法官有效行使释明权，当事人及律师会明白哪些事实、证据、法律会对案件裁判起决定作用，并进行针对性攻击防御，从而对于诉讼的结果有一个相对确定的预判，不会发生诉讼上的突袭。

（4）采取诉辩合一模式。传统调查、辩论分开进行的庭审形式无法实现对争点进行集中审理的效果，反而导致庭审各阶段内容重复以及法庭调查阶段辩论不充分、陈述不全面而导致当事人不满的情况，庭审形式化而导致的虚化，经常被社会各界诟病。依据《最高人民法院关于适用〈中华人民共和国民事诉讼法〉的解释》第230条之规定："人民法院根据案件具体情况并征得当事人同意，可以将法庭调查和法庭辩论合并进行。"法庭调查和法庭辩论的有机融合，能更好避免上述弊端，通过一争点一举证、边质证边辩论的方式，达到彻底厘清、解决争议的效果。

2. 以尊重当事人的程序选择权柔化程序的机械

当事人程序选择权是指，当事人在诉讼过程中基于对自身利益的考量，在程序法规定的范围内自主选择纠纷解决方式（调解还是判决）以及选择适用相关程序（普通程序还是简易程序）和事项的权利（书面通知还是电话通知，线上开庭还是线下开庭）。尊重当事人的程序选择权是法官尊重当事人主体地位的体现。同时，基于当事人是自己利益的最佳保护者，在发现真实和促进诉讼效率的平衡中，尊重当事人的程序选择权可以最大限度弱化程序的机械与僵化。法官出于正当程序效率的考虑，可以积极主动向各方当事人释明相关可以选择的程序，从而针对每个案件的特殊性，克服诉讼法普遍性规定中的僵化。

（1）有效推进电子送达。"送达难"一直是困扰司法审判的难题，出于对当事人诉讼参与权、知悉权的保护，送达制度有着严格的规定，当事人签收并知悉成为有效送达的标准（否则法官面临错案的风险），但出于回避审判的目的，当事人明知而逃避或者拒不签收送达回证的情况经常发生，严重影响了诉讼效率，浪费了司法资源。随着信息化技术的运用，电子送达不仅高效，而且采取了到达主义，即经当事人同意，其认可的电子送达确认书中所确认的电子送达地址，法院以此发送到当事人即视为有效送达。《民事诉讼法》第 90 条不仅确定了电子送达方式，而且扩大到判决书、裁定书、调解书，有效改善了送达制度过于严苛的规定，符合诉讼法理论关于送达对当事人而言既是权利更是义务的法理。

（2）积极利用合议简审。所谓合议简审，是指适用简易程序审理的案件，在事实、法律均已明确的情况下，由于当事人的客观原因，不能在《民事诉讼法》规定的三个月内审结，经双方当事人同意，可以继续适用简易程序审理。

（3）积极推进在线庭审。信息化技术的广泛运用，对于打破程序的机械、僵化提供了更大的空间。"在我国，互联网与司法的碰撞早已产生，主要体现在互联网与审判公开和司法服务的结合上。"①"微法庭""异步审理"打破时空局限，在节约司法资源的同时亦为当事人带来了诉讼的便利。此外，区块链证据存证在民事司法及诉讼服务领域和公共法律服务非诉讼服务领域都开辟了较大的应用空间，拓展了法律服务的范围。② 这些因技术加持而探索的新型审理方式，既确保程序公正规范，又带来诉讼便捷高效，法官应当主动向当事人告知，并积极引导适用。

3. 以程序并轨推进柔化程序的机械

（1）当本案审理需以另一案审理结果为依据时，如何并轨推进？有些案件具有关联性，比如，在民事、刑事交叉案件中，往往先刑后民；在相关联的民事案件中，可能只有合同效力确定后才能审理财产返还纠纷；等等。因此本案的审理必须以另一案结果为依据，故先行中止诉讼。但在另一案结果出来之前，本案的相关工作，比如，核查其他基础事实、确定当事人、固定诉请及相关证据等，可以在等待另一案结果的同时并轨推进，这样就可以提高诉讼效率，避免严重超出审理期限情况的发生。

（2）存在多个事实问题需要评估审计鉴定，如何并轨推进？由第三方机构

---

① 张悦：《"互联网+司法"之网络直播庭审问题实证研究》，载《辽宁大学学报（哲学社会科学版）》2016 年第 6 期。

② 杨凯：《论区块链技术在民事司法程序中的多元化应用——以诉讼服务与公共法律服务"双中心融合"规范体系构造为切入点》，载《政法论丛》2022 年第 2 期。

进行审计、评估、鉴定是法院查明事实的重要手段，但由于相关中介机构所需时间法官无法把控，这也是导致 80% 以上的超审限案件产生的客观原因。一些案件可能需要数个鉴定报告，比如因火灾而发生的侵权案件，既需要火灾发生原因的鉴定，又需要火灾导致损失的鉴定以及修复费用的鉴定，这就需要法官进行多方面的考虑分析，并轨推进相关程序，以提高效率。

（3）在公告案件中，线上开庭如何与线下开庭并轨推进？当事人下落不明的案件，应采取公告送达方式。法院可以把线上、线下开庭并轨通知，如写明本案于何时通过互联网在本院某法庭开庭，如不同意线上开庭，可在相同的时间到某法庭开庭等，如此可避免二次公告的麻烦。

综上，程序法搭建了审理的空间和路径，法官要遵守但不能僵化机械，通过创新方式方法，整合诉讼程序的各项制度，探索高效的庭审方式去克服程序的机械；通过与当事人协同，尊重其程序选择权，去克服程序的僵化；通过法官的事前研判，以程序并轨推进去提升诉讼的效率。

（五）从"听、说、写"三个方面，赢得信任

"法律必须被信仰，否则将形同虚设"，法律被信仰，法官承担着重要的职责。每一个案例既是解决纠纷的过程，也是让当事人信仰法律的过程。在这一过程中，法官要善于通过"耐心听""用心说""细心写"，建立与当事人的互信，而不是以裁判者的姿态简单下判。法官是和人打交道的，审理的过程就是与当事人沟通的过程，耐心听取双方当事人陈述，保持居中、不偏不倚的沟通姿态，是获得信任的基础前提；有效传递法律的精神，保持亲和诚意的沟通姿态，是获得信任的关键环节；细致表达论证推理，保持严谨、谦抑的沟通姿态，是获得信任的核心要素。

1. 在"耐心听"的过程中赢得信任

听的繁体字"聽"，从笔画看，共有 22 画，表明法官在倾听时要保持耐心。其实诉讼就是听审的过程，法官居中耐心听取双方当事人陈述和抗辩，而不是随意打断当事人的发言，否则就违反了"听"的本意。从结构看，左边是"耳"，意即用耳朵听；右边是"十目一心"，其表示"听"还要用眼睛去看，去看着说话之人。在司法实践中，有些法官在当事人陈述时，不是看着当事人，而是埋头于卷宗中，既是对说者的不尊重，也不符合"听"的本意，要与陈述

者有眼神的交流，当事人才能感受到法官在听，感受到被尊重。同时，还有"一心"，意即还要用心听，真正去理解当事人的意思。

2. 在"用心说"的过程中赢得信任

说的繁体字"說"，左"言"，右"兌"。左"言"，意即用语言说。右"兌"，属于多音字，一读"dui"，兑现的意思。"兌"即承诺，不可言而无信、出尔反尔，表明法官在法庭上的表述要准确，不可随意表态，包括立案庭、执行局的法官在具体工作中，针对判决书的内容要精准理解，精确解读，遇到判决书有理解歧义的，要与法官多沟通，不可随意解释。二读"yue"，同"悦"，愉悦开心之意，法官要善于与当事人沟通，"良言一句三冬暖，恶语伤人六月寒"，由于当事人法律理解能力、表达能力不同，法官要用心组织语言，以当事人听得懂、能接受的方式交流。

3. 在"细心写"的过程中赢得信任

优秀的判决书说理对于社会大众理解法律之善、体会法律之美、彰显司法公平，发挥着重要作用。伟大的判决，既是"判"出来的，当然也是写出来的。"所有法官裁判文书制作的一般意义是，法官必须就他们所作的判决说明理由，而不能仅仅将结果列出。"[1]写的过程也是沟通的过程，会"写"的核心体现在判决书的说理，一份说理清晰、论证充分、弘扬真善、确立规则、引领价值的判决书无疑体现着法官专业的法律素养。法官在判决书的写作中，首先与自己沟通，论证理由是否充分、逻辑是否自洽、能否说服自己，正所谓说服自己才能说服别人；其次与法律沟通，法律规范是裁判的基础，法官要在法律规范和案件事实之间反复验证，"通过易于理解的衡量从现行法出发来正当化裁判"[2]。再次与常识沟通，裁判结果是否与社会公众的普遍性认知相冲突，价值判断是否符合常情常理。

结　语

公正是相对的，需要法官用智慧去寻找确定性；司法是被动的，需要法官

---

[1] 王申：《法官的理性与说理的判决》，载《政治与法律》2011年第12期。
[2] ［德］卡尔·拉伦兹：《法学方法论》(第6版)，黄家镇译，商务印书馆2020年版，第371页。

用责任去体现主动的担当;法条是抽象晦涩的,需要法官用方法去实现其背后的价值;程序是绝对的,需要法官用创新去克服机械与僵化;当事人是不安的,需要法官用诚意去抚平焦虑。如此,才能实现司法裁判被理解、法院被信任、法律被信仰、法官被尊重的良好效果,进而实现司法程序现代化转型中的审判公共法律服务职能。"公共法律服务体系建设在全面深化改革、全面依法治国的时代背景下应运而生,肩负着运用法治力量激发中国广泛的特别是基层公民社会力量的历史重任。同时,将推进依法治国、依法执政、依法行政有机统一,并推动地方党委政府、政法机关、行政机关的公共服务职能更好发挥。"[1]司法不仅仅只有裁判功能,还有社会功能,[2]更有秉承"以人民为中心"宗旨的司法审判公共法律服务职能。努力做一个被尊重的现代法官,是全体司法审判工作者的共同愿望。

---

[1] 杨凯:《中国式现代化公共法律服务理论体系建设论纲》,载《中国公共法律服务》2023年第1辑,人民法院出版社2023年版。

[2] 参见孙笑侠:《论司法多元功能的逻辑关系——兼论司法功能有限主义》,载《清华法学》2016年第6期。

论构建符合"案-件比"司法规律的刑事审判质效管控新机制*

路 华**

内容提要："案-件比"思维坚持问题导向，聚焦人民群众反映强烈的诉累问题，推进审判"一件事"机制，减少不必要的办案环节，满足人民群众新期待新要求，夯实司法的人民性。"案-件比"遵循刑事司法规律，强调刑罚的精准性、及时性，将法官责任、司法环节、案件质量与人民群众的切身感受作为一个系统进行分析研究。在"案-件比"司法规律指引下，银川法院坚持将"案-件比"作为人民群众司法获得感的"性价比"，作为检验人民司法制度优越性的"度量衡"，提出了"案"与"件"不同、"审"与"判"不同的司法认知理念。通过严格管控程序件，全面化解衍生件，取得了实效，但还存在一些问题。构建符合"案-件比"司法规律的刑事审判质效管控新机制，能加强集约管理，突出整体效应，能把党对司法工作的新要求落在实处，能促进每一个刑事"案"产生最少的"件"，做到公正与效率有机统一，也能让人民群众及时感受到公平正义就在身边。

关键词："案-件比"；司法规律；公共法律服务

在刑事领域，人民群众的一个"案"往往要经历公安、检察、法院等多个

---

* 基金项目：本文系2021年度国家社科基金重大项目"民事司法程序现代化问题研究"（项目批准号：21&ZD205）的阶段性研究成果。

** 作者信息：宁夏回族自治区银川市中级人民法院党组书记、院长，中国政法大学2020级博士研究生。

司法部门，在法院审理过程中又可能会经过一审、二审甚至再审程序，进而产生多个"件"，这不仅让当事人承受更多的诉累，也耗费了大量的司法资源。如某基层法院审理的魏某抢劫罪一案，一、二审判决生效后，魏某不服向中级人民法院（以下简称中院）申诉被驳回，后向高级人民法院（以下简称高院）申诉，高院审查后指令中院再审。中院再审后撤销原一、二审判决，发回基层法院重审。基层法院审理后进行了改判。魏某再次上诉。中院审理后又发回重审。基层法院判决后，魏某不服又提起上诉。中院审理后以改判方式作出最终判决。①该"案"经历了三级法院审理，基层法院三次一审产生了3个"件"，中院三次二审、一次申诉审查、一次再审产生了5个"件"，高院一次申诉审查产生了1个"件"，历时5年，共产生了9个"件"，"案-件比"是1：9。"案-件比"中"件"数越高，说明"案"经历的诉讼环节越多，办案时间越长，社会效果越差，人民群众诉累越重。②贝卡里亚在其《论犯罪与刑罚》中阐明：惩罚犯罪的刑罚越是及时，就越是公正和有益。③在刑事领域，推广"案-件比"审判机制，将减少不必要的诉讼环节，有效防止程序空转，有效提升案件质效，推进刑事审判工作的公共法律服务职能，让人民群众及时感受到公平正义就在身边。

一、"案-件比"的含义

"案-件比"，就是对司法机关所办理的案件进行认真分析，在司法管理统计中区分"案"和"件"两个方面。所谓"案"，从刑事案件的角度看，就是当

---

① 2013年，某基层法院受理了魏某涉嫌抢劫罪一案，并作出一审判决，判决被告人魏某犯抢劫罪，判处有期徒刑十一年，并处罚金人民币一万元。魏某不服提起上诉。2014年，中院作出二审刑事裁定，裁定驳回上诉，维持原判。后魏某不服向中院申诉被驳回，又向高院申诉。2015年，高院作出再审决定，指令中院再审。2016年，中院作出再审刑事裁定，裁定：一、撤销原一二审刑事判决；二、发回某基层法院重审。基层法院作出一审刑事判决，判令被告人魏某犯抢劫罪，判处有期徒刑十年，并处罚金人民币三千元。魏某不服又提起上诉。中院作出二审刑事裁定，裁定发回基层法院重审。2017年，基层法院再次作出一审刑事判决，判令被告人魏某犯抢劫罪，判处有期徒刑十年，并处罚金人民币三千元。魏某不服再提起上诉。2017年，中院作出二审刑事裁定，裁定：一、撤销一审刑事判决；二、改判上诉人魏某犯抢劫罪，判处有期徒刑五年六个月，并处罚金人民币三千元。

② 胡兴建：《案-件比：实现程序正义与实体正义有机统一》，载《检察日报》2020年6月7日第7版。

③ ［意］贝卡里亚：《论犯罪与刑罚》，黄风译，中国方正出版社2003年版，第44页。

事人被起诉或者被害人主动将他人举报、诉至执法司法机关，执法司法机关受理后成为一个"案"。用老百姓的话说，自己有个"案"子在公检法机关。所谓"件"，就是公检法机关依照诉讼程序，在办案过程中对同一个"案"子进行办理以后，按照司法程序对自己办结的这个"案"所进行的工作数量统计的具体数，也就是办案机关所办理的案件的"件数"。针对特定当事人的同一个"案"子，在不同执法司法机关的统计报表上，会形成一个或多个案"件"。比如，公安机关立案后是一"件"；检察机关审查逮捕该案是一"件"，起诉该案在统计上又是一"件"；法院受案后，该案进入一审程序，统计上又是一"件"；二审、再审后又会分别多出一二个"件"。也就是说，老百姓自己认为的一个"案"，会形成司法机关统计报表上的很多"件"。如果把老百姓认为的"案"作为分子，把司法机关统计报表上的案"件"作为分母，这就形成了本文提到的"案 - 件比"这个独特的分析方法。① 2023 年 5 月，张军院长在云南调研时指出"1 件案子进入法院，无论过了多久、多少程序，对于当事人来说就是 1 件案子。对于法院来说，如果经过一审、上诉、发回重审、再上诉、申诉，就会变成 5 件案子。'案'就是老百姓的这 1 件揪心事、烦心案，'件'就是几经'折腾'、法院办理程序统计中的 5 个案件，这个'案'与'件'的比就是 1∶5。"② 人民法院负有及时公正惩罚犯罪的职责，"件"数越少则司法质效越高。犯罪与刑罚之间的时间间隔越短，在人们心中，犯罪与刑罚这两个概念的联系就越突出、越持续，因而，人们就很自然地把犯罪看作起因，把刑罚看作不可或缺的必然结果。③ 当事人的一个"案"，法院一次审判就能办结，"案 - 件比"就是 1∶1，是最理想的比值。"件"越少，司法投入越少、司法效率越高，越早实现惩罚，被害人能早日看到公平正义，被告人悬着的心能早日落地，人民群众能早日感受到司法权威，是公正高效权威司法的体现。"案 - 件比"以人民为中心，着力推进审判"一件事"，遵循"案"是矛盾，"件"是产品，"比"是平衡点，通过全流程管控"案、件、比"三要素，强化法官责任意识，追求案件整体质效，减少不必要的办案环节，公正高效办理好每一个案件，全面提升人民群众的司

---

① 孙宪忠：《案 - 件比是衡量司法办案质效的绿色 GDP》，载《人民检察》2021 年第 6 期。
② 《抓好"关键少数"做实教育整顿以队伍建设的铜墙铁壁厚植党的执政根基——最高法调研组在云南法院调研侧记》，载微信公众号"最高人民法院"，2023 年 5 月 31 日。
③ ［意］贝卡里亚：《论犯罪与刑罚》，黄凤译，中国方正出版社 2003 年版，第 44 页。

法获得感。

(一)"案-件比"是系统观念的深化

习近平总书记明确要求政法工作要更加注重系统观念。①系统观念就是应用系统思维分析事物的本质和内在联系,从整体上把握事物发展规律。"案-件比"将"案""件""比"三要素置于司法办案环节,全面分析比较,系统解决办案过程中影响司法效率和司法效果的问题,全面提升公检法配合制约能力。"案-件比"的比值反映办案与程序的动态关系,显现法官是否尽心尽责、及时高效办理好每一个环节,是否实现案件的整体质效。"案-件比"将法官责任、司法环节、案件质量与人民群众的切身感受作为一个系统进行分析,追求最大公约数。

(二)"案-件比"是法治思维的深化

"法者,治之端也。"坚持法治思维,就必须坚持法律面前人人平等,就必须坚持在宪法法律规定的范围内行使权力、履行职责。②法院必须按照《刑事诉讼法》的规定打击犯罪,维护社会稳定,落实罪刑法定、疑罪从无原则,保障当事人和诉讼参与人的权利,必须依法追究实施了犯罪行为的人的责任。《刑事诉讼法》规定的依法追诉就是法治思维和法治精神的在刑事追诉领域的体现。"案-件比"要求法官精准适用《刑事诉讼法》的规定,通过指控、辩护、举证、质证等环节体现程序正义,彰显现代化法治理念。

(三)"案-件比"是强基导向的深化

治国安邦,重在基础。司法的根基在人民、血脉在人民、力量在人民,司法也以人民是否满意为最高标准和政治归宿。③习近平总书记强调的"让人民群众在每一个司法案件中感受到公平正义"和"让人民群众切实感受到公平正

---

① 《更加注重系统观念法治思维强基导向　切实推动政法工作高质量发展》,载《人民日报》2021年1月10日第1版。

② 张文显:《论习近平法治思想的鲜明特色》,载《法制与社会发展》2022年第4期。

③ 郝湛秋:《学习贯彻党的十八大精神领导干部要牢固树立三个意识》,载《南京政治学院学报》2012年第6期。

义就在身边",主体都是"人民群众",充分说明了人民群众在司法活动中的重要性。"案-件比"以人民群众的视角为着眼点,以人民群众的感受为基础,积极回应人民群众对司法的新期待新要求,通过优化办案环节提升人民群众司法获得感,夯实司法的人民性。

二、"案-件比"蕴含的刑事司法规律

坚持以提高司法公信力为根本尺度,坚持符合国情和遵循司法规律相结合,坚持问题导向、勇于攻坚克难、坚定信心、凝聚共识、锐意进取、破解难题,坚定不移深化司法体制改革,不断促进社会公平正义。[1] 司法规律是社会规律的重要范畴,它是司法现象和司法活动内在的本质联系,体现着司法活动总体上的一般趋势,司法活动只有在司法规律的中心轴上进行,或者围绕司法规律这根主线上下波动,才能保证司法活动的准确性。[2] 刑事司法规律指国家制定刑事法律并由专门机关根据法律处理刑事案件的制度,它是司法制度的重要组成部分,它的发展受制于司法规律的普遍性,同时又具有其特殊性。[3] 刑事司法必须遵循刑事司法规律,任何偏离刑事司法规律的刑事司法都是不公正的,不能发挥其应有的功能。"案-件比"遵循刑事司法规律,不仅关注个案在实体与程序上的合情、合理、合法,更关注全部案件在质量和效果上的高质、高效、满意度。

(一)"案-件比"蕴含惩罚犯罪与保障人权

犯罪嫌疑人实施犯罪行为,产生了"案",就必须对其进行追究和惩罚。侦查机关侦查,检察机关公诉,法院审判均是惩罚犯罪的过程,只有惩罚犯罪才能有效保护公民的生命财产安全,维护正常的社会秩序。为了有效惩罚犯罪,《刑事诉讼法》赋予了公检法不同的权力,同时限定必须在授权范围内行使。惩罚犯罪只是刑事诉讼目的的一个方面,刑事诉讼目的的另一个方面则是保障人

---

[1] 《习近平在中共中央政治局第二十一次集体学习时强调:以提高司法公信力为根本尺度 坚定不移深化司法体制改革》,载《人民日报》2015年3月26日第1版。
[2] 向泽选:《新时期检察工作主题的思考》,载《人民检察》2010年第10期。
[3] 杨宇冠:《论刑事司法规律》,载《法学杂志》2016年第3期。

权。① 当代刑事诉讼的形式是以公诉为主，因而刑事诉讼常常表现为被告人个人与政府之间的对抗关系。② 由于政府力量的强大和个人力量的相对弱小，刑事诉讼中被告人的权利容易受到侵犯，被告人诉讼人权保障问题成为一个重点。《公民权利和政治权利国际公约》为被告人确立了"最低限度保障"的权利，即任何被指控者都有权在"不受无理拖延"（without undue delay）的情况下接受审判，这是刑事审判程序公正的基本要素。③ 司法实践中，一次办结的案件很好地实现了惩罚犯罪、保障人权的目的，数次审判才办结的案件就不符合上述"最低限度保障"要求。之所以出现这种情况，根本原因是没有处理好"案"与"件"的关系，没有用最少的"件"处理好老百姓的一个"案"。保障公民权利就是保障国家的利益，侵害公民权利也是侵害国家的行为，④ 要争取将案件一次性优质办结，用最少的"件"实现最大的效益。

（二）"案-件比"包含程序公正与实体公正

司法规律以公正为灵魂，公正包括实体公正和程序公正。实体公正与程序公正犹如鸟之两翼、车之两轮，互相依存，互相联系，总体来说不能有主次、轻重之分。⑤ 然而重实体轻程序是我国刑事司法制度的历史性积弊。所谓"轻"，多是不严格遵照甚至漠视、违反法定程序办案。经过多年的发展，司法机关普遍认识到程序要讲法治，司法人员要受司法规律约束，既要用法律惩治罪犯，又要严格遵守程序，不能应用程序反复、程序空转等推责免责。程序空转看似有法律依据，但不是必要的，它给当事人造成了伤害，给司法带来损害，是另一种意义上的"程序不公"。对于当事人来说，他们只能"抱怨程序"或者想方设法"疏通程序"；对于法院来讲，这容易造成权力寻租，发生腐败事件。这种隐性的"程序不公"背离了司法初衷，损害着司法公信力。"案-件比"以程序公正促实体公正，要求司法人员切实增强司法能力和为民意识，善待当事人，做到程序不反复不折腾。

---

① 陈光中：《刑事诉讼法》，北京大学出版社、高等教育出版社 2021 年版，第 12 页。
② 樊崇义：《诉讼原理》，中国人民公安大学出版社 2020 年版，第 293 页。
③ 陈瑞华：《比较刑事诉讼法》，北京大学出版社 2021 年版，第 16 页。
④ 樊崇义：《诉讼原理》，中国人民公安大学出版社 2020 年版，第 285 页。
⑤ 熊秋红：《刑事诉讼法治的中国特色》，载《检察日报》2021 年 7 月 19 日第 3 版。

（三）"案-件比"体现依法办案与案结事了

正如法律是最低的道德标准一样，依法办案也是司法者的最低标准。有的案件依法办了，案子也结了，但事没了。当事人不服，反复申诉上访，甚至酿成更大的惨案。如退伍军人张扣扣报复杀人案，起因是 22 年前张母因邻里纠纷被邻居王正军伤害致死，王正军被判处有期徒刑 8 年。张扣扣认为司法不公，22 年后仍未解开心结，报复杀人，酿成惨案。法官依法办案不仅要不违反"成文法"，还要考虑"内心法"，用好法律上的"秤"和人民群众心中的"秤"，将两杆"秤"端平，让天理、国法、人情平衡起来。"案-件比"要求法官将心比心，换位思考，把人民群众的小事当自己的大事办、把人民群众的大事当天大的事办，摒弃"不违法"就行的底线思维，做到高质量司法，高效益溢出。依法办案是法官的基本职责，"案结事了"是司法的终极目标，只有做到"案结事了"才是高质量司法。显然，高质量司法的标准更高，这就要求法官既要依法办案，又要尊重人民群众朴素的公平正义观，实现政治效果、社会效果、法律效果的有机统一。

（四）"案-件比"彰显整体质效与个体能力

"案-件比"要落实到每一个案件的审判过程中，落实到具体的法官、合议庭、审判委员会主观能动上。只有法官、合议庭、审判委员会提高司法能力，办案质量、效率、效果才能整体提高。如果一个法官所办的案件一审就能定分止争，即使再经二审，也是认定事实清楚、适用法律正确、处理结果适当而被维持原判，则法官个人能力强，司法公信力高，"案-件比"好。"案-件比"虽然以具体的案件为评价对象，但又不局限于一个具体的案件。"案-件比"还能将一个法院、全市法院、全省法院一定时期所有发生的"案"与该时期所办理的"件"相比进行分析，把这个法院、全市法院、全省法院一定时期的办案质效一一显现出来。抓好"案-件比"，能实现司法质量的实质化、规律化稳健增强，司法效率的可视化、规范化稳定增长，司法效果的回应化、规制化稳步增益。

三、银川法院刑事审判"案-件比"实践探索

近年来,随着银川市经济社会的快速发展,社会治理矛盾凸显,银川法院的收案量也一路攀升,收案量占全区近一半,长期案多人少矛盾尖锐造成司法供给严重失衡,办案质效提升困难,急需探寻一条符合公平与效率有机统一的审判管理方法和案件质量管控道路。2019年,张军院长在最高人民检察院提出"案-件比"思维,立即引起了银川法院的高度关注,认为这一思维完全符合银川法院实际,应积极探索实践。通过开展"案-件比"司法规律大讨论,银川法院形成了"案"与"件"不同、"审"与"判"不同、"执"与"行"不同、"调"与"解"不同的司法理念。银川法院研究制定了《改判、发回重审、再审案件监督管理意见》等30余项案件质效监管制度,进一步监控"案-件比"源与流的阈值,努力做到"案"与"件"高效益对应,"案"与"人"硬责任挂钩,纠防上下程序空转、反复、折腾,杜绝监管低效、负效、失效。严格管控程序件,坚决做到一审程序严守法定程序,据以裁判的事实清楚、证据确实充分;二审程序"能改不发",实现有效终审;再审程序"能提尽提",减少不必要的"件"。全面化解衍生件,对"案-件比"超过1:4的案件深入分析再审、申诉、信访缘由,举一反三,破除"一案多件"的负面边际效应,促进审判环节的诉源治理。通过三年多的探索实践,银川法院审结的民事、刑事、行政案件"案-件比"逐年下降。2020年,两级法院审结一审案件54633件,未上诉48925件;2021年审结一审案件59649件,未上诉54139件;2022年审结一审案件62301件,未上诉56659件。"案-件比"由2020年的1:1.12、2021年的1:1.11下降到2022年的1:1.10,一审息诉服判案件数及其占比逐年上升,绝大多数案件在诉前、一审环节消化、解决,更多的司法实惠带给了人民群众,司法获得感显著提升。

笔者对近三年来审结的所有刑事案件进行了逐案分析,具体情况如下。近三年,银川法院审结一审刑事案件8363件,一审息诉服判的案件,即"案-件比"是1:1的案件7275件,占比86.99%。上诉抗诉案件1088件。上诉抗诉案件中,二审作出生效判决(包括维持、改判、撤诉)的案件,即"案-件比"是1:2的案件1025件,发回重审案件72件(含二审、再审发回重审)。在发回重审的案件中,原审法院再次审理作出生效裁判,即"案-件比"是1:3

的案件31件，占发回重审案件的43%；其他案件再次审判后出现上诉、抗诉、申诉、再审等，即"案-件比"超过1∶4，占发回重审案件的57%，其中"案-件比"1∶5的案件4件，1∶6的案件7件，1∶7的案件2件。"案-件比"是1∶1、1∶2的案件都是较理想的，既惩罚了犯罪，又保障了人权，还节约了司法资源。"案-件比"是1∶3、1∶4或以上的案件，案件质效就不高，存在程序空转。从银川法院的实践可以看出，刑事审判中影响"案-件比"的突出问题有：

一是"案-件比"理念还未外化于行。2019年，最高人民检察院提出"案-件比"概念，并在全国检察系统逐步推广，"案-件比"的理念已经贯穿检察工作全过程。"案-件比"对法院审判执行也具有重大的指导意义，能指导法官不仅办好手中案件，实现案结事了，还指导院领导全流程管理审判工作，实现高质量司法。虽然，刑事审判部门最早接触"案-件比"并配合检察院降低"案-件比"，但"案-件比"在促进刑事案件办案质效和提升案件管理方面的作用还未得到充分发挥，有的法官对"案-件比"理念还没有内化于心外化于行。

二是一审程序还未能求极致。从近三年银川法院发回基层法院重审的原因看，事实不清最多，占比达85%；违反法定诉讼程序次之，占比10%；出现新证据等最少，占比5%。绝大多数案件中的事实属于一审法官可控范围，一审法官在准确认定证据关联性和证明力，查清定罪量刑关键事实方面的能力还有待加强。审判程序更是在一审法官的掌控之中，个别法官程序意识不强，出现一审程序违法，实属不该。上诉案件的维持率超过90%，这也说明一审法官释法析理能力有待加强。

三是二审程序还未杜绝程序空转。目前，有的二审法官高估司法程序，低估司法效果，存在"趋利避害"心态，通过发回重审"踢皮球""推责任"，致使有些案件存在不当发回重审情形，导致了司法低效、负效。近三年来，二审发回重审的案件中，一审法院再次作出同样的判决后上诉的案件有16件，其中11件二审法院予以维持；5件二审法院仅进行了细微调整。这些数据说明这部分案件存在程序空转现象，其发回重审的必要性令人怀疑。还有个别案件出现了错发错改现象，如马某媛职务侵占一案，发回重审后一审法院作出不同的判决，再次上诉后二审予以维持。后因申诉进入再审程序，再审撤销了发回重审后的一、二审判决，维持了发回重审前的一审判决，先后产生7个"件"，而中间的

5个"件"属于程序空转。

四是质效考核还未设置"案-件比"指标。银川法院主要围绕"5+1"指标进行审判质效分析，刑事案件主要考核法定审限内结案率、法官人均结案率、结案均衡度、平均审理时间等，较注重法官年均办案数量的考核，导致有的法官片面追求"结案了事"，审理过程机械化、释法析理简单化，致使有的当事人对判决不理解，出现被告人申诉，家属上访等。目前，未设置"案-件比"正面、负面考核指标，对案结事了激励不足，对程序空转惩戒不力。

四、构建符合"案-件比"司法规律的刑事审判质效管控新机制

习近平总书记强调"让人民群众切实感受到公平正义就在身边"。[①] 法院应解决好人民群众参与司法过程中遇到的难点、堵点和痛点问题，应将法官的群众观点、服务群众的能力纳入日常管理。法官要通过快办案办好案，践行司法为民，提高人民群众司法获得感。在刑事领域，法院应在"不合理拖延"的情况下进行审判，及时对被告人的刑事责任作出终审裁判，还被害人公平正义，了当事人家属心愿。要通过推广"案-件比"审判机制，促进每一个"案"进入诉讼流程后形成的"件"最少、办理的质量最好、办案的效率最高，通过司法办案让人民群众感受到公平正义，把党对司法工作的要求落在实处。[②]

（一）以人民为中心，树立符合"案-件比"规律的审判新理念

习近平总书记指出，政法机关是老百姓平常打交道比较多的部门，是群众看党风政风的一面镜子。[③] "案-件比"就是在剖析了新时代人民群众新期待新要求后发现的能深刻反映刑事司法规律的新数据指标。法院要深入分析研究"案-件比"，树立以"案-件比"为核心的审判新理念，追求高质量的裁判；深化老百姓"一件事"理念，加强集约管理，突出整体效应；做到案结事了，

[①] 《切实履行好维护国家安全社会安定人民安宁的重大责任 让人民群众切实感受到公平正义就在身边》，载《人民法院报》2022年1月16日第1版。

[②] 孙宪忠：《案-件比是衡量司法办案质效的绿色GDP》，载《人民检察》2021年第6期。

[③] 中共中央文献研究室编：《习近平关于全面依法治国论述摘编》，中央文献出版社2015年版，第71页。

兼容天理、国法、人情，讲透法理、事理、情理，增强当事人对裁判的认同度。审判管理部门在统计分析审判业务时要将改判、发回重审案件数和占比分别统计，通过关联案件分析个案的"案-件比"。对"案-件比"超过1∶4的案件，要深入分析增加"件"的因素，通过减少不必要的"件"，实行审判环节的诉源治理。"案-件比"的核心要义就是"责任"，既要做到案件本身实现公平正义，又要发挥警示作用规范社会行为，还要发挥示范效应引领社会的治理。法官要切实增强责任感，树立两种事实、两种思维、两杆秤意识，即把握好客观事实和法律事实，做到两种事实清楚、接近；树立一、二审思维，一审判决初稿形成后再从二审的角度挑一次毛病，做到两种思维推理一致；树立两杆称意识，即法律上的秤和老百姓心中的秤，做到两杆秤衡量的结果一致。

（二）以审判为中心，构建符合"案-件比"规律的制约机制

公检法分别行使立案侦查、审查起诉、依法审判职责，三部门分工负责、相互配合、互相制约。分工负责、相互配合是惩罚犯罪的需要，互相制约是保障人权的需要。公检法的目标是一致的，哪一个环节出问题，最终都将影响案件的质效，损害司法公信力。要以聂树斌、佘祥林、呼格吉勒图等案件为鉴，决不能再次摧毁党的十八大以来新时代公正司法良好形象。公检法要围绕"案-件比"，共同努力、一体推进，决不能为了自身"案-件比"考核数据好看而牺牲案件的整体质效。检察机关为降低"案-件比"，要求检察官引导侦查，在审查起诉阶段则严格限制"两退三延"。实践中，部分检察官可能在前期怠于引导侦查，后期盲目为降低"案-件比"而在没有充足准备的情况下匆忙起诉。① 如在银川市中级人民法院审理的被告人梁某某故意杀人一案中，被告人及其辩护人均在公诉环节向检察官提出被告人精神疾病鉴定申请，并提供既往病例资料，但检察官为了减少公诉阶段的"件"，不退回补充侦查，仍诉至法院。法院只好在审判环节退回补充侦查，而检察院还不出具《延期审理建议书》，导致法院无法在正常审限内结案。该种机械做法有损"案-件比"审判理念。公检法应建立"案-件比"刑事司法规律分析会议制度，统一认识，促进

---

① 湖北省武汉市人民检察院课题组：《检查工作中程序空转的减抑："案-件比"的作用响度》，载《中国检察官》2020年第10期。

侦查、公诉和审判环环相扣、交错递进、高效衔接。检察院要将法院审判阶段退回补充侦查次数给予更重负面评价，以此督促检察工作真正求极致。

（三）以认罪认罚为重心，拓展符合"案-件比"规律的办案模式

2018年《刑事诉讼法》确立认罪认罚从宽制度，被称为中国刑事司法发展史上的新坐标。认罪认罚从宽制度有助于犯罪嫌疑人和被害方达成刑事和解，取得被害方的谅解，修复被损害的社会关系；有助于犯罪人认识到自己的罪行，真心接受刑罚处罚，改过自新重新做人。实践证明，认罪认罚制度有助于及时惩治犯罪，提升审判效率，能最大限度降低"案-件比"。2022年3月，最高人民检察院在作全国两会报告工作时提到，2021年认罪认罚适用率超过85%。① 这极大地减少不必要的"件"数，降低了"案-件比"。同时，我国认罪认罚案件还有一定的提升空间，要进一步扩大认罪认罚案件的适用范围。从《刑事诉讼法》的规定来看，无论轻罪、重罪，主犯、从犯，只要犯罪嫌疑人、被告人认罪认罚，均可适用认罪认罚从宽制度。② 要进一步细化和构建轻罪与重罪、一罪与数罪、一人与多人、全部认罪与部分认罪等不同认罪认罚案件的操作程序，确保诉讼程序符合案件具体情况和司法实践规律。③

（四）以尊重上诉权为原则，推行符合"案-件比"规律的人权保障机制

《刑事诉讼法》赋予被告人上诉的权利，其目的在于实现刑罚维护社会秩序、追求公平正义，同时兼顾尊重保障人权、强化诉权保障的价值追求，真正做到惩罚犯罪和保障人权的有机统一。在国际上，上诉权是被告人享有的一项基本人权。《公民权利和政治权利公约》第14条第5项规定，凡被判定有罪者应有权由一个较高法庭对其定罪及刑罚依法进行复审。④ "案-件比"是司法机关的内部质效指标，不能为了追求"案-件比"而压制被告人的上诉权，哪怕

---

① 《最高人民检察院工作报告》，载最高人民检察院网站，https://www.spp.gov.cn/spp/gzbg/202203/t20220315_549267.shtml，2023年6月5日访问。
② 《认罪认罚从宽制度：丰富刑事司法与犯罪治理的"中国方案"》，载12309中国检察网，https://www.12309.gov.cn/llzw/jcyksjb/202103/t20210308_511580.shtml。
③ 王博勋：《认罪认罚从宽制度：丰富刑事司法与犯罪治理的"中国方案"》，载《中国人大》2020年第10期。
④ 陈瑞华：《比较刑事诉讼法》，北京大学出版社2021年版，第18页。

被告人签署了认罪认罚具结书，依然有权提起上诉。被告人提起上诉，可能是不服一审判决，也可能是为了释放心理情绪，还可能是为了增加看守所关押时间。如果为了降低"案-件比"而限制被告人的上诉权，就属于程序不公。一项不公的程序，无论其结果是否公正都会使当事人以及社会公众产生不公正的感觉，进而影响司法的公信力；相反，一项公正的程序，即使判决对当事人不利，该当事人也会因为受到正当程序的保障而信赖司法程序，同时该司法程序也会得到社会的认可。①

（五）以减少程序空转为抓手，实行符合"案-件比"规律的审判方式

刑事诉讼中的程序空转是指在刑事案件侦查、起诉、审判过程中，办案人员假借启动正当诉讼程序而行延长办案期限之实的非必要、缺乏实质作用的程序流转。②程序空转是对程序的过度适用，增加了不必要的"件"。"案-件比"是衡量程序空转的重要指标。程序空转增加了当事人的诉讼成本，延长了诉讼周期，浪费了司法资源，更严重的是损害了司法权威，降低了人民群众对程序公正和办案效率的正面评价。③司法实践中，退回补充侦查、延长审查起诉、非必要发回重审、程序性再审等都是程序空转。一审程序首先要严格遵守法律规定的诉讼程序，不能出现违反公开审判、违反回避制度、限制或剥夺法定诉权、审判组织违法等程序性错误；其次要依法认定证据效力，排除非法证据，做到定罪量刑关键事实清楚、证据充分。二审程序要有效终审，树立"能改不发"的审判理念，做到能改判的依法改判，必须发回不可的才发回重审，决不能把发回重审当作逃避责任、拒绝裁判的理由；要切实履行监督和救济职责，对于一审适用法律错误以及二审中出现新证据的案件要以改判为主；对于一审法院对某事实进行了审查而未查清的，则应坚持证据裁判，不必以该事实不清、证据不足发回重审。对发改案件要分别进行统计分析，设立二审改判发挥重审比，将二审法院行使二审权的情况进行数据分析，督促二审能改尽改。再审程序要

---

① 毕玉谦：《司法公信力研究》，中国法制出版社 2009 年版，第 359 页。
② 湖北省武汉市人民检察院课题组：《检查工作中程序空转的减抑："案-件比"的作用响度》，载《中国检察官》2020 年第 10 期。
③ 余晓龙：《我国民事新证据的体系化理解与理性适用——以影响新证据制度的类型化因素为研究视角》，载《山东法官培训学院学报》2018 年第 5 期。

严格规范启动，不能让再审程序空转。再审中，能直接改判的直接改判，不必一律发回重审，增加不必要的"件"。

（六）以公正与效率为追求，出台符合"案－件比"规律的考核制度

最高人民法院要求加强审判管理，提升审判管理工作精细化、数字化、科学化水平，进一步完善考核指标体系，强化考核结果运用，促进审判执行质效提升。[1] 法院考核指标体系在设置和运行上具有较强的内部性，这使得法官较易形成注重对上级法院负责、对所在单位及部门负责的工作惯性。[2] 开展审判绩效考核评估工作要讲指标，但不能唯指标论，应科学设置考核内容，促进高质量司法。目前，案件质量仍然是刑事案件考核的最主要内容，还没有形成以"案－件比"为指引的考核体系。如北京、四川、江苏等采用权重系数考核法的法院，案件质量占总分值的35%~50%，对"件"的指标则未作规定。法院应进一步深化"案－件比"指标的考核应用，构建"案"与"件"对应的案件质效考核制度，改变以结案数量为主的考核方式，让"案－件比"精准反映具体法官、具体案件的办案实绩，提升考核指挥棒作用，正向激励案件质效，反向限制程序空转。司法裁判的后果由人民群众承担，司法质效的评价也应有人民群众的参与。应当尊重人民群众主体地位，设置人民群众参与考核栏目，把人民群众对"案"的感受纳入考核范围，让人大代表、政协委员、律师、当事人等通过适当的方式参与考评，把人民群众的智慧和力量凝聚到审判实践中来，真正实现司法审判的公共法律服务职能。

---

[1] 郑义：《全面贯彻新发展理念 为实现高质量发展提供有力司法服务》，载《人民法院报》2021年2月9日第1版。

[2] 上海市第一中级人民法院课题组：《审判绩效考核与管理问题研究》，载《中国应用法学》2019年第3期。

融合发展理论

《民事诉讼法》修正背景下的司法确认再造检视
——兼论公共法律服务视域中诉前调解的路径探索*

张 新**

内容提要：试点两年的民事诉讼程序繁简分流改革将"优化司法确认程序"作为重要改革举措。2021年12月，全国人大常委会在参酌改革成效的基础上，修正《民事诉讼法》中关于司法确认的条文。2021年《民事诉讼法》的修正在扩大司法确认适用对象的同时，对司法确认的管辖规则予以变更，为司法确认的新发展提供了基本方向。以2021年《民事诉讼法》的修正为契机，本文详细论述司法确认的适用对象、启动规则、管辖法院、审查程序、权益保障，并探索诉前调解的发展路径，从而加强司法确认的实质化运作，助推多元解纷机制的深度发展。

关键词：司法确认；多元解纷；诉前调解；诉调对接；调解协议

司法确认程序系人民法院赋予调解协议强制执行力的特别程序，也是多元解纷机制的关键节点以及实现诉源治理的必要程序，对疏导日益繁杂的社会纠

---

* 基金项目：本文系2021年度国家社科基金重大项目"民事司法程序现代化问题研究"（项目批准号：21&ZD205）的阶段性研究成果。2023年再次修正《民事诉讼法》，为客观展现本研究成果，本文均在相关经修改的法律文件前加注修改年份。

** 作者信息：上海市第二中级人民法院党组成员、副院长，中国政法大学民商经济法学院博士研究生。

纷具有至关重要的作用。2020年年初启动的民事诉讼程序繁简分流改革将优化司法确认程序作为改革重点内容，其旨在激活司法确认制度价值，贯彻落实习近平总书记强调的"把非诉讼纠纷解决机制挺在前面，推动更多法治力量向引导和疏导端用力，加强矛盾纠纷源头预防、前端化解、关口把控，完善预防性法律制度，从源头上减少诉讼增量"[①]。现今，司法确认改革已试行两年，基于改革实践所修正的新型司法确认制度已纳入2021年《民事诉讼法》的修正内容，并于2022年1月1日起正式施行。然而，在司法确认中，2021年《民事诉讼法》仅对2017年《民事诉讼法》第194条[②]进行部分原则性修改，配套程序未予变更。2021年《民事诉讼法》修正以后，司法确认的程序展开以及与前端调解的有效衔接更加重要。本文立足司法确认的实践成效及民事调解的基础理论，尝试再造司法确认的具体程序，以期为解读2021年《民事诉讼法》的修正以及多元解纷机制的新发展提供些许参考。

一、方向引领：再造司法确认程序的基本原则

新型司法确认程序并非繁简分流改革举措的简单拼凑，2021年《民事诉讼法》的修正内容更非《民事诉讼程序繁简分流改革试点实施办法》（以下简称《繁简分流实施办法》）的简单复制，在缺少统一的司法确认程序规定的背景下，不宜将具体的程序设计停留于当下，而应以人民群众的司法需求为总导向，在符合民事诉讼法的前提下，遵循一定的指导原则，如此方可催生合理的程序设计。

（一）政策导向原则

经济的多元发展必将导致人民群众间的矛盾愈加繁杂，人案矛盾是现今社会矛盾在司法领域的直观呈现，但确保群众权益及时维护、法律纠纷及时化解

[①] 《完整准确全面贯彻新发展理念　发挥改革在构建新发展格局中关键作用》，载《人民日报》2021年2月20日第1版。

[②] 2017年《民事诉讼法》第194条规定："申请司法确认调解协议，由双方当事人依照人民调解法等法律，自调解协议生效之日起三十日内，共同向调解组织所在地基层人民法院提出。"

始终是我国国家机关"为人民服务"的内在要求。可若由有限的审判资源应对过量的社会纠纷，难以保证裁判结果的合法与公正，探索在传统诉讼之外实现纠纷的多元化解势在必行。早在 2004 年，《中央司法体制改革领导小组关于司法体制和工作机制改革的初步意见》就提出"改革和完善诉讼制度"等任务。次年，最高人民法院颁行《人民法院第二个五年改革纲要（2004—2008）》，并在"改革和完善诉讼程序制度"项下明确指出"促进建立健全多元化的纠纷解决机制"，自此多元解纷机制正式接入司法体制改革轨道，并成为国家治理体系的重要组成部分。

调解作为主要的非诉纠纷化解方式，在诉源治理中处于秉轴持钧之位，是连贯多元纠纷解决机制的重要一环，但若经调解达成协议，当事人能自觉履行自无疑义，可如果当事人拒绝履行调解协议，则在当事人之间徒增一份具有争议的协议以调解为基础构建的系列多元纠纷化解举措终将沦为"纸上谈兵"。因此，赋予调解协议"权威"是落实多元解纷机制的必然选择，司法确认应运而生。从司法确认的诞生历程分析，其具有鲜明的政策导向烙印，司法确认旨在服务多元解纷机制，故其程序设计应围绕多元解纷机制的流畅运行而具体展开，并应与调解紧密关联，实现司法确认与调解的良性互动。

（二）问题导向原则

司法确认在 2007 年缺少规范性法律文件指导的背景下，于甘肃省定西市的渭源县人民法院首次试行，随后于 2010 年、2012 年先后确立于《人民调解法》和《民事诉讼法》之中。由此视之，司法确认实属"自下而上"的机制创新，相较于诉讼程序以及其他特别程序尤为特殊。在这种"自下而上"的模式中，更加强调基层实践，注重先行先试，制度的渐进推广和总结提升均依赖于基层对自选动作的热情尝试，① 以地方实践逐渐丰富制度发展，具体程序设计需在实践试错中不断总结并修正方向。正因如此，对司法确认的探索在实践中必然存在困境、差错及失败风险，其程序发展必然依赖于实践结果的反馈，并以实践中抽象的操作问题作为程序修改的基本导向。

此次繁简分流改革对司法确认程序的修改即因 2021 年《民事诉讼法》修正

---

① 刘加良：《司法确认程序何以生成的制度史分析》，载《法制与社会发展》2016 年第 1 期。

前的司法确认程序仅适用于依照《人民调解法》等法律达成的调解协议，如此不利于发挥商事调解、行政调解、行业调解等多元解纷机制的作用，[①]于是将可进行多类型调解的特邀调解组织和特邀调解员调解达成的民商事调解协议一并纳入司法确认范围。但试点两年以来，基于特邀调解而修改的司法确认程序逐渐暴露出特邀调解组织和特邀调解员难以管理等问题，对于此类问题的解决，为目前司法确认程序的完善提供了具体的指导方向。

（三）实质导向原则

司法确认作为赋予调解协议强制执行力的特别程序，实际上是在调解协议与法院的强制执行之间搭建起桥梁。但调解本系民事诉讼当事人自愿平等原则的具体体现，而强制执行力则是国家公权力机关的公共权力，如何将代表私人自治的调解与代表国家意志的强制执行有效联通，则是司法确认具体程序设计的主要考量。但需注意的是，调解与强制执行的联通应以司法确认的实质化运行为原则，以"能用""有用"为基本导向，避免过度的理论自洽而架空司法确认。一方面，就 2021 年《民事诉讼法》已规定之内容，可尝试在现有规定的基础上扩大解释文义范围；另一方面，就 2021 年《民事诉讼法》未明确之内容，可发挥主观能动性，结合繁简分流改革过程中的参考性举措，尝试搭建可操作的程序体系。

以司法确认的启动为例，2021 年修正后的《民事诉讼法》第 201 条[②]依然规定，双方当事人需共同申请确认调解协议效力，以尊重当事人的自由意愿。但若严格按照"共同"的文义，则将陷入逻辑悖论。如果义务人有意履行，申请司法确认本无必要，但如果义务方不准备履行，双方则难以达成向人民法院申请确认的另一个合意，相关程序亦难以展开。双方共同申请司法确认的机制

[①] 刘峥等：《〈民事诉讼程序繁简分流改革试点实施办法〉的理解与适用》，载《人民法院报》2020 年 1 月 17 日第 5 版。

[②] 2021 年《民事诉讼法》第 201 条规定："经依法设立的调解组织调解达成调解协议，申请司法确认的，由双方当事人自调解协议生效之日起三十日内，共同向下列人民法院提出：（一）人民法院邀请调解组织开展先行调解的，向作出邀请的人民法院提出；（二）调解组织自行开展调解的，向当事人住所地、标的物所在地、调解组织所在地的基层人民法院提出；调解协议所涉纠纷应当由中级人民法院管辖的，向相应的中级人民法院提出。"

实际带有较强的理想主义色彩，①终将导致司法确认"形式化"，难以真正发挥保障调解协议履行的功能作用，因此可考虑扩大解释"共同"的内涵，具体将在下文详述。

二、客体扩展：再造司法确认的适用对象

（一）司法确认对象的"循环往复"

司法确认试点在甘肃省定西市渭源县启动前，时任定西市中级人民法院院长时春明在市二届人大一次会议上提出的是"人民调解协议确认机制"，即对当事人没有反悔的人民调解协议在进入诉讼前进行确认。②该模式与我国台湾地区经乡镇市公所调解达成调解协议，由法院审核使其具有与民事判决同一效力的模式较为相似，即把确认的对象限定于由代表国家或地方公信力的机构主持所达成的调解协议。但渭源县人民法院在试点之初便将确认的对象由人民调解协议扩展至各级行政机关、社会团体和各类法律服务机构主持达成的调解协议，案件类型也并不局限于一般民事纠纷，还扩展至轻微刑事违法行为引起的纠纷。③

2009年《最高人民法院关于建立健全诉讼与非诉讼相衔接的矛盾纠纷解决机制的若干意见》(以下简称《健全纠纷解决机制意见》) 亦规定，经行政机关、人民调解组织、商事调解组织、行业调解组织或者其他具有调解职能的组织调解达成的民事协议，当事人均可以申请有管辖权的人民法院确认其效力。但在2012年《民事诉讼法》将司法确认纳入特别程序之中时，却规定当事人仅能对依照人民调解法等法律达成的调解协议申请司法确认。因为关于调解的法律，除诉讼法之外仅有《人民调解法》，2012年《民事诉讼法》承认的司法确认对象实际仅限于人民调解协议。其盖因立法机关认为，虽然其他有关部门主持调解达成的协议也应当允许申请司法确认，但考虑到目前只有《人民调解法》对

---

① 刘显鹏：《合意为本：人民调解协议司法确认之应然基调》，载《法学评论》2013年第2期。
② 刘加良：《司法确认程序何以生成的制度史分析》，载《法制与社会发展》2016年第1期。
③ 刘加良：《司法确认程序何以生成的制度史分析》，载《法制与社会发展》2016年第1期。

人民调解委员会的调解作出了规定，而行政调解、商事调解情况复杂，在立法时难以达成一致意见，故仅规定依照《人民调解法》等法律的规定，才可以申请司法确认，但因使用"等"，仍为将来的发展留下了空间。①

现今，随着社会陌生化加剧，再加之经济社会的发展与人口流动的加剧，传统上主导人民调解的宗族长老、社区权威和基层干部的影响力趋于下降，人民调解所依赖的社会支持网络已大不如前，且社会纠纷的具体形态正发生变化，而新型纠纷往往更适合通过其他渠道解决。②若将司法确认的对象局限于人民调解协议，则难以满足多元解纷机制的现实需求。

（二）初步拓展：与特邀调解的交互衔接

2016 年，最高人民法院通过颁行《最高人民法院关于人民法院特邀调解的规定》(以下简称《特邀调解规定》)，明确人民法院可吸纳符合条件的人民调解、行政调解、商事调解、行业调解等调解组织或者个人成为特邀调解组织或者特邀调解员，使其接受法院立案前委派或者立案后委托依法进行调解。与通常由政府主导的人民调解不同，特邀调解组织和特邀调解员由人民法院选聘并管理，具有鲜明的司法主导性，但亦内含国家公信力，故民事诉讼程序繁简分流改革便首次尝试将特邀调解组织或者特邀调解员调解达成的民商事调解协议纳入司法确认的适用对象。

特邀调解组织或者特邀调解员虽需法院认证，但其主体范围、纠纷类型与人民调解相比，却有大幅扩展。在主体范围方面，人民调解由人民调解员主持，而人民调解员则仅可由人民调解委员会委员和人民调解委员会聘任的人员担任，人员组成极为有限。但以特邀调解组织为例，其可包括各种社会调解组织，可有效保障各类民商事纠纷的专业性和覆盖面。在纠纷类型方面，根据司法部 2002 年 9 月发布的《人民调解工作若干规定》，因人民调解的客体是发生在公民与公民之间、公民与法人和其他社会组织之间的涉及民事权利义务争议的民间纠纷，且人民调解员对商事调解等专业调解通常缺乏专业度，故人民调解实际将专业调解以及不涉及公民的调解排除在外。相比之下，特邀调解组织或者

---

① 王胜明主编：《中华人民共和国民事诉讼法释义》，法律出版社 2012 年版，第 457~458 页。
② 兰荣杰：《人民调解：复兴还是转型?》，载《清华法学》2018 年第 4 期。

特邀调解员可处理各类民商事纠纷，能有效满足争议双方各类纠纷处理需求。

2021年修正的《民事诉讼法》将特邀调解达成的调解协议纳入司法确认的对象，规定人民法院邀请调解组织开展先行调解的，双方当事人达成调解协议后，可共同向人民法院申请司法确认。但该规定与《繁简分流实施办法》和2021年《民事诉讼法》的修正一审稿相比，删除了"人民法院邀请调解员"，即通过特邀调解员达成的调解协议不再作为司法确认的对象。其原因在于考虑到法院确认后的调解协议具有强制执行力，为确保相关范围的扩大更为严格、严谨，遂予删除。[①] 但就非诉调解协议的类型来看，依据解纷主体的团体化程度，非诉调解协议可分为组织型和个人型，[②] 对通过特邀调解员达成的调解协议申请司法确认并无理论障碍。

诚然，相较于调解组织，特邀调解员的资格认证与管理更为困难，法院难以保证特邀调解员具备调处某一类型纠纷的真实专业能力，亦难以管控特邀调解员为个人私益而作出有违中立的调解行为。但不可否认的是，在繁简分流改革的两年试点里，特邀调解员多为专业法律人士，对于纠纷的症结分析和精准疏通基本都具备一定的经验，对矛盾的高效化解确实具备不可小觑的作用。因此，完全割裂特邀调解员与司法确认的联系，实非妥当，且与2021年《民事诉讼法》最终将调解组织自行开展的调解纳入司法确认的"大跨步"行为多有相悖。事实上，建立系统完备的司法确认审查程序、调解协议当事人及第三人的合法权益保护机制、预防虚假调解及虚假确认机制、特邀调解管控制度，才是真正的解决之道，不宜投鼠忌器，而使特邀调解员游离于非诉解纷机制之外。

（三）深度拓展：与多元调解的广泛衔接

民事诉讼程序繁简分流改革对司法确认适用对象的扩展仍显"谨慎"，仅新增特邀调解达成的调解协议，其原因在于稳住"量"、保住"质"，最大程度

[①] 《民事诉讼法修正草案二审 充分保障当事人诉讼权利》，载微信公众号"最高人民法院"，2021年12月21日。

[②] 刘加良：《非诉调解协议司法确认程序的实践误区及其矫正》，载《政治与法律》2018年第6期。

上防止虚假调解或虚假确认。① 但《民事诉讼法》的修正一审稿在人民调解、特邀调解的基础上试规定,对于当事人申请由其他依法设立的调解组织或者依法任职的调解员调解的,可向法院申请司法确认。而最终通过的 2021 年《民事诉讼法》,一方面,与特邀调解员的处理相同,删除了"当事人申请由依法任职的调解员调解的,向人民法院申请司法确认"的规定,对此不再赘述;另一方面,则将人民调解与当事人申请其他调解组织调解合并为一项,即规定"调解组织自行开展调解的,双方当事人可共同向人民法院申请司法确认"。自此,特邀调解、人民调解、自行开展的其他调解全部纳入司法确认的范围,2021 年修正的《民事诉讼法》在未对上述自行开展的其他调解的司法确认作为改革试点的前提下,直接将其纳入其中,可谓在司法确认中迈进了一大步。

需注意的是,特邀调解组织可通过法院设立的特邀调解名册予以明确,人民调解委员会亦可通过查询中国法律服务网等方式予以确认,但因缺少统一的调解法,对于依法设立的其他调解组织应当如何判断,将成为实务中的操作障碍。某些地方会通过颁行专门的调解组织管理规定,实现对依法设立的调解组织的准确识别。以上海为例,上海市司法局于 2019 年通过制定《关于规范本市调解组织发展的规定》,明确上海市的调解组织是在上海市依法注册登记,通过说服疏导等方式促使当事人在平等协商的基础上自愿达成调解协议的调解组织,且组织形式可以包括民办非企业单位(社会服务机构)、公司等。在此情形下,法院可通过要求当事人提交调解组织证明材料或者询问调解组织的登记主管部门等,判断是否属于《民事诉讼法》规定的依法设立的调解组织。但在多数地方并不存在调解组织管理的规范性文件,调解组织是否需要登记或者相关组织机构如何成为调解组织,并不明确。因此,不得不承认的是,目前对于人民调解委员会、特邀调解组织之外的其他调解组织调解达成的调解协议,在无调解组织管理规定的情形下,难以落实司法确认程序,预估在短时间内,人民调解协议、特邀调解协议仍是司法确认的主要适用对象。为充分释放各类调解组织的纠纷疏导作用,强化司法确认的保障功能,建议建立统一登记的"调解组织库",便于法院对调解组织的识别以及法院与调解组织间的联系与材料移送。

---

① 刘峥等:《〈民事诉讼程序繁简分流改革试点实施办法〉的理解与适用》,载《人民法院报》2020 年 1 月 17 日第 5 版。

三、协调统一：再造司法确认的程序展开

关于司法确认的具体程序，2011年颁行的《最高人民法院关于人民调解协议司法确认程序的若干规定》（以下简称《人民调解司法确认规定》）予以特别规定。司法确认自2012年纳入《民事诉讼法》的特别程序后，2020年《最高人民法院关于适用〈中华人民共和国民事诉讼法〉的解释》（以下简称《民事诉讼法解释》）在参酌《人民调解司法确认规定》的基础上，进行了必要的补充和修改。2021年《民事诉讼法》关于司法确认的规定业已修正，需对司法确认的配套程序进行相应的修正与扩展。

（一）程序启动：调解协议当事人的申请

2021年《民事诉讼法》修正后，依然维持"双方当事人共同申请司法确认"的规定。立法机关认为，司法确认并不是调解协议生效的必经程序，如果双方当事人认为没有进行司法确认的必要，比如调解协议即时履行完毕，或者调解协议的内容不涉及民事给付内容，则双方当事人可以不申请司法确认。① 即鉴于某些情况下并无申请司法确认的必要，故设"共同申请"的条件。但前述理由仅能解释司法确认并非调解协议成立后的必要程序，不能为"共同"提供合理的解释。

当调解协议不具有给付内容或者双方当事人在调解协议成立后不久即自愿履行完毕，此时若使调解协议强制性地进入司法确认程序，实显累赘，并将耗用一定司法资源，故不应强制适用司法确认程序，司法确认的启动仍需依据当事人的申请。但恰如上文所言，若设"共同申请"的限制，必将陷入逻辑悖论，仅在双方当事人愿意共同履行调解协议时，方会启动司法确认。若如此，则司法确认将仅具象征意义，且在调解协议成立之后，一方当事人若欲毁约，另一方当事人将因难以启动司法确认程序而无法强制执行调解协议，调解将难以在纠纷化解中发挥实质性作用。因此，司法确认的启动亦不应以调解协议成立后，双方当事人共同申请的合意为要件。

然而，在2021年《民事诉讼法》已规定"双方当事人共同申请"的前提

---

① 王胜明主编：《中华人民共和国民事诉讼法释义》，法律出版社2012年版，第458页。

下，难以根本改变司法确认的启动要件，但可考虑扩大解释"共同申请"的内涵。依据立法机关之观点，对于一方当事人提出申请，另一方当事人表示同意的，依然可视为共同提出申请，①但如此解释，其仍属双方当事人共同申请的明示意思表示，仍无助司法确认的实质运行。于此，可考虑从另一方当事人的默示意思表示以及沉默的角度着手。

默示意思表示系指由特定行为间接推知行为人的意思表示，②亦属意思表示的方法。于司法确认的启动中，若一方当事人申请司法确认，另一方已有准备履行调解协议（如商谈调解协议的履行地点）等不否认司法确认申请的行为，仍可推知当事人默示同意申请司法确认，在此情形下，仍应视为双方共同申请司法确认。

至于另一方当事人的沉默，系指另一方当事人单纯不作为，其既无明示意思，又不能借他项事实推知其意思，故原则上不具有意思表示的价值，但是法律规定或者当事人约定以沉默作为意思表示的方法除外。③值得注意的是，当事人对调解协议的毁约发生于调解成立之后，当事人如欲确保司法确认程序的启动，不妨在调解协议中约定将沉默作为意思表示方法，④即附加"一方当事人申请司法确认，另一方当事人在×日内未作出相反意思表示的，即视为同意"的内容，从而使调解以及司法确认真正发挥作用。

（二）申请受理：司法确认管辖法院的变更

2021年修正《民事诉讼法》，除扩大司法确认的对象之外，亦变更了司法确认的管辖法院。修正前，司法确认的管辖法院仅限定于调解组织所在地的基层法院，在繁简分流改革中，则根据调解方式以及级别管辖，分别规定不同的管辖法院。

1. 一般管辖规则

对于委派调解，《繁简分流实施办法》规定由作出委派的法院管辖，如此既

---

① 王胜明主编：《中华人民共和国民事诉讼法释义》，法律出版社2012年版，第458页。
② 王泽鉴：《民法总则》，北京大学出版社2015年版，第320页。
③ 王泽鉴：《民法总则》，北京大学出版社2015年版，第320~321页。
④ 沉默并非默示意思表示。默示意思表示无需经法律规定或者当事人的约定，其本就具有意思表示的功能，故无需在调解协议中特别约定将默示意思表示作为意思表示的方法。

有利于实现特邀调解制度与司法确认程序的有效对接，也便于当事人及时申请司法确认，减少讼累，节约成本，有效提升当事人选择诉前调解的积极性。[①] 对此管辖规则，2021年《民事诉讼法》在参酌司法确认适用对象的基础上基本采纳之，并最终规定"对于人民法院邀请调解组织开展先行调解的，向作出邀请的人民法院提出司法确认申请"。事实上，在特邀调解之中，人民法院对特邀调解组织本就负担一定的管理职责，对特邀调解协议进行司法确认，实然属于对特邀调解组织的监督管理方式，故由作出邀请的法院管辖最为合适。

至于调解组织自行调解的，《繁简分流实施办法》规定当事人选择由人民调解委员会或者特邀调解组织调解的，由调解组织所在地的基层法院管辖，而当事人选择特邀调解员调解的，则由调解协议签订地基层法院管辖，管辖法院实际相对单一。后在2021年《民事诉讼法》的修正一审稿中，在保持人民调解协议司法确认管辖规则的同时，对于当事人申请由其他依法设立的调解组织或者依法任职的调解员调解的，向当事人住所地、标的物所在地的基层法院提出，而最终通过的2021年《民事诉讼法》，则将人民调解与其他调解的管辖规则予以合并，规定"调解组织自行开展调解的，向当事人住所地、标的物所在地、调解组织所在地的法院提出司法确认申请"。由此可见，对于调解组织自行调解达成的调解协议，其司法确认的管辖始终呈现扩大的趋势，旨在便于当事人申请司法确认，故对此管辖可在符合2021年《民事诉讼法》及《民事诉讼法解释》的基础上，进行一定拓展，如当涉及多个标的物时，各标的物所在地的法院均有管辖权。

2. 级别管辖与专门管辖

《繁简分流实施办法》首次规定，若案件符合级别管辖或者专门管辖标准的，则司法确认由对应的中级法院或者专门法院管辖，其旨在与2021年《民事诉讼法》的级别管辖与专门管辖规则相衔接，并与四级法院的职能分工相协调。但在2021年修正的《民事诉讼法》中，最终删除了司法确认的专门管辖内容，仅规定"调解协议所涉纠纷应当由中级人民法院管辖的，向相应的中级人民法院提出"。若仅作文义解释，则根据《人民法院组织法》第12条，

[①] 刘峥等：《〈民事诉讼程序繁简分流改革试点实施办法〉的理解与适用》，载《人民法院报》2020年1月17日第5版。

因人民法院分为最高人民法院、地方各级法院、专门法院，故专门法院难以归口到中级法院，修正后的《民事诉讼法》似将司法确认的专门管辖排除在外。

关于司法确认的专门管辖，在2021年《民事诉讼法》修正之前已有争议。有学者认为，专门法院管辖的一审民事案件具备范围限定的特征，纠纷类型比较集中，确有适宜通过人民调解达成协议解决并申请司法确认的需要，若不允许专门法院管辖司法确认案件，将出现司法供给难以匹配司法需求和浪费专门法院之专业优势的现象。① 鉴于现实需求，仍需扩大解释中级法院范围，考虑到海事法院、知识产权法院、金融法院②的级别与地方中级法院相同，也可将其等同于"中级人民法院"考虑。

3. 协议管辖与专属管辖

根据《健全纠纷解决机制意见》第21条，③协议管辖以及专属管辖在司法确认中同样适用，但该规定在司法确认纳入2021年修正前的《民事诉讼法》之中时并未采纳，《繁简分流实施办法》与2021年修正后的《民事诉讼法》亦未采纳。因2021年《民事诉讼法》第33条、第34条所规定的协议管辖以及专属管辖均针对的是"纠纷"，特别是专属管辖的规定，是为了更好地查明事实，方便当事人诉讼，也方便集中判决的强制执行。而在司法确认中，仅涉及对调解协议效力的确认，并不存在系属于法院审理的纠纷，故不具有同质性。④ 在法律无特别规定的前提下，司法确认不应适用协议管辖和专属管辖。

---

① 刘加良：《解释论视野中的司法确认案件管辖》，载《政治与法律》2016年第6期。

② 值得注意的是，在2021年《民事诉讼法》修正之前，最高人民法院与中国证券监督管理委员会联合印发的《关于全面推进证券期货纠纷多元化解机制建设的意见》规定，金融法院有权管辖司法确认案件。

③ 《最高人民法院关于建立健全诉讼与非诉讼相衔接的矛盾纠纷解决机制的若干意见》第21条规定："当事人可以在书面调解协议中选择当事人住所地、调解协议履行地、调解协议签订地、标的物所在地基层人民法院管辖，但不得违反法律对专属管辖的规定。当事人没有约定的，除《中华人民共和国民事诉讼法》第34条规定的情形外，由当事人住所地或者调解协议履行地的基层人民法院管辖。经人民法院委派或委托有关机关或者组织调解达成调解协议的申请确认案件，由委派或委托人民法院管辖。"

④ 刘加良：《解释论视野中的司法确认案件管辖》，载《政治与法律》2016年第6期。

（三）效力确认：司法确认的审查程序

根据《民事诉讼法解释》，人民法院对调解协议的审查包括形式审查和实质审查。形式审查即在形式上判断是否具有不宜作出司法确认的情形。例如，根据《民事诉讼法解释》第 355 条，对于不属于人民法院受理范围的，不属于收到申请的人民法院管辖的，申请确认身份关系无效、有效或者解除的，涉及适用其他特别程序、公示催告程序、破产程序审理的，涉及物权、知识产权确权的，法院应作出不予受理或者驳回申请的裁定。此间不涉及对调解协议的内容审查，仅涉及程序审查，且能较易作出判断，具备形式审查的典型特征。

实质审查则指对调解协议内容的合法性和合理性审查，具体应根据《民事诉讼法解释》第 358 条，即是否违反法律强制性规定，是否损害国家利益、社会公共利益、他人合法权益，是否违背公序良俗，是否违反自愿原则，内容是否明确，是否存在其他不能进行司法确认的情形等进行判断，但所涉事项均需依赖法官主观裁断，审查难度较大。

在司法确认的现行制度框架下，实际上是要求人民法院应对调解协议从形式到内容进行全方位、多角度的严格审查，即形式审查和实质审查兼备。[1] 但在一些地方法院的做法中，实际是以"形式审查为主，实质审查为辅"。甚至有学者认为，应当将实质审查降至最低程度，且毋须对案件的实体以及合意的形成过程和内容予以关注，而仅需着力于对可执行性的判断和认定。[2] 不得不接受的是，除选民资格案件之外，特别程序的审理期限仅有三十日，在极为有限的期间内，承办法官难以对调解协议的内容作出全面且准确的审查，且司法确认本系非讼程序，不涉及纠纷处理，因此对司法确认的实质审查不能参照民事纠纷的审理程序，仅需对调解协议的内容审查做到"必要程度"即可。然而，该程度如何把控实为难题。

首先，在实质审查的范围方面，司法确认的目的在于赋予调解协议强制执行力，自应按照调解协议可以被执行为基本导向，故应以审查调解协议效力以

---

[1] 刘显鹏：《合意为本：人民调解协议司法确认之应然基调》，载《法学评论》2013 年第 2 期。

[2] 刘显鹏：《合意为本：人民调解协议司法确认之应然基调》，载《法学评论》2013 年第 2 期。

及内容是否明确为主要内容。同时鉴于调解协议的达成是当事人自愿原则的集中体现,亦需审查调解协议是否系当事人自愿。因此针对《民事诉讼法解释》所规定的六项实质审查内容,[①] 仍不应改变。

其次,在实质审查的方式方面,除书面审查申请材料之外,《民事诉讼法解释》规定应当通知双方当事人共同到场对案件进行核实,必要时法院可向调解组织核实有关情况,承办法官应重点指向与双方当事人都有利害关系的情况和事实,尤其是涉及当事人作出一些利益上的让步或妥协的情况,并确认当事人是否理解协议的内容、是否接受由此而产生的后果、是否愿意赋予调解协议强制执行力。[②] 前述方法为实质审查之必需,故亦不应改变。

最后,在实质审查的侧重方面,应根据调解所涉纠纷之繁简程度以及审查事项的不同,采取不同形式与程度的审查方式。通常而言,对于小额调解协议、调解协议所涉纠纷事实清楚、权利义务关系明确的司法确认,可以书面审查为主。除前述情形之外,则应根据审查事项的特征采取不同侧重的实质审查方式:

其一,对于是否违反法律强制性规定,是否损害国家利益、社会公共利益、他人合法权益,是否违背公序良俗之判断,与普通合同效力之认定并无差异,但因协议的效力是强制执行的基础,故应对前述事项着重审查。一般而言,承办法官在是否违反法律强制性规定,是否违反国家利益、社会公共利益,是否违背公序良俗的问题上,可通过利益衡量和价值位阶,依据社会通常之理念及效力性强制规定之内容,作出相对公正之判断。但对于是否损害他人合法权益,因现今民事主体间的法律关系愈趋复杂,调解协议所涉利益常牵涉他人,然则牵涉了哪些人、这些人的利益是否因调解协议的成立而受损,实难作出判断。对此,一方面,可通过告知当事人虚假调解、恶意调解、虚假确认之法律后果,并要求当事人签署非虚假调解、非恶意调解、非虚假确认承诺书,以初步判断当事人是否无损害他人合法权益的主观恶意。另一方面,也可抓住调解协议的"异常点",如在当事人为夫妻、朋友等亲近关系或者关联企业等共同利益关系、当事人主张标的额与自身经济状况严重不符、当事人并无实质性民事权益争议、

---

① 即是否违反法律强制性规定,是否损害国家利益、社会公共利益、他人合法权益,是否违背公序良俗,是否违反自愿原则,内容是否明确,是否存在其他不能进行司法确认的情形。

② 最高人民法院修改后民事诉讼法贯彻实施工作领导小组编著:《最高人民法院民事诉讼法司法解释理解与适用》,人民法院出版社 2015 年版,第 937 页。

案件证据不足但双方仍主动迅速达成调解等当事人间达成调解可能性较低或者无需调解的情形,存在虚假调解的风险较大,对此应严格核实纠纷发生原因、调解协议履行计划、达成调解的原因等,判断是否存在侵害他人合法权益的高度盖然性。

其二,对于调解协议是否违反自愿原则,则因"自愿"涉及当事人心理状态之判断,具有极强的隐蔽性。对此,可通过向当事人告知调解协议的相关法律后果,核准当事人是否确已知悉,以推断当事人的真实意思,而不应通过认定案件完整事实以推知调解协议款项是否符合当事人的意愿,如此已与民事纠纷的实体审理并无差异。

其三,对于调解协议的内容是否明确之判断,其根本在于解决是否可根据调解之具体内容予以强制执行,若难以强制执行(如调解协议仅约定应当支付款项,但未能明确款项金额),则可认定调解协议的内容并不明确,因此其审查的关键在于树立执行法官的视角。但与其他实质审查事项不同的是,为促成当事人间纠纷之化解,有效发挥调解的司法减负功能,在征得当事人同意且不改变调解协议意愿和实质内容的前提下,法院可根据具体情况给予当事人消除不明内容的机会。①

(四)权利救济:司法确认对当事人及第三人权利的保障

在司法实践中,通过调解协议获得强制执行力而损害一方当事人或者案外人利益的案例并不鲜见(如一方当事人隐瞒重要事实致使达成对其有利的调解协议,又或者协议所涉交付之标的物系第三人之财产等)。虽可以对侵害他人合法权益的行为设置一些针对性的审查方法,但此类行为甚是隐蔽,司法确认仅能做到"必要程度"的审查,如何在司法确认之后,使当事人及案外人的合法权益不因司法确认裁定的作出而受到损害,是司法确认获得推广适用的关键要素之一。

1. 当事人权利救济:司法确认裁定的再审程序

司法确认裁定是否具有既判力关系到在裁定书确有错误的情况下,当事人

---

① 最高人民法院修改后民事诉讼法贯彻实施工作领导小组编著:《最高人民法院民事诉讼法司法解释理解与适用》,人民法院出版社 2015 年版,第 937 页。

如何进行救济等重要法律问题。① 根据最高人民法院之观点，司法确认应具有消极意义的既判力，即法院对调解协议内容进行确认后，当事人不得就相关内容再行起诉。同时认为，司法确认不具有积极意义上的既判力，即司法确认裁定不对后诉中法官的判断产生拘束力。② 亦有学者不区分积极意义或消极意义的既判力，认为司法确认并不对当事人间的权利义务进行判断，难以对当事人提供充分的程序保障，故不认为司法确认具有既判力。③

司法确认虽非定分止争的诉讼程序，但因赋予调解协议强制执行力，故对纠纷之化解亦具有终局作用，若允许当事人就调解协议所涉纠纷再度起诉，不仅将虚化司法确认之功能，亦将使调解失去纠纷化解的效用。恰如当事人间的纠纷已通过法院判决获得解决，其不能重复起诉的原理相似，对调解协议效力的确认本系对双方当事人纠纷化解结果的认可，双方当事人不能就调解协议所涉纠纷再行起诉，司法确认应具有消极意义上的既判力，此即司法确认的遮断效力，即禁止当事人提出与先前纠纷有关且可以合并提出请求的效力，这既是基于司法确认制度目的的实现，也是基于诚信原则与当事人处分原则的要求。④ 但若纠纷化解之结果确有违法或有失公允之处，在诉讼程序中尚能通过申请再审实现权利救济，若在重形式审查的司法确认中缺少当事人权利救济途径，亦有欠缺合理之处。

司法确认实际有其独立的异议救济程序。根据《民事诉讼法解释》的规定，对于适用特别程序作出的裁定，当事人、利害关系人认为有错误的，可以向作出该裁定的法院提出异议，人民法院若经审查认为异议成立或者部分成立的，可以作出新的裁定撤销或者改变原裁定。但当事人的异议须自收到司法确认裁定之日起十五日内提出，其实际在短期内难以确认违法之处，十五日对当事人而言过于严苛，且该条文将救济的途径仅限于当事人异议，实显不足。事实上，我们要解决的是对于司法确认裁定是否能够适用普通救济途径，关键的问题是

---

① 潘剑锋：《论司法确认》，载《中国法学》2011 年第 3 期。
② 最高人民法院修改后民事诉讼法贯彻实施工作领导小组编著：《最高人民法院民事诉讼法司法解释理解与适用》，人民法院出版社 2015 年版，第 951 页。
③ 唐力：《非讼民事调解协议司法确认程序若干问题研究——兼论〈中华人民共和国民事诉讼法修正案（草案）〉第 38、39 条》，载《西南政法大学学报》2012 年第 3 期。
④ 胡军辉、赵毅宇：《论司法确认裁定的既判力范围与程序保障》，载《湘潭大学学报（哲学社会科学版）》2018 年第 4 期。

除异议之外，是否可对司法确认裁定进行再审？

有学者认为，法院因不易查明调解协议背后隐藏的真实意愿，难免作出错误的司法确认裁定，因此应允许当事人向原审法院进行申诉，请求法院撤销错误的司法确认裁定，待错误的司法确认裁定被撤销后，当事人可再通过普通程序向法院起诉，并请求撤销调解协议，以维护自身合法权益。[1] 但有法官认为，若司法确认调解协议有效的，则因调解协议是当事人认可的结果，故不能对司法确认裁定提出异议，并因司法确认程序系特别程序，当事人不得申请再审。[2] 值得注意的是，最高人民法院审判监督庭曾以（2013）民监他字第10号函复湖北高院，指出司法确认案件作为非讼案件，适用特别程序，不适用针对诉讼案件的相关程序，人民法院发现确认调解协议的裁定错误的，可由本院依法组成合议庭重新作出裁定，撤销原裁定。最高人民法院实际否认对司法确认裁定适用审判监督程序，而应当依特别程序的规定撤销原裁定，盖因最高人民法院认为非讼程序本身的基础事实没有争议，因此在适用非讼程序的过程中不会造成实体权利义务的变更，故可以直接撤销或改变原裁定。[3] 但将撤销程序的启动仅局限于作出裁定的法院自己发现，亦显不足。

关于司法确认裁定的再审问题，2021年《民事诉讼法》规定对于已经发生法律效力的判决、裁定，当事人均可申请再审，并未对裁定是经特别程序作出还是经普通诉讼程序作出进行限定。且2021年《民事诉讼法》亦规定当事人可对调解书申请再审，法院出具的调解书与司法确认裁定均是对双方当事人调解协议效力的确认，并赋予调解协议强制执行力，显著的区别仅在于调解书系诉讼期间法院制作的法律文书，而司法确认裁定则是在当事人间的纠纷未立案的前提下所作的法律文书。与司法确认裁定类似的是，调解书经双方当事人签收即具有法律效力，调解书生效后，当事人亦不得上诉，但有时调解可能违反自愿原则、调解协议亦可能违法达成，对不合法的调解书应给予当事人救济途径，

---

[1] 胡军辉、赵毅宇：《论司法确认裁定的既判力范围与程序保障》，载《湘潭大学学报（哲学社会科学版）》2018年第4期。

[2] 王业坤：《司法确认程序的实务操作指引》，载微信公众号"审判研究"，2020年3月23日。

[3] 最高人民法院修改后民事诉讼法贯彻实施工作领导小组编著：《最高人民法院民事诉讼法司法解释理解与适用》，人民法院出版社2015年版，第990~991页。

故立法机关明确当事人有对调解书申请再审的权利。① 现若仅因调解系立案前达成而剥夺当事人对司法确认裁定申请再审的权利，实非合理。同理，对于已经发生法律效力的判决、裁定、调解书，本院院长、上级人民法院若发现确实存在错误，均可启动再审程序，司法确认裁定亦应适用之。

2. 第三人权利救济：司法确认裁定的异议程序

根据 2011 年《人民调解司法确认规定》第 10 条规定，案外人认为法院确认的人民调解协议侵害其合法权益的，可以自知道或者应当知道权益被侵害之日起一年内，向作出确认的人民法院申请撤销。此外，根据 2020 年《民事诉讼法解释》第 374 条，利害关系人可在其知道或者应当知道其民事权益受到侵害之日起六个月内对确认调解协议的裁定提出异议，若异议成立，则由法院作出新的裁定撤销或改变原裁定。前述条文均为最高人民法院制定，所涉程序具有相似之处，两者的主要差异实际在于第三人提出申请／异议的期限，故参照新法优于旧法之原理以及 2020 年《民事诉讼法解释》对民事纠纷的普遍适用性，应主要适用 2020 年《民事诉讼法解释》第 374 条之内容。2021 年《民事诉讼法》的修正在将司法确认的对象扩大以后，针对人民调解协议作出的前述条文规定是否能够参照适用，则有疑问。

诉讼法上对第三人的权利救济，包括第三人异议之诉与执行过程中的案外人异议。前者系指诉讼第三人因不能归责于本人的事由未参加诉讼，但有证据证明发生法律效力的判决、裁定、调解书内容错误，可向人民法院提起诉讼。但是，因第三人异议之诉针对的是已经终结的诉讼程序，司法确认作为非讼程序并不适用。而在案外人异议中，允许案外人对执行标的提出书面异议，但有学者认为司法确认裁定不适用案外人异议。② 然则，第三人是否能够对执行标的提出异议并不因执行依据是判决还是裁定而有区别，且案外人异议本系为保障第三人对执行标的的合法权益，故不应因执行依据是司法确认裁定而简单将第三人排除于案外人异议制度之外。有鉴于此，是否有必要专门再设置司法确认裁定的异议程序呢？

第三人对执行标的提出异议，往往涉及实体权利义务争议，在执行异议中

---

① 王胜明主编：《中华人民共和国民事诉讼法释义》，法律出版社 2012 年版，第 486~487 页。
② 刘王芳、朱嵘：《调解协议司法确认与执行程序的衔接》，载《法律适用》2013 年第 11 期。

需首先经过法院审查，即便法院审查通过，也仅是中止执行标的的执行，而进入审判监督程序或普通诉讼程序，不仅程序复杂而且时间跨度较长，难以及时保障第三人的合法权益。司法确认仅能做到有限且必要的审查，难以充分保证调解协议不会侵害第三人，且第三人亦不能参与司法确认程序，若仅通过案外人异议保护第三人的利益尚显不足，因此，可以沿用2020年《民事诉讼法解释》第374条关于利害关系人提出异议的程序。

四、前端拓展：诉前调解的未来展望

非诉调解与司法确认是不可分割的整体，非诉调解是司法确认的前提，而司法确认则是非诉调解的保障。若需深入推进新型司法确认制度，尽可能释放多元解纷机制的价值，则必须进一步激活非诉调解的解纷功能。鉴于法院的职能在于诉讼纠纷之受理，法院对调解的支持除在审理程序之外，仅能在首次"接触"当事人之后、立案之前。因此对于法院而言，若需强化司法确认的前端调解，则实际仅能着力于"诉前调解"。

需强调的是，关于"诉前调解"之概念，2010年颁行的《最高人民法院关于进一步贯彻"调解优先、调判结合"工作原则的若干意见》规定："进一步做好诉前调解工作。在收到当事人起诉状或者口头起诉之后、正式立案之前，对于未经人民调解、行政调解、行业调解等非诉讼纠纷解决方式调处的案件……力争将矛盾纠纷化解在诉前。"其实质是将诉前调解限定于当事人起诉后、立案前，调解时间范围受到严格限制，部分地方法院的规范性文件中亦采前述要旨。[①] 若将诉前调解限定于起诉后，则意味着法院需接受当事人的起诉状或口头起诉，并将案件转至法院诉调中心立"诉前调"字号。但随着部分地方法院在接受当事人诉状前即积极引导当事人选择调解方式解决争议纠纷，这导致传统的诉前调解在前端又进行了部分延伸，并使诉前调解产生广义与狭义之分。广义的诉前调解既包括受理当事人起诉后，进入诉调中心立"诉前调"的调解案

---

① 比如江苏省高级人民法院于2010年颁行的《江苏省高级人民法院关于诉前调解工作的若干意见》，对诉前调解的定义是对于当事人提起诉讼的纠纷案件在立案前或者当事人申请诉前保全的案件，通过人民调解、行政调解、司法调解等调解方式解决纷争，化解矛盾纠纷。可见江苏省高级人民法院将诉前调解也限定于起诉后立案前。

件,即法院内的诉前调解案件,也包括在受理当事人起诉前,引导当事人至调解组织而无需进入诉调中心的调解案件,即法院外的诉前调解案件。狭义的诉前调解则仅指法院内的诉前调解案件。本文真正需探讨的是广义诉前调解中的法院外诉前调解。

(一) 法院外诉前调解的探索

若欲彻底激活调解的解纷功能,则必须促进调解的广泛适用,调解虽可适用于各类民商事纠纷,但依据现行《民事诉讼法》的规定,诉前调解的启动需经当事人的同意,当事人的意愿始终是调解能否获得广泛适用的变量,但考虑到某些案件案情简单、矛盾较轻,当事人间作出让步的可能性较大,完全可通过调解实现纠纷的高效化解。为此,是否可对特定类型的民商事纠纷在诉前强制适用调解程序,是进一步扩大司法确认适用的重要因素。

1. 概念厘定

在具体讨论前,须厘清四组概念,即强制调解、强迫调解、先行调解、调解前置。强制调解要求在特定类型纠纷进入诉讼程序之前,必须先经过调解程序解决。[1] 与强制调解相近的强迫调解,则是违背当事人意愿之调解,但强制调解之强制力系法律规定之强制,而强迫调解之强制则系组织或个人附加。[2]

至于先行调解,其最早出现于1994年公布的《仲裁法》之中,其第51条规定:"仲裁庭在作出裁决前,可以先行调解。当事人自愿调解的,仲裁庭应当调解。"直至2003年,先行调解才与民事诉讼真正挂钩,《最高人民法院关于适用简易程序审理民事案件的若干规定》(以下简称《简易程序规定》)第14条规定,对于婚姻家庭纠纷和继承纠纷、劳务合同纠纷、交通事故和工伤事故引起的权利义务关系较为明确的损害赔偿纠纷、宅基地和相邻关系纠纷、合伙合同纠纷、诉讼标的额较小的纠纷等,法院在开庭审理前应当先行调解。因此,先行调解的适用也具有一定的强制性。而在2012年《民事诉讼法》修正时,亦增设先行调解的规定,彼时的一审稿曾写明"当事人起诉到人民法院的民事纠纷,适宜调解的,先行调解",直至二审稿才增加"但当事人拒绝调解的除外",[3] 自

---

[1] 李昌超、詹良:《强制调解制度的理论证成及制度实现》,载《理论导刊》2018年第11期。
[2] 李昌超、詹良:《强制调解制度的理论证成及制度实现》,载《理论导刊》2018年第11期。
[3] 刘加良:《非诉调解前置主义的反思与走向》,载《政法论丛》2020年第5期。

此先行调解可以从文义上理解为在纠纷系属于法院之后、案件开庭审理前设置的庭前调解或诉中强制调解程序。但在司法实践中，作为特定名称，先行调解则通常特指法院在受理当事人起诉前，引导当事人至调解组织而无需进入诉调中心的调解，属立案前的自愿调解。

调解前置，也可称为前置调解，与强制调解的概念较易混淆。有学者认为，调解前置系指特定类型的民事纠纷在法院立案前不经非诉调解程序，法院不能裁定受理。① 特别是在一些地方性审判业务文件中，亦将调解前置定性为立案前必须经过的调解程序，如此调解前置与强制调解之概念并无差异。但根据《最高人民法院关于人民法院进一步深化多元化纠纷解决机制改革的意见》第27条，虽规定探索建立调解前置程序，却附加"在征求当事人意愿的基础上，引导当事人在登记立案前由特邀调解组织或者特邀调解员先行调解"，至此调解前置与实践中的先行调解并无二异，③ 均系立案前自愿调解。这一结果的产生，实际是因调解前置和先行调解的定义在理论上还未彻底厘清，从而造成实践中相关概念混用，区别不甚明显。

2. 法院外诉前调解的可行性研究

《民事诉讼法》对先行调解之所以附加"当事人拒绝调解的除外"，盖因立法机关认为，调解的一项基本原则是当事人自愿，如果当事人明确表示不同意调解的，若尚未立案，则法院应当依法及时立案。④ 尤其是依据2015年中央全面深化改革领导小组发布的《关于人民法院推行立案登记制改革的意见》，为充分保障当事人诉权，切实解决人民群众反映的"立案难"问题，将立案审查制变为立案登记制，若对已到法院的案件不立案先行开展调解似与立案登记制存有矛盾之处。诚然，这种法院外的诉前调解对裁判请求权进行了限制，而裁判请求权是公民的基本权利，保护公民的裁判请求权已经成为现代各国设计和运作民事诉讼制度的最高司法理念，⑤ 若规定法院外诉前调解似与立法潮流相悖。对当事人的诉权保障以及调解自愿原则的协调，是建立法院外诉前调解的首要

---

① 刘加良:《非诉调解前置主义的反思与走向》，载《政法论丛》2020年第5期。
③ 李昌超、詹良:《强制调解制度的理论证成及制度实现》，载《理论导刊》2018年第11期。
④ 王胜明主编:《中华人民共和国民事诉讼法释义》，法律出版社2012年版，第299页。
⑤ 王阁:《强制调解模式研究》，载《政法论丛》2014年第6期。

问题。

在比较法上,由于诉讼较调解的成本更高,各国对法院外诉前调解的规定并不鲜见。在大陆法系中,常见的做法是对这种调解的案件类型和范围予以明确规定。比如,依据《德国民事诉讼法施行法》第15a条,低于1500马克的财产争议、邻地争议及没有经过媒体、广播报道的个人名誉损害等,必须先经过调解才能被受理。[①] 又如,《日本家事审判法》第17条、第18条和《日本调停法》第24条之2的规定,人事诉讼案件或一般家庭案件、请求增减地租和增减建筑物租赁金额的案件均应当在起诉前先经调解。

近年来我国调解率的持续走低似乎表明,完全合意型的调解机制是不够的,因此有学者认为应确立并强化法院外诉前调解,而在此调解程序中依旧保留了当事人基本的程序选择权,尽管这种调解在程序的启动上具有一定强制性,即满足条件的案件一般都将暂时停留在诉前调解阶段,但当事人仍有权决定是否接受调解抑或进入诉讼,对程序的最终使用仍有充分的自主性和选择权,而这种程序性的、有时间限制的强制调解仍能满足保障当事人的基本诉权。[②]

法院外诉前调解的首要价值实际是对当事人实体权益的保障和和谐人际关系的修复。某些纠纷中,双方当事人间的争议实际不大,权利义务关系较为明确,纠纷的发端以及向法院的起诉肇始于当事人的"一时冲动",此时仅需第三方的介入,向双方当事人客观分析、陈述利弊、缓解情绪,即能实现纠纷的有效化解。同时,因系诉前解纷,不仅当事人无需缴纳诉讼费用,而且当事人间的人际关系能够得到较好维护。这种调解实际是在保障当事人诉权的基础之上,在诉前舒缓当事人的冲动起诉情绪,此本系建设社会主义和谐社会的内涵所在。且这种调解仅强制启动调解程序,当事人是否愿意继续调解、是否接受调解内容均系当事人自愿。若当事人在调解启动后,不愿继续调解,则可快速进入立案阶段,并未对当事人的诉权进行剥夺。因此,建立法院外诉前调解具有高度可行性。

3.建立法院外诉前调解程序的基本导向

---

① 李昌超、詹良:《强制调解制度的理论证成及制度实现》,载《理论导刊》2018年第11期。

② 左卫民:《通过诉前调解控制"诉讼爆炸"——区域经验的实证研究》,载《清华法学》2020年第4期。

建立法院外的诉前调解程序必须有法律依据。鉴于《民事诉讼法》刚修正完成，在短期内不宜再对条文内容进行修改，但可考虑通过全国人大常委会授权最高人民法院试点的方式，一方面可检验设立这种调解程序的成效，另一方面也可为这种调解程序的强制运用赋予合法来源。

在法院外诉前调解的启动上，案件各方当事人在诉前应自动进入调解程序，其不能予以拒绝，但考虑到对当事人诉权的尊重以及与立案登记制的协调，对于比较法上所采取违背强制调解义务的组织或个人规定相应的制裁措施，①我国不应采纳。当事人若在调解过程中拒绝调解，则应立即转入诉讼程序。而法院外诉前调解的"法定性"亦应被理解为"有限性"，范围仅限于法律规定的少数特殊情形，属于自愿调解的例外和补充。②但对于哪些类型案件应予强制调解，各国受其文化影响而规范不一。比如，德国将家庭事务之诉明确排除于强制调解之外，但家庭纠纷却属于受传统儒家文化影响的日本的强制调解范围。

鉴于《简易程序规定》第14条以及《民法典》第1079条第2款等，均有诉中强制调解之规定，故可就前述条文所涉纠纷类型先予开展法院外诉前调解试点。某些地方实际已积极探索这种调解的应用，比如在《上海市高级人民法院、上海市司法局关于探索实行调解程序前置试点的实施办法》中，正探索对当事人起诉至基层法院的家事纠纷、相邻关系纠纷、小额债务纠纷、消费者权益纠纷、交通事故纠纷、劳动纠纷以及其他法律关系简单适宜调解的民商事案件，由区非诉讼争议解决中心（人民调解中心）或其他具有调解职能的非诉解纷组织进行调解；未经调解的，由人民法院委派区非诉讼争议解决中心（人民调解中心）或其他具有调解职能的非诉解纷组织进行调解。前述探索对未来正式确立法院外诉前调解程序具有重要意义。综上，法院对诉前调解具有强制适用效力，只要符合法定案件类型或条件，法院即可启动该程序，而无需当事人提出调解申请。

---

① 王福华：《论诉前强制调解》，载《上海交通大学学报（哲学社会科学版）》2010年第2期。
② 李昌超、詹良：《强制调解制度的理论证成及制度实现》，载《理论导刊》2018年第11期。

（二）现行诉前调解的扩展思考

在法院外诉前调解程序尚未确立的背景下，如何激发现行各类调解的活力，并促进调解与诉讼、仲裁的并行发展、高效衔接，是推动诉前调解机制化运行，并助力司法确认纵深发展的首要任务。2019 年，我国作为首批签约国正式签署《新加坡调解公约》，该公约既肯定调解在解决商事争议领域中的价值和替代诉讼的优越性，又全面阐述了基于调解产生的和解协议的国际性，确立了国际和解协议具有执行力的基本原则，并认可执行地缔约国主管机关对和解协议当事人寻求救济的审查权。[①]《新加坡调解公约》系围绕商事调解的重要国际性公约，商事调解将成为未来我国调解的主要发展内容。以商事调解为突破口，探索扩大各类调解的适用率，是未来进一步深化司法确认适用的重要引领。

1. 法院外诉前调解的体系化思考

正如前文所述，囿于司法实践对调解必须征得双方当事人同意的认知，法院外诉前调解在实际运行中陷入进退两难的窘境。一方面，如果严格落实立案登记制改革，法院外的诉前调解则无适用之余地；另一方面，如果加大法院外诉前调解，则又与立案登记制改革的宗旨相悖，易引起当事人的不满。因此，如何协调好法院外诉前调解与立案登记制之间的关系，构建分流引导、诉非衔接、调裁对接、登记立案的工作机制便显得尤为重要。

为破解这一难题，上海市第二中级人民法院（以下简称上海二中院）探索建立商事案件先行调解新模式，率先构建集调解、仲裁、诉讼为一体的多元解纷新格局，这在全国法院尚属首例。该模式具有如下鲜明特色：

其一，定位于商事纠纷的专业调解。抓住《新加坡调解公约》的适用契机，以商事纠纷调处的专业化作为先行调解机制的基础着力点，把商事一审案件的诉前调解职能进一步向前延伸，在充分保障当事人的基础上，将纠纷引导分流至由主管部门或行业组织指导的有化解商事纠纷专业素质的相关调解组织，倒逼和激活社会各类调解组织和调解人员的资源、力量，重塑社会矛盾纠纷化解新格局。

[①] 温先涛：《〈新加坡公约〉与中国商事调解——与〈纽约公约〉〈选择法院协议公约〉相比较》，载《中国法律评论》2019 年第 1 期。

其二，重在发挥先行调解机制优势。上海二中院通过与上海市国有资产监督管理委员会、上海市工商业联合会、上海市国际贸易促进委员会等机构签署合作备忘录，将国企、民企、外企分别引导至上海市国有资产监督管理委员会、上海市工商业联合会、上海市国际贸易促进委员会，突出以法院为指导，以社会专业化调解机构为主导。通过在立案庭设置引导窗口，由调解组织工作人员轮流值班，在保障当事人诉权的前提下，以分发宣传手册和现场答疑的方式释明调解优势特点，并提供智能化的风险评估服务，鼓励引导当事人在法院立案前选择以调解方式先行着手化解纠纷。

其三，创造性地实现调（仲）诉无缝对接。上海二中院在引导当事人选择先行调解之时，可以同步向当事人释明仲裁快速、便捷、高效、保密的优势和仲裁裁决的司法强制执行效力，促成当事人选择调解或者在调解不成的情况下达成仲裁合意，通过非诉方式化解纠纷。坚持以"不拖延纠纷化解""当事人诉权保障"为基本导向，尽可能免除当事人选择先行调解的后顾之忧。在开展先行调解工作后，若调解不成，也达不成仲裁合意，则通过调解组织与法院立案庭的精准衔接，实现简便立案，将案件即时、快速地转入诉讼程序。

上海二中院的商事案件先行调解新模式开创了多元解纷的新局面，开拓了法院内外联动的新方式，开启了调解、仲裁、诉讼等解纷方式相互配合、衔接的新篇章，开辟了保护当事人权益的新渠道，对完善各类调解联动工作体系，形成内部和解、协商先行，行业性专业性调解、仲裁等非诉方式挺前、诉讼托底的分级化解模式，引导社会成员在法治轨道上主张权利、解决纷争，加快推进社会治理体系和治理能力现代化具有推动意义。

2. 调解管理的制度化建设

2021年《民事诉讼法》将司法确认的对象扩展至各类调解组织依法达成的调解协议，体现出对包括商事调解等各类社会调解的愈加重视，但若调解缺乏制度化建设，当事人亦因缺少成文保障而放弃调解。目前，我国商事调解一般性立法的缺位使得与调解相关的具体法律制度存在空白与不足，如未能明确可调解事项或不可调解事项的范围，亦未就调解的保密性作出规定等，这不仅导致《新加坡调解公约》在我国的适用造成障碍，亦导致当事人缺乏对调解的信任感和接受度，打击当事人运用调解解决争议的积极性。① 因此，《商事调解法》或者统一的《调解管理法》的制定尤为重要。未来可考虑加强关于调解的专项立法，以机制化的建设强化调解的多元解纷作用。此外，目前对于"依法成立的调解组织"仍难以准确识别，其盖因对调解组织缺少统一的管理。有学者认为，可考虑在调解基本法中授权一个政府机构负责调解认证的促进工作，由该机构引导律师协会、仲裁和调解机构、行业协会等民间力量，合力推动统一的调解认证标准。② 但除人民调解之外，调解组织、调解员均具有民间性，仅依靠政府机构统一认证、相关行业协会以及主管部门的业务管理，则仍显不足，仍然缺少对调解的统一协调管理。为此，不妨参照仲裁协会，允许各地成立调解协会，加强调解的整体行业自律，促进各类社会调解的总体发展。

值得注意的是，在调解管理中，特邀调解尤为复杂。2021年，最高人民法院颁布《最高人民法院关于进一步健全完善民事诉讼程序繁简分流改革试点法院特邀调解名册制度的通知》，旨在强化特邀调解制度，完善特邀调解管理，规定法院应完善特邀调解组织、特邀调解员监督管理机制，会同相关主管机构实行"双重管理"，针对特邀调解的违法行为，可会同相关主管机构视情节轻重给予警告、通报、除名等处理。由此可见，在特邀调解中，法院亦承担管理职责，但因"双重管理"造成法院与主管部门间的管理职责难以划分。未来仍应细化法院对特邀调解的管理职责，探索法院对特邀调解的专项监管和向主管部门的通报机制，可考虑由人民法院承担特邀调解名册管理的主要职责，有权单方决定名册的除名。

3. 诉调费用的机制化调整

当事人对诉调成本的考量是选择诉讼或者调解的重要因素。需首先明确的是，根据《人民调解法》第4条，人民调解委员会调解民间纠纷不收取任何费用，其盖因人民调解具有行政及公益属性。但对于其他社会调解组织，若不允许其收取任何费用，则难以鼓励多元调解的发展。受制于人民调解的专业局限性，其他调解的角色定位愈趋重要。但若调解成本过高，则将严重阻碍当事人

---

① 唐琼琼：《〈新加坡调解公约〉背景下我国商事调解制度的完善》，载《上海大学学报（社会科学版）》2019年第4期。

② 唐琼琼：《〈新加坡调解公约〉背景下我国商事调解制度的完善》，载《上海大学学报（社会科学版）》2019年第4期。

选择调解的意愿。为此，可考虑从以下三方面着手，从而鼓励当事人选择通过调解方式解决纠纷。

其一，以诉讼费用为基准，精准把控调解的收费标准。以与上海二中院开展先行调解合作的上海市国际贸易促进委员会为例，其下设上海市国际贸易促进委员会/上海国际商会调解中心，对于一个标的额为5亿元的财产纠纷案件，相比于诉讼费用，当事人在调解中心缴纳的费用只有诉讼费的30%左右。为兼顾调解组织的发展及调解成本对当事人的影响，调解费用在诉讼费用的20%至45%之间较为适宜。

其二，调解组织在公布本组织调解收费办法的同时，允许调解组织根据调解的实际情况，与当事人沟通调解费用的调整，减少当事人调解费用负担。

其三，对于经过诉前调解的民商事诉讼，可根据双方当事人的调解意愿、调解期间作出的让步、未达成调解的原因等酌情予以诉讼费用的减免。

4. 特邀调解的便捷化对接

特邀调解系繁简分流改革中优化司法确认程序的重点内容，此次2021年《民事诉讼法》将特邀调解达成的协议正式纳入司法确认的对象，且作为其第201条的单列一项，足可见其在多元解纷机制中承担的重要角色。特邀调解作为司法机关与调解组织相互合作的结晶，是推动社会调解组织调解功能深化、实现调解与司法确认高效对接的集中端口。根据《特邀调解规定》，特邀调解一般应当在人民法院或者调解组织所在地进行，为此各法院在为特邀调解设立专用场所时，可考虑由专项从事司法确认审查工作的法官参与特邀调解过程，除为特邀调解提供必要的帮助外，亦可了解所涉纠纷的基本情况，确认是否存在虚假调解或恶意调解，在特邀调解协议达成后，司法确认可即时立案，承办法官可即时审查确认调解协议的效力，这对提升审查效率及当事人权益的及时维护具有显著成效，且符合现行《民事诉讼法》的规定。

5. 诉调中心的实质化运转

诉调对接中心能为调解注入全新的生命力，是落实特邀调解，引导当事人选择调解组织自行开展调解的重要场所，因此被称为司法与社会力量的最佳结合点。诉调对接中心是推动调解解决纠纷、加强司法确认应用的关键一环，促进诉调对接中心的实质化运作尤为重要。

人员配置是实现诉调对接中心实质化运作的首要条件，诉调对接中心应广泛吸纳包括人民调解委员会在内的各类调解组织、律所、行会、基层群众自治组织、妇联、工会等，共同组成调解的协同力量，开辟调解窗口，并形成不同类型调解组织的排班机制，为当事人提供全覆盖、全天候的调解服务。同时，建立规范的诉调对接流程，是实现纠纷有序分流、高效化解的前提，为此，可通过心理疏导、诉前调解、快速转审的流程，实现诉调对接中心的规范化运作。[①] 建议增强诉调对接中心的智能化建设，在各地法院深度开发全流程无纸化办案系统的同时，开辟诉调对接中心专用板块，实现调解与诉讼的无缝衔接。

---

① 姜树政：《诉调对接：多元化纠纷解决机制之重要平台——以人民法院诉调对接中心的设置运行为视角》，载《山东审判》2015 年第 6 期。

诉讼与非诉讼公共服务

收买被拐卖妇女、儿童罪刑罚配置三阶段规范论
——基于刑罚分配正义法社会学与阶段分配理论法教义学相融合的实证分析[*]

林 艳[**]

内容提要：立足于法教义学与社科法学相统一的双重维度反思本罪的刑罚配置是否合理，对收买被拐卖妇女、儿童罪保护法益进行较为深入剖析，探究"收买与拐卖的保护法益异同及其不法程度高低""法定刑的配置方式与体系协调"等元问题，揭示刑事政策的逻辑转向与国家治理现代化的现实需要，进而回归刑事司法的刑罚配置价值向度，提出从配刑、量刑、行刑三阶段探索本罪刑罚配置规范路径的核心命题，全面论证本罪刑罚重新规范配置的必要性，并基于法社会学的刑罚分配正义理论与法教义学的刑罚阶段分配理论，从配刑、量刑、行刑三个阶段证成本罪刑罚配置社会正义实现的法治规范路径。

关键词：刑罚配置；分配正义；公共法律服务

---

[*] 基金项目：本文系 2021 年度国家社科基金重大项目"民事司法程序现代化问题研究"（项目批准号：21&ZD205）的阶段性研究成果。

[**] 作者信息：福建省泉州市中级人民法院民四庭（少年家事庭）副庭长。

引 言

徐州丰县"生育八孩女"事件引发社会各界广泛关注,学界围绕收买被拐卖的妇女、儿童罪的刑罚配置这一议题展开一场超越学术圈、激荡舆论场的理论之争,形成以车浩、柏浪涛教授为代表的"维持说"[①]与以罗翔、劳东燕教授为代表的"修订加重说"[②]两大立场阵营(见表1)。理论争鸣的余温让该议题成为2022年全国两会的热点话题,亦成为公安部开展打击拐卖妇女儿童犯罪专项行动的诱因之一。[③]然而,对该议题的回答,不能仅停留在道德或功利论层面进行提高刑罚与否的简单判断,而应深入探究"收买与拐卖的保护法益异同及其不法程度高低""法定刑的配置方式与体系协调""调整刑罚配置以实现何种法律价值"等元问题,才能避免碎片化论战,进而在更宏观层面推动立法革新、指引司法适用、达成理论共识。

通过立法状况、司法实践、法外因素的实证考察,从法教义学配置阶段刑罚分配理论维度考量收买被拐卖的妇女、儿童罪的刑罚配置是否合理,立足立法史维度和社科法学刑罚分配正义维度证成刑法观的现代化修正。进而回归刑事司法的刑罚配置价值向度,从配刑、量刑、行刑三阶段来证成本罪刑罚配置社会正义实现的法治规范路径。

[①] "维持说"认为现有法定刑足以罚当其罪,无需调整法定刑。参见车浩:《收买被拐妇女罪的刑罚需要提高吗?》,载微信公众号"中国法律评论",2022年2月15日。柏浪涛:《收买被拐卖妇女儿童罪不需要提高法定刑》,载微信公众号"悄悄法律人",2022年2月9日。

[②] "修订加重说"从保障人格尊严角度,主张提高法定刑。参见罗翔:《我为什么还是主张提高收买妇女儿童罪的刑罚?》,载微信公众号"罗翔说刑法",2022年2月15日。劳东燕:《提升收买犯罪法定刑,但不宜买卖同罪》,载微信公众号"悄悄法律人",2022年2月26日。

[③] 2022年《最高人民法院工作报告》指出,近年工作安排是保障民生权益,严惩拐卖妇女儿童和收买被拐卖的妇女儿童等犯罪。2022年《最高人民检察院工作报告》指出,配合公安机关持续开展"打拐""团圆"行动,严惩拐卖人口犯罪,深挖历史积案。最高人民法院副院长沈亮解读2022年《最高人民法院工作报告》时强调,刑事审判要准确回应人民关切,让人民群众感受到刑事司法有力量、有是非、有温度。参见《刑事审判守护百姓平安》,载《人民法院报》2022年3月10日第1版。

表 1 "维持说"与"修订加重说"的争论焦点

焦点	维持说	修订加重说
法条解释角度	对向犯并非全部同罪同罚。收买后高概率伴随后续重罪行为,以系统综合视角考虑该法条全部条款评价为重罪	共同对向犯的刑罚基本相当,买卖刑罚相差悬殊与此法理相悖。基本刑存在严重罪刑失衡,综合全部条款后依然是轻罪
报应刑和教义学角度	收买犯罪可以评价为后续重罪的预备犯	收买对被害人家庭带来摧毁性打击。收买犯罪则是一种状态犯,导致追诉时效的严重失衡
预防刑和法律社会学角度	刚需利益对重刑激励迟钝。此类案件症结不在立法,而在执法。犯罪"黑数"与基层执法者的行动逻辑,现有配置留下"暗路",利于调动基层执法者解救被拐人员积极性	刑法区别对待拐卖与收买行为的态度会发出扭曲的价值信号,即买受行为危害性极低。错误的价值信号还会传导到后续的刑事司法过程,出现执法不严、漠视包庇

一、收买被拐卖的妇女、儿童罪的现实考察

现代分配正义的核心在于合理分配社会制度与公民权利充分实现。[①] 收买被拐卖的妇女、儿童罪的立法层面表明买卖异罚、收买轻刑的立场,司法层面呈现无罪及免刑率高、数罪并罚比例低、非监禁刑化、轻刑化的特征,法外伦理因素又常常混入司法判断,大量被拐人口"黑数"[②] 未进入司法程序,部分地区人群视"收买"妇女儿童为天经地义之事,甚至演绎出"生育八孩女"的人间悲剧,实与刑罚分配正义扞格难通。清醒的理性与人类的良知,会促发我们揭开"无知之幕",去寻找有关公平正义的出路。

(一)立法层面的轻刑化审视

无论是法律规范还是司法规范性文件,立法层面均表明对买卖人口犯罪区别对待以及对收买犯罪宽缓处理的立场。

---

① 彭文华:《刑罚的分配正义与刑罚制度体系化》,载《中外法学》2021 年第 5 期。
② 指拐卖犯罪中未进入司法程序、未被追究刑事责任的部分人员。

1. 对合犯罪的刑罚比较

在刑法教义学中，对合犯可以分为彼此同罪的对合犯与彼此异罪的对合犯。拐卖与收买两罪属于彼此异罪的对合犯。① 两大立场争议焦点也在于对合犯的法定刑是否一致。（1）法定刑期设置悬殊。相较于《刑法》第240条拐卖妇女、儿童罪最高刑至死刑的两档法定刑，《刑法》第241条收买被拐卖妇女、儿童罪只设置一档法定刑，即三年以下有期徒刑、拘役或者管制，压缩惩治收买犯罪的空间。《刑法修正案（九）》把阻却犯罪的事由修改为从宽处罚，一定程度上呈现从严处理收买犯罪的倾向，但并未更改宽缓处理收买犯罪的立法态度。（2）关联犯罪方式差异。《刑法》第240条拐卖妇女、儿童罪的加重事由共计8项，立法采用包容犯方式，即本罪的法定刑包含所关联犯罪的刑罚评价，法定最高刑至死刑的评价其实是借由所关联的强奸罪等罪名实现。《刑法》第241条的6个条款在类型化上存在缺陷。只有基本犯，并未设立加重犯。第2款至第4款，关联同种数罪、异种数罪或结果加重犯的情形，立法机关采用并合犯方式，按照数罪并罚的方式处理。第5款规定的是收买后又出卖按拐卖犯罪一罪来处罚，收买行为被吸收而予以一体性的评价。按此种法律拟制的模式，收买行为的不法实际上并未获得独立的评价。立法针对两罪关联犯罪的加重情形采取不同立法方式，又在轻重对比悬殊的基本犯法定刑基础上，进一步拉开两罪刑罚之间的差距。

2. 司法规范的轻刑立场

无论是司法解释、还是司法指导性文件、部门规范性文件，在收买犯罪的处理方式上均表明轻缓处理的立场。（1）宽泛缓免处理情形。已经形成事实婚姻家庭关系，或者尊重被收买妇女解救时的意愿、允诺。按照2010年《最高人民法院、最高人民检察院、公安部、司法部关于依法惩治拐卖妇女儿童犯罪的意见》（以下简称《意见》）第30条的规定，已经形成事实婚姻家庭关系的，一般应当从轻处罚，可以适用缓刑或者免除刑事处罚。② 2016年《最高人民法院

---

① 陈兴良：《关涉他罪之对合犯的刑罚比较：以买卖妇女、儿童犯罪为例》，载《国家检察官学院学报》2022年第4期。

② 收买被拐卖的妇女、儿童，对被收买妇女儿童没有实施摧残、虐待行为或者与其已形成稳定的婚姻家庭关系，但仍应依法追究刑事责任的，一般应当从轻处罚；符合缓刑条件的，可以依法适用缓刑。收买被拐卖的妇女、儿童，犯罪情节轻微的，可以依法免除刑事处罚。

关于审理拐卖妇女儿童犯罪案件具体应用法律若干问题的解释》（以下简称《解释》）第 5 条规定了可以视为"按照被买妇女的意愿，不阻碍其返回原居住地"的情形。①（2）限缩共犯处罚范围。出于政策因素的考量而对共犯的处罚范围予以限缩。《意见》第 31 条及《解释》第 8 条均规定出于婚配抚养目的，多名家庭成员或亲友共同参与"买人为妻为子"构罪情形的，一般只追究其中罪责较重者的刑事责任。

（二）司法实践的轻缓化分析

如果说立法层面呈现对收买犯罪的轻刑化立场，那么司法实践无疑将此立场更向前推进一步。② 通过实证分析，③ 观察到本罪司法实践呈现轻缓化的特征：

1. 定罪方面的出罪处理

（1）无罪免刑比例较高。样本中高达 19.3% 的无罪率及 5% 的定罪免刑率。出罪通常叠加多个因素，按照《刑法》第 37 条及《刑事诉讼法》第 177 条第 2 款的规定，认定为"犯罪情节轻微"，可以免于刑事处罚（不起诉或不判处刑罚）。影响本罪出罪的因素通常包括自首、坦白、无虐待行为、不阻碍解救、未实际收买、事实婚姻、民间收养等，同时还有大量的因收买行为超过诉讼时效而未予认定。收买被拐卖的妇女儿童属于状态犯，法定最高刑三年导致追诉时效仅为五年。收买者早年的人口收买行为超过追诉期才被公安机关发现，难以因其收买行为遭受刑罚。（2）数罪并罚比例极低。604 份样本中仅有 8 例数罪并罚。与收买犯罪常伴关联犯罪如强奸、非法拘禁与虐待等，往往因证据不足或超过诉讼时效而未予认定。原因有二：一是拐卖积案距案发时间久远，通过被害人家属报案和同案犯供述获得的犯罪线索有效性减弱，被拐者与拐入地融入性提高，案件侦破较难突破。通过抓捕犯罪嫌疑人、寻找证人取得言辞证据

---

① 指收买被拐卖的妇女，业已形成稳定的婚姻家庭关系，解救时被买妇女自愿继续留在当地共同生活的情形。

② 劳东燕：《买卖人口犯罪的保护法益与不法本质——基于对收买被拐卖妇女罪的立法论审视》，载《国家检察官学院学报》2022 年第 4 期。

③ 基于我国司法现实，大量无罪案件出现在审查起诉阶段。本文在"中国裁判文书网"与"中国检察网"进行检索，关键词设定为"收买被拐卖的妇女、儿童罪""收买被拐卖的妇女罪""收买被拐卖的儿童罪"，时间限定为 2011 年至 2021 年，筛选出 604 份刑事判决书以及 136 份不起诉决定书。

是此类案件证据收集的主要方式，同时还要配合大量的寻人和鉴定工作取得实物证据，证据收集难度高。二是很多拐卖妇女案件案发时已经距离女性被拐卖和收买的行为时点较为遥远。面对已经处在婚姻家庭状态中的男女双方，司法者要独立地证明强奸罪或非法拘禁罪的成立，特别是要证明此类犯罪核心特征的"强迫性"要素，往往存在证明障碍。①

2. 量刑方面的轻缓处理

（1）缓刑适用比例极高。样本中判处监禁刑的仅17例，547例判处缓刑，38例定罪免刑，高达97%的非监禁刑率。法定情节如自首坦白、酌定情节如收买精神障碍妇女案发后不阻碍解救等均成为判处缓刑的主要理由。（2）量刑时长均值较低。收买被拐卖的妇女、儿童罪的法定最高刑为三年有期徒刑，但司法实践却让一年有期徒刑成为本罪量刑的实际上限。样本中管制、拘役、定罪免刑的分别为7例、63例，其余案件则为一年以下有期徒刑。本罪量刑的均值仅为8.3个月有期徒刑。②

（三）法外因素的类型化观察

收买犯罪相较拐卖犯罪轻刑化的根本差异在于，伦理因素混入立法司法判断，法外因素对行为的不法评价产生了较大的影响。一方面，诱导部分司法者产生错误判断，认为收买犯罪的不法程度低于拐卖犯罪，也为罪与非罪、罪刑轻重、缓刑与否的认定增加了不确定因素。另一方面，导致所谓的"黑数"存在，即拐卖犯罪的部分相对方未进入刑事司法程序，未被追究刑事责任。在实证样本中，按对合犯罪计算被拐卖的妇女、儿童数量合计19117名，但已公布的判决书中关于收买行为只有604个有罪判决。

1. 婚配抚养的需求检验

收买方关于婚配抚养方面的需求，关乎社会伦理，往往认可程度较高，成为当前收买犯罪法定刑配置的合理性争议焦点之一。所谓的强调"刚需"及期

---

① 对此类案件证据认定困难的分析，参见赵姗姗：《收买被拐卖的妇女罪的法益追问与规范再造》，载《法律科学》2023年第1期。

② 《刑法》规定羁押一日折抵管制一日，故按照《刑法》规定计算刑期均值，将管制刑期按一半来计算；《刑法》规定羁押一日折抵拘役一日，故将拘役刑期按照1∶1代换有期徒刑刑期。

待可能性降低的考量，均归于其中。① 无论基于任何维度考量，婚配抚养需求都不属于收买犯罪侵害法益相关因素，所以成为对收买行为不法评价的影响因子是站不住脚的，难以作为标示一般预防必要性低的因素而发挥作用。

2. 婚姻家庭的事实审视

收买方为收买付出相应对价，往往与所收买的妇女或儿童达成所谓的事实"婚姻家庭"关系。对收买行为轻缓化处理尤其重点考虑了该因素，甚至在一些被拐卖妇女儿童救济机制不完善、救助机构欠缺的地区，这种所谓事实关系往往成为收买家庭继续维持现有不法状态的因素之一。该法外因素无非作为个案影响因子，可能在定罪时影响评估具体行为人罪责，或在量刑时影响评估人身危险性，但无法对收买犯罪的法益侵害与主观不法的程度产生影响。从罪刑关系的一般原理出发，以该法外因素影响收买犯罪的不法评价尚不适格。同时，不能因既有事实"婚姻家庭"关系稳定而忽视被拐人员家庭关系破裂所导致的累累伤疤。

二、收买被拐卖的妇女、儿童罪的价值判断

刑罚配置并不能任由立法者恣意为之，合理化控制必须受正确价值理念指引。② 刑罚配置合理与否，不仅需要从刑法教义学维度对现行立法所保护的法益进行反思，还需要从立法史的维度证成刑法观的现代化修正，更需要落脚于国家治理维度全球化共同打击人口犯罪的现实需要。

（一）保护法益的价值性判断

鉴于如何定义本罪保护法益，直接影响准确评价本罪的不法本质与不法程度，既具备立法批判本罪刑规范设置的功能，又具备解释指引本罪构成要件与

---

① 当一个利益足够大且成为刚需，而被严惩的概率又足够小的时候，就算把纸面上的刑罚提高到无期徒刑，那也是见效甚微的。参见车浩：《收买被拐妇女罪的刑罚需要提高吗？》，微信公众号"尚权刑辩"，2022年2月8日。周光权教授在2022年4月9日的讲座中作为与谈人提出的观点，可参见相关的综述：《思考法律的三个维度：再论收买被拐卖妇女罪的修法之争》，微信公众号"刑事法判解"，2022年4月14日。

② 周光权：《法定刑配置的优化：理念与进路》，载《国家检察官学院学报》2022年第4期。

刑罚适用功能,故选取保护法益为观察视角,对现行立法进行教义学分析。通说认为,刑罚正当化分为责任刑论与预防刑论。前者认为刑罚主要功能是对违法犯罪者个人的报应,对罪犯个人适用刑罚以实现"对等"的报应,保证刑罚的公正;后者认为刑罚不仅单纯地报应,更在于预防遏制犯罪恶害,避免新的犯罪发生。①故衡量刑罚配置需要考察是否刑当其罪与刑足其罪,前者认为刑罚是否能够适应犯罪的客观危害和主观不法,后者认为刑罚的分量足以预防犯罪既是必要条件也是限度条件。

1. 刑当其罪的法益考量

犯罪的本质即行为侵害法益,所以行为所侵害法益及行为人罪责的程度决定了刑罚的配置。法益保护原则为罪与罪、刑与刑之间的"攀比"提供了相对客观统一的参考系,从而检视个罪的法定刑是否符合法益保护原则指引下刑法体系的犯罪化标准,更易实现罪名之间的罪刑均衡。②(1)侵害法益的同质性决定买卖同罚。拐卖和收买妇女儿童的本质都是对人的核心价值的侵犯,都是对人的奴役。通说认为本罪所侵害的法益是复合客体,既侵犯了公民的人身自由、身体安全及人格尊严,又破坏了原有的稳定家庭生活关系。③收买行为与出卖行为的保护法益相同:具有相同的行为、结果不法,均侵犯了以人身不可买卖性为核心的人格尊严,均违反人身不可买卖的禁令。若拐卖犯罪作为重罪的合理性不容置疑,则收买犯罪足以配置较高的法定刑。(2)收买罪责的严重显示刑未当罪。收买行为在客观上对拐卖行为起到了"销赃"的作用,为拐卖者提供了"销售"市场变相推动拐卖犯罪活动;④收买行为承继拐卖行为,侵害被害人及其家庭的时长是长期的,控制妇女后续往往还伴随强奸、非法拘禁、虐待、殴打的行为,儿童则脱离亲生父母的共处相伴。对法益的评价往往随时代发展而变化。现代化进程中的中国文明程度不断提升、公民人权意识逐渐增强,收买行为对以人身不可买卖性为核心的人格尊严的冒犯,逐渐被确认为与

---

① 韩博雅、徐岱:《并合主义:刑罚正当性根据的应然选择》,载《延边大学学报(社会科学版)》2021年第3期。

② 张明楷:《论实质的法益概念——对法益概念的立法批判机能的肯定》,载《法学家》2021年第1期。

③ 参见高铭暄、马克昌:《刑法学》,北京大学出版社、高等教育出版社2022年版,第479页。

④ 黄晓亮:《拐买儿童犯罪的法益追问与规范再造》,载《法学杂志》2020年第7期。

拐卖行为一致的不法本质。无论是刑事立法、刑事司法还是刑法教义学，都需要适时而变调整。

2. 刑足其罪的预防判断

"罪责越重，刑罚越重。"[①]刑罚配置既要符合犯罪的轻重程度，又要符合犯罪前后所表现的犯罪人再次犯罪的可能。（1）不法程度的该当性决定刑量基准。行为的不法程度所指向的刑量具有决定性，它为刑足其罪的刑量指明了基准。刑事立法的任务是就可能的犯罪确定刑罚，用法律的形式假设罪刑关系，警示何种行为应受到最严厉的谴责，展示给全社会一条大是大非的总标准。[②]对以人身不可买卖性为核心的人格尊严的践踏，此种不法程度的刑量又岂是三年以下实际一年以下有期徒刑的轻刑所能评价？（2）一般预防缺失显示刑未足罪。若立法在考虑客观危害性和主观责任范围内配置法定刑，又能够兼顾一般预防的需要，那么，针对收买行为配置最高刑仅为有期徒刑三年就是合适的。诚然，片面重刑难以实现一般预防，但现实中也未必能指望通过轻刑实现一般预防。对于生活在相对贫困、闭塞地区且处于社会底层的收买者，基于传宗接代、维持其所期待的生存状态等理由而触犯刑法，却又由于相对较轻的刑罚配置而从轻、减轻甚至免除刑罚时，又如何实现犯罪的一般预防？法律需要划定一条"高压线"，配置明确重刑，即使文盲亦能意识到"跨过高压线"的严重性。

（二）刑法观念的现代化修正

从立法史的维度分析我国买卖人口罪名的演变，可以看到我国刑事政策的逻辑与倾向。正确看待历史的合理性并不反对刑法观的现代化修正。"刑罚世轻世重"亦即刑罚的轻重随着社会生活的发展而变化，是符合司法规律的用刑之道。

1. 刑事政策的历史合理

（1）异罪异罚的历史合理。1991年首次将收买人口的行为入罪时，立法者认为，具有暴力、强制、惯常性的拐卖行为危害严重，部分案件呈现集团化、产业链特征，参与从诱骗、绑架、运输、接送、中转到出卖全过程；而非营利性收

---

① 张明楷：《刑法格言的展开》，北京大学出版社2018年版，第103页。
② 陈兴良：《刑法哲学》，中国人民大学出版社2017年版，第618~624页。

买行为的社会危害性明显轻微，往往处于婚配抚养等"情有可原"目的。故即使对收买行为犯罪处理，但法定刑配置悬殊。1997年《刑法》沿袭了上述规定。立法的关注重点聚焦于社会稳定，认为收买犯罪的轻刑化乃至非罪化设计便于解救被拐卖妇女儿童。（2）同罪同罚的现实呼声。近年来的影视作品如《亲爱的》《失孤》《盲山》等，以直观化场景再现的方式冲击民众对收买犯罪属轻罪的认同感，"生育八孩女"事件更以极端的方式扯下现实的"遮羞布"，套在脖子上刺目的铁锁链牵动普罗大众的怜悯之心，"没有收买就没有拐卖"的呼声日益高涨，理应顺势而为织密买卖人口"不严也不厉"的刑事法网。

图1所示为收买被拐卖妇女、儿童罪的立法沿革。

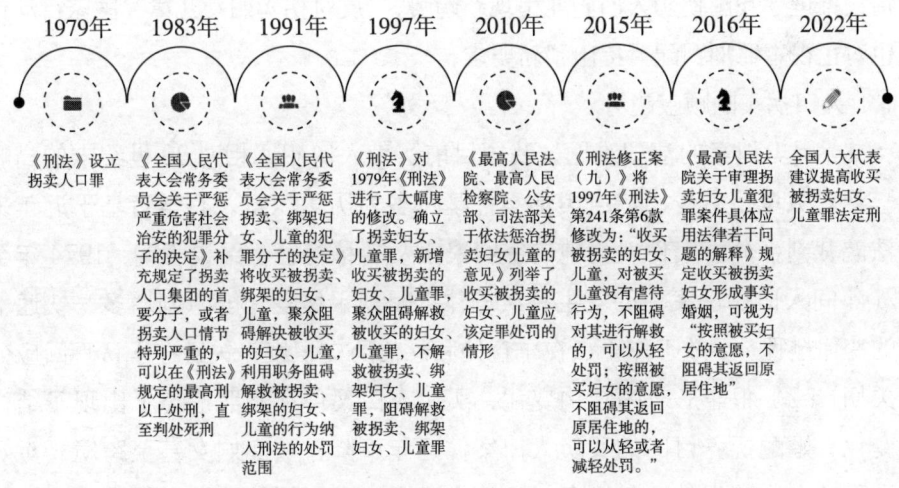

图1 收买被拐卖妇女、儿童罪的立法沿革

2. 刑法修正的积极进路

（1）人民中心的根本立场。社会主义法治的核心价值是"以人民为中心"，即凸显人民在法治建设进程中的主体地位与核心价值，法治建设的起点及注脚均在于维护人民权益等。[①]"以人民为中心"在刑罚体系改革中体现在由惩罚转至权益保护及制裁效果上。[②]本罪侵犯的是公民最核心的人身权利与人格尊严，构建公民人身权、人格权不受侵犯的刑事法治体系才是保障人民权益最适宜的

---

① 张文显：《习近平法治思想的理论体系》，载《法制与社会发展》2021年第1期。
② 彭文华：《我国刑法制裁体系的反思与完善》，载《中国法学》2022年第2期。

积极进路。(2) 刑法观念的现代修正。我国目前已进入刑法立法活跃期，刑事立法积极回应社会调整目标需要，已成为当前立法趋势及刑法现代化标志之一。① 刑法的积极主义趋势主张刑法适当提前介入，刑罚不仅只有惩治犯罪的作用还具有预防犯罪的积极作用。本罪的现代化修正可从预防性立法的以下几方面展开：对合行为分立定罪化；传统犯罪行为增设加重情节化；等等。

(三) 国家治理的时代性需要

从国家治理层面来看，完善刑事法治体系是加强我国在刑事法治领域治理能力与治理体系现代化建设的应有之义。随着我国社会的文明进步和打拐行动的持续推进，我国拐卖人口犯罪呈现新趋势，"反对拐卖妇女儿童"国家行动计划也对正视本罪刑罚配置提出了新要求。

1. 人口拐卖的顺应趋势

(1) 历史积案的清理难题。我国目前买卖人口犯罪相对 20 世纪末的高峰期，绝对数量已减少，热点舆论案件基本多为历史积案。有学者基于近年来的法院裁判，分析案件发生地的空间聚集及转移特征，结果表明，1974 年至 2021 年间人口拐卖案件的发生频次总体上呈现平缓变化—急剧增多—快速下降的变化过程。② 故工作重点在于查处和惩治历史积案，关键在于认真回应公众关切。(2) 犯罪形态的结构变化。买卖人口案件在犯罪形态上出现了结构性变化。婚配抚养目的的买卖人口案件逐年下降，买卖妇女甚至跨境买卖妇女从事性剥削的案件逐年增多，司法实务中出现以婚姻居间介绍为名跨国买卖妇女，甚至有些被害妇女为改变不良处境，同意并积极促成、配合买卖交易。被害人承诺的案件极有可能成为犯罪"黑数"。这不仅是国际人口贩卖在全球化时代凸显的新问题，也成为我国在全球化趋势下买卖人口犯罪无法回避的新特点。③

---

① 储槐植：《走向刑法的现代化》，载《井冈山大学学报（社会科学版）》2014 年第 4 期。
② 陈兵阳等：《基于法院判决书的中国人口拐卖犯罪的空间特征及变化分析》，载《江西科学》2022 年第 3 期。
③ United Nations Office on Drugs and Crime, *Global Report on Trafficking in Persons 2020*, https://www.unodc.org/unodc/en/data-and-analysis/glotip.html, last accessed on 12th June, 2022.

2. 人权保护的行动目标

"对妇女、儿童保护的程度,是一个社会文明程度的真实体现。"[①]为加大对拐卖妇女儿童犯罪的打击力度,我国陆续实施"反对拐卖妇女儿童"的三个国家行动计划,确立了时间跨度自2008年到2030年的国家行动方案。[②]其中,《中国反对拐卖人口行动计划(2021—2030年)》有两个明确目标:(1)"买方市场"的重点关注。将综合整治"买方市场"作为今后一段时期的工作重点,认为"买方市场"诱发拐卖人口犯罪,多措并举从源头上阻断拐卖人口犯罪,分析研判态势时借助现代科技手段,在收买人口流入高发地区加大整治与综合治理力度,开展常态化专项行动依法惩处买方犯罪人。(2)法律体系的完善计划。提出配合目前拐卖人口犯罪的总体态势以及具体工作需要,及时研究完善修订拐卖人口的相关法律法规及政策。确立反拐工作的基本原则是法治指引,研究论证反拐专门立法的现实紧迫性与实施可行性,将反拐专门立法提上全国人大常委会立法规划日程。

三、收买被拐卖的妇女、儿童罪的规范路径

刑罚的配置、裁量与执行三阶段侧重的分配正义基础与理念要求各有侧重:配刑阶段,立足于刑罚一体化,建立刑罚体系及具体安排各类犯罪的法定刑;量刑阶段,兼顾实体与程序,结合个案具体犯罪情节根据法定刑宣告刑罚,侧重特殊预防;行刑阶段,目标是刑罚效果最佳,围绕刑罚效果进行制度分配,侧重一般预防。

(一)配刑阶段:构建罪刑责相适应的刑罚体系

刑罚配置是国家以罪责与功利需要为基础,为犯罪分配法定刑及相关刑罚制度。检讨现行刑罚配置与本罪保护法益的失衡,总结理论争鸣共识与司法实践经验,根据国家法治建设总体规划和刑法现代化目标,完善包括买卖人口犯

[①] 陈碧:《正义的回响》,云南出版集团2022年版,第50页。
[②] 即"预防为主、打防结合、以人为本、综合治理",参见曾婕:《打击拐卖人口犯罪的对策研究》,载《西南政法大学学报》2022年第3期。

罪在内的全部罪刑规范，构建罪刑责相适应的刑罚体系。①

1. 传递重罪价值立场

发挥刑事法治作为法治最后一道防线的藩篱作用。让刑事法治起到"固根本、稳预期、利长远"功能。② 将《刑法》第 241 条修正为加重犯条款。（1）上调最高刑。底层民众囿于生活资源匮乏而寻求的底层生存策略，与法学家们对人身不可买卖、人格尊严不可侵犯的价值推崇格格不入。提高本罪的法定刑才能彻底扭转"拐卖有罪，收买无辜"的错误观念，增强对买方市场的威慑力，以此遏制拐卖犯罪的发生。③ 参照拐卖妇女、儿童罪的立法体例，上调收买被拐卖的妇女、儿童的法定最高刑。（2）设定加重犯。应该看到，"维持说"对收买被拐卖的妇女行为的预备犯拟制并不符合其罪质特征。④ 但这种拟制存在两个难以自洽的问题：其一，以相仿的逻辑类推，买枪行为通常伴随后续暴力性犯罪，但我国《刑法》并未对枪支买卖的对向双方异罪异罚论处，买枪行为也与后续的杀人等犯罪行为数罪并罚；而本罪与之严重失衡。其二，收买类犯罪与后续严重犯罪之间的关系实质上并不符合我国预备犯之定义。收买者收买被拐妇女的行为对自由的控制早已超出预备行为的限度。故应变更现有立法例，设置加重犯：将原有的三年以下第一档法定刑提至"处五年以上十年以下有期徒刑，并处罚金"；将原法条数罪并罚的体例变更为加重情形档，"处十年以上有期徒刑或者无期徒刑，并处罚金或者没收财产"。不排除情节特别严重情形的，"处死刑，并处没收财产"。加重情形包括《刑法》第 241 条第 2 款、第 3 款、第 4 款原应数罪并罚的强奸罪、非法拘禁罪、故意伤害罪、侮辱罪。

2. 严格限缩出罪条件

对于《刑法》第 13 条本罪常见的出罪理由"但书"以及《刑法》第 37 条

---

① 参见梁根林：《刑法修正：维度、策略、评价与反思》，载《法学研究》2017 年第 1 期。

② 习近平：《加强党对全面依法治国的集中统一领导　更好发挥法治固根本稳预期利长远的保障作用》，载《人民日报》2018 年 8 月 25 日第 1 版。

③ 赵俊甫、孟庆甜：《关于修改〈刑法〉收买被拐卖妇女儿童犯罪相关条款的思考》，载《公安研究》2014 年第 2 期。

④ "维持说"认为，违背女性意愿的"买媳妇"行为，几乎天然地内含了强奸罪、非法拘禁罪等重罪的内容，在理论上将收买被拐卖的妇女罪解释为强奸罪、非法拘禁罪、伤害罪等后续犯罪的预备犯，并将这种对前序犯罪预备行为进行单独定罪处罚的做法视作对收买行为的提前惩罚和打击。维持当前刑罚已足以体现立法对收买被拐卖妇女行为的严厉的不法评价。参见车浩：《立法论与解释论的顺位之争——以收买被拐卖的妇女罪为例》，载《现代法学》2023 年第 2 期。

及《刑事诉讼法》第177条第2款本罪"犯罪情节轻微"酌定不起诉的情形可进行类型化列举。需要斟酌的出罪情形主要包括：（1）事后补救或者救赎。目前本罪具有免刑的条款主要包括不阻碍被害妇女返回原居住地与不阻碍并未虐待被害儿童。①但二者均为事后行为，收买时对被害人的侵害已经实际发生，事后行为的评价应作为对行为人主观恶性评价的量刑标准而非出罪条件，建议修改为从轻、减轻的量刑情节并细化规定。收买行为人事后采取积极补救救赎措施不免刑可形成对买方市场的震慑，可从宽则体现立法对该行为的鼓励，符合主客观一致原则。（2）家庭成员限缩共犯。《意见》第31条规定，多名家庭成员或者亲友作为共犯参与，均构成本罪的，通常全面考量谁是犯意提起者、在共同犯罪中各行为人地位作用大小，依法追究其中罪责较重者的刑事责任。通常对起次要作用的帮助犯、胁从犯不予追究刑事责任。对于情节显著轻微的，进行实质性审查，再通过《刑法》第13条"但书条款"予以出罪。

（二）量刑阶段：完善时度效相统一的裁量标准

刑罚裁量是司法机关依据法定的量刑情节和规制方式，综合行为人的犯罪事实情节、主观恶性等因素进行判断衡量处刑与否、刑罚种类、刑期长短的活动。如何规范刑罚自由裁量权的行使，有实体性和程序性的两种进路。②针对本罪司法实践中起诉与否、定罪免刑、缓刑适用、数罪并罚等量刑尺度不一的现状，实体性进路是从刑法入手缩小刑罚的量刑幅度，程序性进路是制定统一的量刑基准减少法官的自由裁量权。

1. 缩小量刑幅度的实体进路

区分责任刑与预防刑情节。前者主要指与不法事实和责任程度相关的情节，后者主要表现为犯罪前后的表现态度等。③不区分二者将导致刑罚裁量依据虚化或泛化并影响量刑基准和方法。（1）谨慎把握法外伦理因素从宽限度。在中国传统风俗影响下，往往被告人的犯罪动机或者被害人的现实境地更容易引起恻

---

① 《意见》第20条第2款规定，被追诉前主动向公安机关报案或者向有关单位反映，愿意让被收买妇女返回原居住地，或者将被收买妇女交给公安、民政、妇联等机关、组织，没有其他严重情节的，可以不追究刑事责任。
② 樊崇义：《刑事诉讼法哲学思维》，中国人民公安大学出版社2019年版，第234~235页。
③ 张明楷：《责任刑与预防刑》，北京大学出版社2015年版，第275~289页、第339~361页。

隐或同情，刑罚裁量时也不可避免地引起司法人员关注。前述收买犯罪相关法外因素既不具备影响不法评价的适格性，也不具备影响罪刑适配的适格性，虽具备从宽处罚的适格性，只不过此种从宽也应谨慎把握。无论是基于社会包容、道德可恕的婚配抚养目的，还是业已形成的事实婚姻家庭状态，①被害人事后的意愿及允诺，不能抵消此前收买行为的社会危害性，只可作为从宽处罚的情节。

（2）克服司法实务经验缓刑适用惯性。根据《刑法》第72条规定，对被判处拘役、三年以下有期徒刑的犯罪分子，可以适用缓刑。缓刑适用的实质要件即无再犯危险，由于欠缺可操作性，事实上主要取决于法官的自由裁量。②在此情况下，缓刑是否适用，受司法实践中对犯罪本身的认知影响很大。收买被拐卖的妇女、儿童罪最高刑是三年有期徒刑，符合缓刑的前提条件，但与之对比，危险驾驶罪的法定最高刑是六个月的拘役，更是一个毫无争议的典型轻罪。但在过往的司法实践中，危险驾驶罪的入罪率和判刑率都极高。而本罪根据学者统计，结合司法实践中行为人认罪认罚、悔罪率极高的现实情况，真实缓刑率超过90%，远高于我国历年的总体缓刑适用率30%。③诚然，将原有的三年以下第一档法定刑提至"处五年以上十年以下有期徒刑，并处罚金"也就当然解决了本罪的缓刑适用率高的问题。但基层执法者的行动逻辑首先应当进行纠正，在诉讼程序上改变轻缓化现状：侦查机关改变取保候审刑事强制措施常态，检察机关改变不批捕做法，人民法院改变适用简易程序处理。最终提高本罪的实刑率，以强化刑罚对此类行为制裁的实效性。

2. 限缩自由裁量的程序进路

严厉打击收买方，不只是正义与非正义的角力，还隐藏着情与法的冲突与暗涌。若不限缩或者衡平此类事关情理的自由裁量权，更有甚者，有些裁判让共情占据主导，将引致本罪行为人的刑罚裁量过分从轻，更在一定程度上导致本罪的实刑规定趋于虚置，导致法律虚无主义。故应从法官量刑程序的正当化方面防止法官恣意行使自由裁量权。（1）严格量刑规范，加强案例指导。将本罪纳入量刑规范化罪名。由于本罪犯罪对象为妇女儿童弱势群体的，可依据最

---

① 参见《解释》第5条、第8条，《意见》第30条的内容。
② 赵兴洪：《缓刑适用实质要件的操作化》，载《刑事法评论》2019年第1期。
③ 夏伟：《收买被拐卖的妇女、儿童罪定罪量刑规则研究》，载《西南政法大学学报》2022年第2期。

高人民法院、最高人民检察院发布的相关量刑指导意见，全面考查犯罪的性质以及严重程度加重处罚，以基准刑的20%计算增量。本罪犯罪对象属于刑法中的弱势群体，故量刑原则上应当从重。通常本罪基准刑量刑起点宜为一年六个月有期徒刑，后又有其他关联犯罪，依照量刑规则，"正向相加、反向相减"，应认定为性质恶劣或情节严重，进而从重处罚。在《意见》《解释》颁布初期，最高司法机关发布了部分典型案例，为司法实践如何按照当时的刑事政策准确定罪量刑发挥了积极作用。在案例指导制度日益发达之际，有必要由最高司法机关针对收买被拐卖妇女、儿童罪的新情况、新趋势发布指导性案例，权威解答司法适用难题。（2）严以济宽，情以济法。本罪刑罚裁量问题绝不仅仅是单纯刑事立法问题，更多的是情与法的冲突与博弈，实质是涉及多学科领域的社会现实问题。综合考虑行为人是否具有从严惩处情形，当严则严。针对罪数问题，一是收买被拐卖的妇女、儿童后又出卖的情形，犯意不同，数行为侵害不同法益，按照现有立法例择一重罪并不合理。二是多次收买被拐卖妇女、儿童的情形，同种数罪以数罪并罚为原则，一罚为例外，较为符合罪责刑一致原则。刑法规范的滞后性导致法律无法穷尽现实，不可否认刑罚个别化问题。刑事司法绝不能仅仅专注于理论的精确性，更应将考察重点转向刑法的现实机能……具体案件具体分析，衡量斟酌情与法交融的微妙之处，最后得出妥当的抉择。① 裁判者面对此类涉人身利益案件理应平衡取舍利益，聆听被害人意愿，合理调适刑罚裁量，以利于恢复被害人心理创伤，对传统司法秉持一份"温情与敬意"。②

（三）行刑阶段：立足情理法相融合的良法之治

"一代之法，不徒在立法之善，而在用法之得其平。"刑罚执行侧重于具体犯罪适用刑罚的最终落实以及达成刑罚的教化目标，核心在于刑罚效果最佳以及罪犯回归社会。良法与善治均为法治的应有之义。推进国家治理现代化，既需要以良法"立规矩"，也需要用善治"硬着陆"，方能朝着法治昌明、正义可期、国强民安的理想社会更进一步。

---

① ［日］平野龙一：《刑法的基础》，黎宏译，中国政法大学出版社2016年版，第73~90页。
② 钱穆：《国史大纲》，商务印书馆2013年版，第1页。

1. 法与时转则治

习近平总书记强调，法律是治国之重器，良法是善治之前提，要以良法促发展、保善治。① 现有立法难以对收买行为作出有效惩戒与预防的现实，恰证明了我国立法需要更鲜明的态度与更积极的行动来防范这种风险。（1）尊重朴素法感。利益法学派耶林宣称：为权利而争的不只是捍卫个体的物质利益，尤为重要的应是守护道德存在与人格。民众普遍对恣意侵犯人权的行为而感到义愤填膺、道德愤怒，进而具备权利的朴素理念感，也是朴素法感所产生的最美丽、最振奋人心的证言。② 民众朴素法感源于道德不假，但学术研究不能高居庙堂之上，而应俯下身细心聆听。③ 若朴素法感都认为本罪现行立法存在漏洞，学者绝不能借法律理性之名行闭目塞听之实。④ 以法学专业的傲慢，抵制或抨击民众基于朴素正义观所作的价值判断，也将引发"专家没有灵魂"的类似嘲讽与质疑。⑤（2）引导民意走向。拐卖人口犯罪在中国之所以被人人唾弃，不止在于其侵害法益，更深层次原因在于"血浓于水"的亲情关系。社会主义核心价值观亦倡导"人情莫亲父母，莫乐夫妇"。拐卖人口犯罪不仅侵害妇女、儿童人格尊严与人身自由，还严重侵害了中国传统亲情关系视角下亲属的合法权益。传统法律文化所追求的情法两尽，亦是当下处理此类案件的希冀与初心。从惩罚到预防，是刑法进化的表现之一。贝卡利亚认为，刑罚目的之一在于规诫他人勿重蹈覆辙。本罪刑罚配置的完善，不仅通过划定"高压线"强制人民遵从，并且将民意往正确方向引导，得到民众确信的内心认同。刑法规范实际蕴含着行为规范，当法律得到民众自愿自发遵守才能有效运转。以人民为中心的中国特色社会主义法治意味着，国家对国民的刑法保护，应当成为一项公共服务内容。⑥ 刑罚论的诸多问题应与民众的价值判断相符，考虑裁判是否符合民众预

---

① 《中共中央关于全面推进依法治国若干重大问题的决定》，载《人民日报》2014年10月24日第1版。
② ［德］耶林：《为权利而斗争》，刘权译，法律出版社2019年版，第37~38页。
③ 罗翔：《论买卖人口犯罪的立法修正》，载《政法论坛》2022年第3期。
④ 吴从周：《初探法感——以民事案例出发思考其在法官判决中之地位》，载《台北大学法学论丛》总第92期。
⑤ 劳东燕：《买卖人口犯罪的保护法益与不法本质——基于对收买被拐卖妇女罪的立法论审视》，载《国家检察官学院学报》2022年第4期。
⑥ 张明楷：《中国刑法学的发展方向》，载《中国社会科学评价》2022年第2期。

期。①

2.治与世宜则有功

行刑是配刑与量刑的现实化，最终实现刑罚的目的。应以刑罚效果最佳与预防犯罪为核心。（1）优化"打击—控制—防范"全流程治理机制。近年来，人口动态信息掌握度提升、大数据深度运用能力增强、跨区域合成作战实践不断丰富，这对于清理拐卖积案是重大利好。AI人脸识别技术与图侦工作结合并运用到"天网"系统建设中，极大助力追捕在逃嫌犯。人口基因数据库建设逐渐完善，比对路径和摸排手段更新为重新发掘犯罪事实提供了技术支持。通过提高积案破获率，提升从事拐卖犯罪受惩罚的必然性，可以有效提高打击效果。通过人口精细化管理增加犯罪难度，控制潜在犯罪行为。下沉和加强基层执政力量，以乡镇党委牵头，深入乡村社区进行多维度法治宣传，营造社会共识织牢防拐网络。（2）完善"解救—安置—帮扶"立体化救助体系。完善安置被解救妇女儿童的救济机制，重建以幸存者为中心的社会支持系统。一是为幸存者提供身心康复的援助，包括基本医疗、心理援助服务。民政部门健全完善心理救助和康复服务机制。探索引入专业社会心理辅导力量参与打拐解救人员的心理康复工作。二是通过调查取证尽快为幸存者恢复身份，并提供司法保护、法律援助和赔偿。依法解救被拐卖儿童，并送还其亲生父母。对无法查明父母或者其他监护人的打拐解救儿童，由公安机关提供相关材料，交由民政部门予以妥善安置，不得由收买家庭继续抚养。对于符合收养条件的儿童，社会福利机构应当及时启动收养程序。三是地方政府要在保障幸存者安全的环境中，尊重幸存者意愿和选择回归家庭和社会，协助就业。对残障情况严重或身体状况不能独立生活的受害者，建议发展兜底保护的国家监护制度。犯罪是由一定社会形态与社会结构决定的社会现象，刑法的最后手段性决定了刑罚只是"治标之策"。立法上加大对妇女儿童的保护力度，仅仅迈出第一步。要彻底改变妇女儿童被拐卖的命运，是一个社会综合治理的系统工程。需要消除经济与人口发展不平衡的社会基础、完善婚姻登记审查、收养等人口管理制度、加强信息化技术支持运用……只有铲除滋生拐卖人口犯罪的温床土壤，才是实现效果最佳的

---

① 周光权：《刑法教义学的实践导向》，载《中国法律评论》2022年第4期。

"治本之道"。①

结　语

刑罚分配正义之要，不应局限于惩罚犯罪人，而应上升至如何预防犯罪、保障权利进而促进人的发展。本文立足于法教义学与社科法学相统一的双重维度反思收买被拐卖的妇女、儿童罪的刑罚配置是否合理，对收买被拐卖妇女、儿童罪的保护法益进行较为深入的剖析，深入探究"收买与拐卖的保护法益异同及其不法程度高低""法定刑的配置方式与体系协调"等元问题，揭示刑事政策的逻辑转向与国家治理现代化的现实需要，进而回归刑事司法的刑罚配置价值向度，提出从配刑、量刑、行刑三阶段探索本罪刑罚配置规范路径的核心命题，全面论证了收买被拐卖的妇女、儿童罪刑罚重新规范配置的必要性，并基于法社会学的刑罚分配正义理论与法教义学的刑罚阶段分配理论，从配刑、量刑、行刑三个阶段证成收买被拐卖的妇女、儿童罪刑罚配置社会正义实现的法治规范路径。一个全面建设社会主义法治国家的中国，一个迈步跨入第二个百年奋斗目标新征程的中国，绝不容许严重侵害妇女、儿童权益的刑罚分配不正义。无论从侵害法益、立法逻辑、源头治理任一角度分析评判，刑法都应当重新配置收买被拐卖的妇女、儿童罪的刑罚体系，构建形式完备、实质良善、罪刑责一致的科学的法，稳步推进刑事法治国家建设，最终实现良法之治。② 彻底砸烂代表苦难与奴役的"铁锁链"，让正义绽放出灿烂的美德！

---

① 陈兴良：《走向哲学的刑法学》，北京大学出版社 2021 年版，第 355 页。
② 刘艳红：《以科学立法促进刑法话语体系发展》，载《学术月刊》2019 年第 4 期。

能动司法视域下信息数据犯罪的协商性共治
——企业刑事合规中司法审查的模式和路径 *

许 娟 雷 敏 **

内容提要：信息数据刑事合规应从规范和技术维度确定合规要素和技术制衡标准，建立事先事后全流程、多层次的合规有效性评价体系，并从刑事一体化视域下反思合规激励模式和司法审查功能，转变为以组织体责任为核心的二元归责模式。法院对事先合规"主观罪过免除"模式和事后合规"惩罚必要性免责"模式进行司法审查，还需在检察院的"合规考察免责"模式中做好程序衔接和功能协同。在合规出罪时，应以合规有效性为核心，从合法性、合目的性和必要性进行协商性审查，并以合规关联性为核心进行个人出罪审查；在合规量刑激励中，以合规有效性主观罪责要素为核心进行分级量化"三步走"的合规评价，构建信息数据犯罪协商性共治体系。

关键词：能动司法；信息数据犯罪；刑事合规；公共法律服务

在新时代，信息数据犯罪动态安全的法益变化扩张了网络信息数据安全风险，产业化链条化犯罪导致了行为规制困境，网络技术性、多层次性致使刑事责任边界不清，凸显传统刑法规制的困境。应坚持能动司法理念，引入刑事合规制度，在积极的一般预防功能、刑事责任厘定、协商性共治三个层面为刑法

---

* 基金项目：本文系 2021 年度国家社科基金重大项目"民事司法程序现代化问题研究"（项目批准号：21&ZD205）的阶段性研究成果。

** 作者信息：广东省深圳市福田区人民法院法官。

规制提供功能补给。信息数据①犯罪治理是国家治理能力现代化的重要方面。信息数据安全不仅关乎个人利益或企业经济利益，还影响国家安全与公共利益。在智能化时代的今天，互联网企业逐渐成为信息数据犯罪主体，信息数据犯罪不断衍生出新的犯罪产业链条，网络信息数据安全风险不断扩张。为了治理打击网络信息犯罪，《刑法修正案（九）》《最高人民检察院、最高人民法院关于办理非法利用信息网络、帮助信息网络犯罪活动等刑事案件适用法若干问题的解释》（以下简称《非法利用信息网络犯罪司法解释》）增设规定了"拒不履行信息网络安全管理义务罪"，并从预备行为实行化、帮助行为正犯化强化对网络信息数据犯罪的打击力度。本文经审视 2019 年以来的司法现状，凸显了传统单一刑法规制的困境。如何突破困境，实现信息数据犯罪的有效治理？张军院长提出，以能动司法推进审判理念现代化，刑事审判要坚持治理和治罪并重。涉案企业合规，目的是对企业的末端处理和前端治理有机结合，推动企业刑事犯罪治理。随着法院参与企业合规改革②不断深入，应在侵害信息数据犯罪治理中引入企业刑事合规计划提供功能补给，在刑事审判中坚持能动司法理念，通过法院司法审查功能从程序和实体上助力信息数据犯罪动态化治理，促进企业与行政管理部门、司法机关、企业内部规章、行政法规与刑法之间的功能性协作实现信息数据安全的立体化、协同化防护，实现网络信息数据安全治理模式从刑法单向强制性规制到多元协商性共治的转变。

一、信息数据犯罪迭变下传统刑法规制的困境

从信息数据犯罪总体趋势看，经在中国裁判文书公开网检索（见图 1），自 2015 年以来侵害个人信息罪、非法获取计算机信息系统数据罪持续高发且逐年递增，到 2019 年到达最高，2020 年之后开始有所回落。但是，拒不履行信息网络安全管理义务罪只有 4 份判决，反映出对侵害信息数据犯罪刑法规制的悖论。

---

① 数据和信息并不是同等意义上的概念。数据侧重于强调其载体是电子媒介形式，而信息更加强调所传达的内容。参见劳东燕：《个人数据的刑法保护模式》，载《比较法研究》2020 年第 5 期。

② 李伟：《企业刑事合规中的法院参与》，载《华东政法大学学报》2022 年第 6 期。

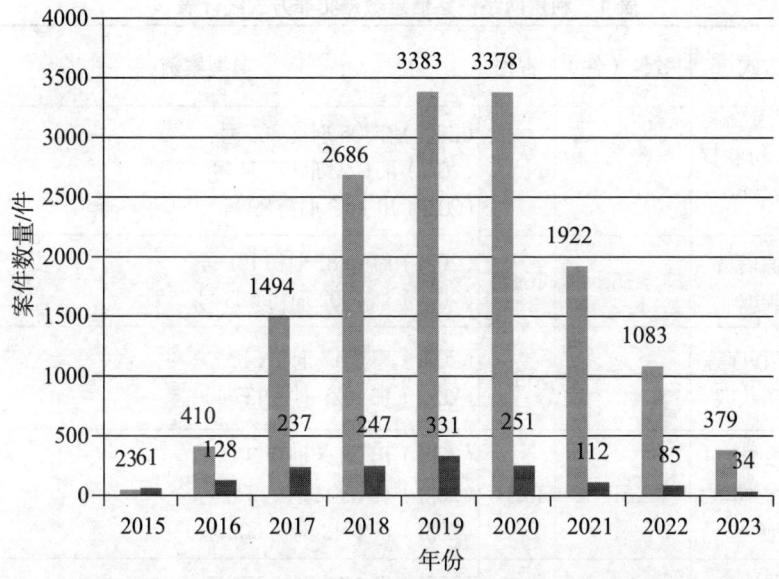

图1 2015年至2023年侵害信息数据犯罪案件数量分布图

鉴于整体犯罪趋势存在的困惑，经深入分析文书样本，①发现网络信息数据安全犯罪在法益、行为、主体出现迭变，给传统刑法的规制和治理模式带来了挑战。

（一）动态安全的法益变化扩张网络信息数据安全风险

在传统认知中，侵害信息数据犯罪保护的核心在于以"知情—同意原则"为授权的静态安全，重点规制数据的非法获取、泄露、篡改等行为。但经过审视样本中利用网络侵犯信息数据的犯罪方式，发现信息数据犯罪法益保护已从数据的"静态安全"转向"动态安全"，主要表现为数据处理、共享、交易过程中的风险②。

---

① 从中国裁判文书网分别输入信息数据犯罪罪名、网络、刑事犯罪的关键词进行筛选，并经有效性核验、删除，最终得到与网络服务提供者有关的2020年到2023年侵犯个人信息数据犯罪有效样本387份，拒不履行信息网络安全管理义务罪4份，帮助信息网络犯罪活动罪3份，最后登录时间为2023年8月27日。

② 参见于冲：《数据安全犯罪的迭代异化与刑法规制路径》，载《西北大学学报（哲学社会科学版）》2020年第5期。

表 1 利用网络侵害信息数据犯罪方式统计表

犯罪方式	数量（件）	占比	典型案例
利用企业 App 程序非法获取	48	14.4%	（2021）黔 05 刑终 265 号 （2021）湘 0223 刑初 374 号 （2021）川 1803 刑初 89 号
网络虚假借贷平台骗取	55	16.5%	（2021）皖 0881 刑初 191 号 （2021）湘 1002 刑初 683 号
利用木马程序等侵入非法获取	27	8.1%	（2021）粤 0117 刑初 51 号 （2021）鄂 1321 刑初 137 号
利用其他链接对接数据平台非法获取	51	15.3%	（2021）川 0823 刑初 81 号 （2021）冀 0902 刑初 223 号 （2021）沪 0113 刑初 602 号
利用软件账号非法获取	29	8.7%	（2021）辽 1322 刑初 172 号 （2021）黑 1002 刑初 176 号
利用通讯软件及群组非法获取（QQ、微信）	120	36.0%	（2021）粤 0606 刑初 3279 号 （2021）湘 0424 刑初 215 号 （2021）赣 0925 刑初 158 号

从表 1 可知，除了利用企业 App 非法获取和网络虚假借贷平台骗取两种方式外，其余 69.1% 的案件信息获取方式均已经超越了"信息自决权"的控制范围。其中，通讯软件的集聚群组在个人信息非法获取、买卖中占比 36%，利用其他链接对接数据平台、利用软件账号、利用木马程序等非法获取数据占比共计 32.1%。除此之外，还有医疗、公安、电子政务人员利用职务便利非法获取信息文书 13 份。这些案件中对个人信息数据的密集追踪、收集和利用往往不为用户所知悉，在信息数据动态流转过程中，安全风险贯穿于获取、加工、共享、交易、再利用等动态环节；信息数据安全犯罪内容从个人领域不断向公共领域扩展，也扩张了社会化的信息数据的安全风险。

（二）犯罪方式链条化、产业化导致行为规制困境

大数据环境下，网络犯罪的链条化、集群化趋势明显，而侵犯公民个人信息犯罪基本是其他犯罪的伴生犯罪、上游犯罪，故对犯罪"产业链"的斩断，

主要是对侵犯个人信息行为进行制裁，兼顾实现对网络犯罪产业链的前置化打击。但是经分析样本，侵害信息数据犯罪也出现了链条化、产业化的犯罪趋势。从犯罪主体看，个人犯罪 129 份、占比 38.7%，多人共同犯罪 128 份、占比 38.4%，企业与员工产业化共同犯罪 76 份、占比 22.9%，互联网公司、信息科技公司等提供网络数据服务的公司逐渐成为产业化犯罪的主体。从犯罪行为看，链条化、产业化趋势明显。在侵犯公民个人信息犯罪案例中，出现个人犯罪链条化、共同犯罪产业化的趋势；在帮助行为正犯化和纯正的不作为犯罪案例中，被告人在明知违反信息网络管理规定的情况下，仍提供帮助或拒不履行网络安全管理义务，根本原因在于自身就是利益链条中的一环（见表 2）。

表 2　网络服务商不同责任类型的犯罪典型案例统计表

责任类型	犯罪过程	犯罪主体	特征
个人犯罪	王某[①]成立成都××公司，在互联网设立"发卡么"虚拟卡密自动发货平台，并通过百度投放广告等方式吸引虚拟物品销售商到其平台销售京东美团账号密码、爱奇艺视频会员账号等含有公民个人信息的虚拟物品，并提供自动发货及支付结算服务，按照单笔交易订单金额收取手续费从中牟利	个人链条式犯罪	侵犯公民个人信息罪
共同犯罪	侯某[②]成立了上海××公司，共同商议由薛某杰、侯某对接、提供有出售、购买公民个人信息业务的上下游公司资源，由蒋某琦负责编写、架设用于非法获取公民个人信息的"51 贷吧"页面及储存、传输公民个人信息的后台数据库，由胡某负责上下游公司日常对接与结算，4 名被告人约定各占 25% 利润分成。利用投放虚假网贷互联网页面非法获取和 API 接口传输的方式从上游公司购买包含姓名、手机号码等公民个人信息，以上海××公司的名义，对外获取、销售公民个人信息，批量出售公民个人信息给多家下游公司	公司及员工产业式犯罪	侵犯公民个人信息罪

① 参见（2021）冀 0902 刑初 223 号案件。
② 参见（2021）苏 10 刑终 168 号案件。

续表

责任类型	犯罪过程	犯罪主体	特征
帮助行为正犯化	陈某[①]建立名为"TNT超级签名"的网站开始从事苹果超级签名业务，即让无法在苹果应用商店上架的内测应用及App经签名后可供苹果手机用户下载安装。陈某除使用其本人的银行卡、支付宝等收取苹果签名服务费外，还让其朋友李某使用银行卡、女友彭某使用支付宝、女友易某使用银行卡帮其代收苹果签名服务费，之后再转给其本人。警方告知被告人陈某"TNT超级签名"平台服务的App涉嫌诈骗犯罪，此后陈某开始定期审核已签名的App和定期清理网站内为App提供签名服务的数据，审查后即使发现了有违法犯罪的App，仍继续提供网络接入从事苹果签名服务，陈某违法销售数额449万余元	多人共同犯罪	帮助信息网络犯罪活动罪
纯正的不作为犯	李某全[②]在北京××通信技术公司工作，李某全将4万张行业卡交给亚飞达××公司从中挑出4000张带有公民个人微信的卡号，由李某全根据挑选的回收卡安排人员进行制卡和发卡工作。亚飞达××公司在拿到该批回收卡后，将回收卡违规实名在济南××公司名下，并将回收卡卖给林某彬用于盗取回收卡上绑定的用户微信账号，导致回收卡上绑定的微信号被大量盗取。被告人李某全负有查验、审核行业卡使用情况的职责，在明知违反实名制管理规定的情况下，仍然将大量带有公民个人信息的回收卡交给亚飞达××公司，造成严重后果，且在两年内经监管部门多次责令改正而拒不改正	公司之间产业式、链条式犯罪	拒不履行信息网络安全管理义务罪

信息数据犯罪产业化、链条化、利益共同化使得网络服务提供者履行网络信息安全管理义务缺乏内在驱动，而网络平台的内控性、技术性导致了侦查过程中的技术障碍，导致网络安全管理刑法义务的虚置和行为规制的困境。

（三）网络技术性、多层次性致使刑事责任边界不清

网络的虚拟性、技术性、多层次性以及网络服务的扩大化、动态化，意味

---

① 参见（2022）湘0408刑初134号案件。
② 参见（2020）云0103刑初1206号案件。

着数据安全风险治理中涉及的网络服务提供者①责任主体的多元化。为了加强对信息数据安全的保护，大量的法律、行政法规、部门规章明确赋予了相关网络服务提供者对于信息数据安全的保障义务。2018年生效实施的欧盟《一般数据保护条例》（GDPR），从"数据泄露通知规则""数据保护官制度""隐私风险影响评估义务""设计保护安全理念"等原则和要求明确了数据企业需要承担的新型数据保护义务。②我国的网络安全信息管理义务散见于各类法律和行政法规等规定中（见表3），内容主要包括事前的用户信息保护义务、网络安全管理义务、其他义务三类网络信息安全管理义务，以及事后的违法信息管控义务和协助执行义务。正是因为网络服务提供者主体的多元化以及网络信息管理义务规定的散、乱和数据安全治理的动态化，导致信息网络安全管理义务的界限不明、责任不清。具体来说，在动态化的数据处理过程中，不同阶段的网络服务提供者责任界限不明，企业产业化犯罪中单位和个人犯罪主体责任不明。

表3 我国法律、行政法规中的信息网络安全管理义务统计表

义务	具体内容	法律依据
用户信息保护义务	1. 严格保密义务 2. 一般加密义务 3. 不公开消极保护义务	《信息网络传播权保护条例》第23条 《全国人民代表大会常务委员会关于加强网络信息保护的决定》第3条、第4条 《互联网搜索引擎服务自律公约》第10条
违法信息管控义务	1. 对违法信息主动审查、实时监控义务 2. 向有关部门报告义务 3. 断开链接、停止传输、及时通知并删除已发现的违法信息义务	《网络安全法》第28条、第45条、第47条 《全国人民代表大会常务委员会关于维护互联网安全的决定》第7条 《最高人民法院关于审理涉及计算机网络著作权纠纷案件适用法律若干问题的解释》第4条 《互联网信息服务管理办法》第13条、第16条 《全国人民代表大会常务委员会关于加强网络信息保护的决定》第5条、第10条 《电子商务法》第45条

---

① 根据《信息网络犯罪解释》第1条的规定，提供下列服务的单位和个人，应当认定为《刑法》第286条之一第1款规定的"网络服务提供者"：（1）网络接入、域名注册解析等信息网络接入、计算、存储、传输服务；（2）信息发布、搜索引擎、即时通讯、网络支付、网络预约、网络购物、网络游戏、网络直播、网站建设、安全防护、广告推广、应用商店等信息网络应用服务；（3）利用信息网络提供的电子政务、通信、能源、交通、水利、金融、教育、医疗等公共服务。

② B. Fateh-Moghadam, Criminal Compliance（Fn. 7），S. 25（27）.

续表

义务	具体内容	法律依据
协助执法义务	1. 数据留存义务 2. 被通知后提供执法所需的必要材料义务	《全国人民代表大会常务委员会关于加强网络信息保护的决定》第5条、第10条 《最高人民法院、最高人民检察院关于办理非法利用信息网络、帮助信息网络犯罪活动等刑事案件适用法院若干问题的解释》第3条、第4条、第5条、第6条
网络安全管理义务	1. 技术防控义务 2. 损害补救义务 3. 采取安全技术措施履行国家网络安全等级保护制度义务 4. 建立投诉举报制度并对举报人进行保密义务	《网络安全法》第47条、第49条 《数据安全法》第29条、第30条
其他管理义务	1. 给未成年人提供健康网络环境义务 2. 查验用户身份义务	《网络安全法》第24条 《电子签名法》第20条 《反恐怖主义法》第21条

二、信息数据犯罪治理引入刑事合规的正当性和功能补给

由于刑法的谦抑性以及不可避免的滞后性、局限性，单一地依靠刑法手段打击侵害信息数据犯罪，已力有不逮。作为应对企业犯罪的一种策略，刑事合规体现了企业和国家对企业犯罪的合作"共治"，企业通过制订有效的合规计划以控制刑事风险、预防犯罪，而国家对企业的风险控制予以一定的激励。[①] 在信息数据犯罪治理中引入刑事合规具有正当性和必要性。从刑事政策解读，信息数据刑事合规体现了能动司法的理念和宽严相济的刑事政策；从刑事理论分析，在功能二分理论下网络服务提供者具有信息数据危险源监管保证人地位；[②] 从功能分析，引入刑事合规可以在三个方面为信息数据犯罪的治理提供功能补给。

---

① 孙国祥：《单位犯罪的刑事政策转型与企业合规改革》，载《上海政法学院学报》2021年第6期。
② 参见王莹：《中国刑法教义学的面向：经验、反思与建构》，北京大学出版社2022年版，第313页。

（一）以积极的一般预防实现前置性治理

根据积极的犯罪一般预防理念，刑法预防犯罪的目的应当是通过基于守法的自觉和对法秩序的积极维护，主动、积极地预防犯罪的发生。① 信息数据犯罪治理应当从"亡羊补牢式"的事后规制转变为"未雨绸缪式"的前置性治理。通过刑事合规计划的有效实施，使信息数据犯罪预防责任内控化，通过网络信息安全管理义务场景化、具体化、制度化促使网络服务提供者履行信息网络安全管理义务；在行政监管部门责令改正或第三方监管机构提出合规计划时，能及时整改，恢复法益保护状态，从而阻却网络服务提供者的刑事责任。此外，网络信息安全管理义务的具体化可为单位犯罪从一元模式向二元归责模式②转变以及厘清企业和个人的责任、不同网络服务提供者的刑事责任提供依据。可以在防范企业刑事风险的同时，推动网络空间守法文化和网络安全维护责任意识的自觉践行，从而实现积极的一般预防，与刑事犯罪惩处的特殊预防实现功能协同互补。

（二）以有效合规促进协商性共治

单一的刑事规制难以应对复杂的网络数据安全风险防控，也无法实现对网络服务提供者信息数据犯罪的实质性治理，而引入刑事合规是在信息数据犯罪中协商性司法理念的体现。信息数据刑事合规的实质是司法机关与涉案企业就数据合规及罪责、量刑展开对话、协商和达成妥协的程序，是一种"协商性的公力合作模式"③。

数据刑事合规案例④与传统刑事诉讼程序相比，增加司法机关与涉案企业对话，协商和妥协的过程，治理性质从强制性、企业被动性的单一刑法规制向协商性、企业主动性的治理模式转变。通过引入刑事合规，使合规计划转变为

---

① 参见周光权：《行为无价值论和积极一般预防》，载《南京师大学报（社会科学版）》2015 年第 1 期。
② 周振杰：《刑事合规视野中的拒不履行信息网络安全管理义务罪》，载《河南警察学院学报》2022 年第 2 期。
③ 参见陈瑞华：《论协商性的程序正义》，载《比较法研究》2021 年第 1 期。
④ 最高人民检察院涉案企业合规第三批典型案例之案例一。

联结企业内部控制和国家外部监管的纽带，实现数据犯罪风险的政府管控、企业防控、刑法预防的"三位一体"，形成公私共治的合力，实现实质性治理（见表4）。

表4　爬虫技术信息犯罪不同案例对比表

	数据合规第一案	"爬虫"软件第一案
司法机关	上海市普陀区人民检察院	江苏省无锡市梁溪区人民法院
触犯罪名	非法获取计算机信息系统数据罪	提供侵入计算机信息系统程序罪
犯罪事实	涉案公司是一家为本地生活商户提供数字化转型服务的互联网大数据公司，公司在未经授权许可的情况下，公司首席技术官陈某某指使多名技术人员，通过爬虫技术非法获取某外卖平台数据，造成该外卖平台直接经济损失4万元	丁某在经营公司期间，从丁某某处购买一款爬虫软件代理权后，在明知该款软件系未经授权、专门用于入侵某短视频服务器后非法获取用户昵称、UID等数据的情况下对外销售。丁某组织公司销售人员通过网络向多人销售上述软件，违法所得共计2万余元
量刑情节	陈某等人均认罪认罚，积极赔偿被害公司的经济损失并取得谅解	无
合规考察	1. 涉案公司申请启动合规考察，向检察机关和行政监管机关提交合规计划，聘请法律顾问进行合规整改； 2. 检察机关启动合规考察，对涉案企业提出检察建议，并对企业的合规计划及其执行情况进行考察； 3. 第三方组织对合规整改工作进行监督考察；考察期满后，对涉案公司合规整改情况评定为合格	未启动
结果	检察机关组织听证、评议认为涉案单位数据合规整改到位，作出不起诉决定	判处丁某有期徒刑一年六个月，缓刑二年，并处罚金3万元，没收丁某违法所得。禁止丁某在缓刑考验期内从事互联网相关经营活动
主体	第三方组织、检察机关、企业	司法机关
性质	协商性、主动性	强制性、被动性

（三）以优化企业自治促进数据产业发展和现代化治理

企业刑事合规的价值构造包含恢复和预防两个维度，通过刑事合规可以在企业内部建立合规体系，完善企业管理，并通过个案合规带动行业合规自觉，通过法益恢复和犯罪预防维护公共利益。数据刑事合规是企业完善数据安全体系，健全共建共治共享的数据治理制度的关键，[①] 也是促进数据产业的发展和现代化治理能力提高的重要途径。

三、信息数据刑事合规要素和评价体系

信息数据合规有效性是企业、行政部门和司法机关协商共治的核心，为有效应对信息数据动态安全风险，应以"风险控制"理论为指引从规范和技术两个维度统一标准，构建合规有效性体系，为企业合规计划的制订、行政机关监管、第三方机构的评估和司法机关的考察、审查提供客观标准。

（一）信息数据刑事合规要素及技术制衡标准

信息数据保护中的"风险控制理论"体现了"社会保护范式"的一般原理。[②] 在模式上，要求信息处理者和监管机构承担更为重要的风险管理义务，而不是将风险转移给个人信息主体。在方法上，主要通过不同的机制、模式和手段对个人信息保护相关的风险进行识别、评估、分配和管理。故应将风险控制理论与数据生命周期相结合，将信息数据的收集、处理、利用等行为纳入规制对象，从而形成客观的合规标准指引。

1. 信息数据合规要素标准

根据我国《个人信息保护法》《网络安全法》《数据安全法》以及欧盟《一般数据保护条例》等法律规定，结合数据安全生命周期中的动态风险，从数据主体、数据客体、数据处理和数据风险提炼出信息数据合规要素标准。

（1）要素一：信息数据主体义务。从网络信息管理主体确定合规要素，根

[①] 参见刘品新：《论数据刑事合规》，载《法学家》2023 年第 2 期。
[②] 参见张涛：《探寻个人信息保护的风险控制路径之维》，载《法学》2022 年第 6 期。

据《信息网络犯罪解释》第1条规定，将网络服务提供者按照功能和技术特点可以分为网络平台服务提供者、信息缓存服务提供者、信息存储服务提供者和网络接入/传输服务提供者等，在企业合规计划制订中，应根据法律、行政法规的规定，根据场景完整性理论按照不同网络服务提供者的功能特点和信息控制、支配能力匹配合理的风险控制义务，将网络信息安全管理义务具体化、制度化、内控化，建立事前事后全流程的信息数据管理制度。具体如表5所示：

表5　类型化的事前事后合规管理义务

信息网络安全管理义务类型		网络服务提供者类型	信息接入/传输服务提供者	信息存储服务提供者	信息缓存服务提供者	网络平台服务提供者
事先义务	信息保护	严格保密一般加密	√	√	√	√
		合理收费，不公开的消极保护	√	√	√	√
	网络安全	履行国家网络安全等级保护制度	√	√	√	√
		设立投诉申报制度			√	√
	其他义务	给未成年人提供健康网络环境				√
		查验用户信息				√
事后义务	违法信息管控	主动审查，实时监控			√	√
		向有关部门报告	√	√	√	√
		断开链接、停止传输、及时剔除	√	√	√	√
	协助执法	数据留存			√	√
		被通知后提供部分必要材料	√	√	√	√

（2）要素二：信息数据类别评估。在企业合规计划中应在信息数据类型和内容进行评估的基础上依法建立数据分类分级保护制度，针对不同类别级别的数据采取相应的保护措施。依据《数据安全法》的规定，根据对国家安全、公共利益或者个人、组织合法权益的影响和重要程度进行分类，分为一般数据、

重要数据、核心数据。对个人信息和重要数据进行重点保护，对核心数据实行严格保护。

（3）要素三：信息数据处理规则。根据数据主体、数据类型、提供数据对象的不同，依法进行数据处理。数据处理者处理个人信息应遵循合法、正当、必要和诚信的原则。具体处理规则包括个人信息处理规则、向第三方提供数据的规则和向跨境提供个人信息、数据的规则。如果开展影响或者可能影响国家安全的数据处理活动，应当按照国家有关规定，申报网络安全审查。数据接收方应当履行约定的义务，不得超出约定的目的、范围、处理方式处理个人信息和重要数据，且不得从事数据法规禁止的行为。

（4）要素四：信息数据风险防控。信息数据风险包括数据全生命周期各阶段中可能存在的未授权访问、数据滥用、数据泄露等风险，以及侵犯个人信息、非法获取计算机信息系统数据、传播违法信息、侵犯知识产权、非法跨境提供数据等刑事犯罪风险。在数据合规计划中，企业应当根据自身实际情况来识别、评估风险，并建立健全数据安全事件应急预案与风险处置机制，对识别和评估的各类数据风险设置恰当的控制和应对措施来降低风险，必要时停止相关风险行为。

2. 信息数据合规技术制衡标准

在风险规制中，技术标准一直发挥着重要作用，它不仅可以发挥行为规范作用，而且能在规制机构与规制对象之间提供一个"对话空间"。[①] 随着物联网、算法、云计算等技术逐渐融入信息数据的收集、储存、共享、处理和使用中，导致信息数据安全治理越发复杂。对此，将相关信息数据保护法的要求"代码化"或者"技术化"，应当由行政监管部门统筹制定技术标准，融入信息数据处理系统、程序的设计中，实现"通过设计及默认保护信息数据"。以客观技术标准促进企业合规风险自治，行政机关通过技术监管实现风险规制，实现信息数据动态风险技术性共治。

（二）信息数据合规管理有效性等级体系

为构建全流程的事先、事后合规信息数据有效管理体系，参照我国《合规管理体系指南》国家标准和 ISO 国际标准通用要素以及美国《联邦组织量刑指

[①] 参见关保英：《论行政法中技术标准的运用》，载《中国法学》2017 年第 5 期。

南》中刑事合规标准，以不同标准的共性向度考量合规有效性体系建设，并按照执行实施的程度从低到高进行分级（见表6）。

表6 合规有效性分级表

合规有效性等级	国际标准通用要素：2021《合规管理体系要求及适用指南》(ISO 37301)	我国国家标准合规管理体系：《合规管理体系指南》(GB/T35770—2017)	《美国联邦组织量刑指南》
标准化	组织环境策划	组织环境（识别内外部问题、确定范围、方针）策划（应对合规风险实现目标）	A. 企业应建立合规政策和标准；C. 企业不得聘用在尽职调查期间了解到具有犯罪前科记录的高管
有效化	领导作用支持	领导作用（承诺、各管理层取责）支持（资源、培训、沟通、文化）	B. 企业应指定高层人员监督企业的合规政策与标准；D. 向所有员工有效普及
执行性	运行	运行策划和合规风险控制	E. 采取合理措施，以实现企业标准下的合规（监测、审计、违规举报）
监督性	绩效评价	绩效评价和合规报告	F. 通过适当的惩戒机制，严格贯彻执行合规标准
恢复性事后补救			G. 发现犯罪后，采取必要的措施来应对犯罪行为
长效性事后整改	改进	管理不合规持续改进	G. 发现犯罪后，预防类似行为发生，如修改、完善合规计划

上述合规有效性评价层次既是企业刑事合规的实施标准，也是刑事合规审查中企业刑事责任客观化的评价标准。事前合规管理有效性可分为四个层次：一是内容标准化，即针对企业信息数据管理中的内外问题，根据信息数据合规的要素标准和技术制衡标准，确定合规标准、方针；二是沟通有效化，通过领导支持、监督、组织培训等方式，将法律、行政法规中的网络信息管理义务制

度化，确保领导、管理层、员工有效沟通；三是执行性，通过监测、举报等措施执行合规标准和制度；四是监督性，通过惩戒机制、绩效评价来监督合规标准的执行情况。事后合规管理评价主要有两个层次：恢复性，即发现犯罪后，采取必要措施应对，积极整改，赔偿损失，修复被损害的法益；长效性，发现犯罪后，为预防再犯修改、完善合规计划。

四、信息数据刑事合规司法审查的逻辑和模式

企业信息数据合规管理体系的构建对于信息数据犯罪治理中强化企业主体责任和多元主体的协商性共治都具有重要的作用。但是，企业合规具有负担性，从要素标准到技术标准、从人员管理培训到监督都需要付出成本和资源。所以重点在于如何有效激励企业构建信息数据合规管理体系，这就需要与事前事后全流程的信息数据合规管理体系相匹配的合规出罪模式和量刑激励，需要从刑事一体化视角分析构建刑事合规模式和运行逻辑。所谓刑事一体化，其概念可以界定为治理犯罪的相关事项深度融通形成的和谐整体，是一个开放性的概念。刑事一体化的内涵是刑法内部结构合理的内部协调与刑法运作前后制约的外部协调。[①] 审视我国现阶段以检察院为主导的合规考察模式，在归责模式、合规功能和司法权运行等方面存在结构性冲突，尤其是法院司法审查在刑事合规中的程序和功能层面均存在缺位，无法在信息数据动态风险治理中发挥刑事合规整体效能，需从归责模式、实体法依据和运行程序三个层次进行理性反思。

（一）逻辑基础：以组织体责任为核心的二元归责模式

单位犯罪归责模式是企业刑事合规的理论基础。我国传统单位犯罪归责模式为一体化的自己责任，而在三批刑事合规试点的14件典型案例中（见表7），单位犯罪共11件，数据合规典型案例及其他9个案例均为一元归责模式，但其中第三批典型案例中F公司、严某某、王某某提供虚假证明文件一案，采用单位和自然人二元归责模式，即在合规考察合规后对F公司作出不起诉决定，对个人提起公诉，法院判处严某某有期徒刑二年、罚金十万元，王某某有期徒刑一

---

① 储槐植、闫雨：《刑事一体化司法适用若干问题探讨》，载《刑法论丛》2013年第2卷。

年六个月缓刑二年、罚金八万元。此案例与"我国企业合规第一案"的裁判理由和结果相符，体现出刑事合规视域下对传统单位发展归责理论的挑战和反思。

表7 最高人民检察院发布的三批刑事合规典型案例处理结果统计表

归责模式		涉案主体	处理结果	数量	占比
单位犯罪	一元模式	公司 个人	对公司和个人作出不起诉决定	7	50%
		公司 个人	判处公司罚金，个人有期徒刑缓刑，并处罚金	2	14.2%
		公司 个人	公安根据检察机关建议撤案	1	7.1%
	二元模式	公司 个人	对公司相对不起诉；对个人提起公诉，法院判处有期徒刑二年、罚金十万元	1	7.1%
自然人犯罪		个人	对公司合规整改，对个人作出不起诉决定	3	21.4%

在刑事合规"共治"理念的影响下，单位犯罪责任的认定模式应从之前的一元模式向"组织体责任论"为核心的二元模式转变。① "组织体责任论"认为在有责性层面，应当以客观责任为责任核心，通过单位制订、落实合规计划的情况确定单位的责任。② 在组织体责任的模式下，涉罪单位和涉罪单位成员应是相互独立的犯罪主体，应分别就自己的行为承担刑事责任。在二元模式下，单位责任的判断逻辑为个人—企业的平行结构，对个人责任仍然根据传统的刑法原则进行认定；按照组织体过错责任，企业的犯罪行为按照"危害结果发生→企业合规实施情况、是否违反相关的注意义务→确定企业的刑事责任"的顺序认定。所以，二元模式的企业责任整体上呈现出客观化与推定化。

---

① 周振杰：《刑事合规视野中的拒不履行信息网络安全管理义务罪》，载《河南警察学院学报》2022年第2期。

② 耿佳宁：《单位固有刑事责任的提倡及其教义学形塑》，载《中外法学》2020年第6期。

(二)实体正当性：基于刑法教义学的合规出罪模式

从实体法维度审视，现阶段刑事合规试点是以检察院为主导的合规考察模式。在三批共14个刑事合规典型案例中（见表7），合规阶段均为事后合规，经考察后合规程序性出罪共11件，占比76.9%。其中，不起诉案件10件，公安机关撤案1件；合规量刑激励，即认罪认罚从轻处罚2件，占比15.4%。从信息数据刑事合规功能审视试点模式，事后合规无法周延积极的一般预防功能，重程序、轻实体难以发挥刑事合规整体效能。"刑事合规包括实体规则与形式规则之整体。"[①] 所以应在刑事一体化理念下，从刑事实体法规范解释合规出罪的合法性，在此基础上分析基于司法审查的合规出罪模式和量刑激励。

1.基于刑法教义学的三种实体法出罪模式

法教义学的重要功能在于适度调整规范与所规范事实之间的距离，借由解释把新的社会事实、新的司法改革实践及经验吸纳入规范的内涵。[②] 在现行《刑法》和《刑事诉讼法》未对刑事合规作出规定时，应从刑法教义学解释合规出罪和激励的实体法基础，以及由此产生的实体法路径，避免抵牾刑法原理。结合信息数据犯罪和合规管理的特点，除了程序出罪的检察机关合规考察免责模式，实体法意义的信息数据合规出罪模式[③] 主要有以下三种：

（1）主观罪过免除模式。此种模式是被告人提出事先合规抗辩的审查模式，企业通过事先建立和实施有效合规计划，来证明自身对于关联人员所实施的犯罪行为不存在主观罪过，从而阻却其犯罪构成的合规出罪模式。基于组织体责任论的立场，根据企业合规情况推断主观罪责，决定是否构成单位犯罪，并在此基础上厘清个人责任与单位责任。事先有效的合规治理，作为单位不具备"犯罪意志"的实质内容，阻却了单位犯罪构成要件的符合性，是消极抗辩事由。[④] 英国2011年《反贿赂法》中的"商业组织预防贿赂失职罪"规定：如果商业组织能够证明其已制定了较完备的程序以防止行贿发生的，不构成本罪。[⑤]

---

① 孙国祥：《涉案企业合规改革与刑法修正》，载《中国刑事法杂志》2022年第3期。
② 姜涛：《企业刑事合规不起诉的实体法根据》，载《东方法学》2022年第3期。
③ 陈瑞华：《企业合规出罪的三种模式》，载《比较法研究》2021年第3期。
④ 孙国祥：《涉案企业合规改革与刑法修正》，载《中国刑事法杂志》2022年第3期。
⑤ 邓若迅：《英国贿赂罪改革研究》，载《中国刑事法杂志》2012年第3期。

在我国司法实践被称为企业合规抗辩第一案的"雀巢员工侵犯公民个人信息案"①中，法院以雀巢公司管理制度和员工培训手册为依据，认为该案单位不具备犯罪的主观意志，排除了单位犯罪故意，从而认定为自然人犯罪。据此，在司法审查中，如果网络服务提供者事先积极、有效实施刑事合规计划，而员工以单位名义实施犯罪的，则不应认定为单位犯罪，只需追究关联自然人的相关刑事责任。

（2）惩罚必要性免责模式。此种模式为法院独立启动合规整改的审查模式，②是以企业构成单位犯罪为前提，以事后合规减轻或免除刑事责任，从而激励企业构建合规体系。事后合规出罪是一种功能责任论的立场，功能责任论立足于社会学上的功能发挥与经济学上的成本效益分析，③在规范责任论基础上，补充进预防性处罚必要性的因素，主张刑罚适用的有效性，力主最大化减少刑事责任追究带来的负面效应。刑法理论中主张功能责任论的观点主要有基于法益恢复性的免责、基于有效预防犯罪的免责、犯罪合作免责、认罪认罚免责等，都是强调犯罪预防效果的最大化和刑罚负面效应的最小化，也都是预防性惩罚必要性判断的范畴。我国《利用网络信息犯罪解释》第15条的规定④中可作为免予刑事处罚的情节也为惩罚必要性免责提供了规范依据。因此，在事后以有效的合规整改进行法益侵害恢复，修正完善相关制度预防再犯罪，结合认罪认罚等因素，可因不具惩罚必要性而免除其刑事责任。

（3）法定管理义务履行模式。与前两种模式相比，此种模式是以刑法规定了纯正的不作为犯罪为前提，将法定管理义务赋予强制合规的规范功能，以"不合规即入罪"的反向激励促进企业实施有效的合规管理体系。我国信息数据犯罪中的拒不履行信息网络安全管理义务罪的增设就是法定管理义务履行模式的典型，按立法原意，可以因积极合规整改而免责，不构成犯罪。但由于该罪的无罪抗辩一般是在立案之前，故此种实体法出罪模式不是以司法审查为主导的。

---

① 参见（2016）甘0102刑初605号刑事判决书、（2017）甘01刑终89号刑事裁定书。
② 陈瑞华：《法院推动企业合规整改的制度模式》，载《中国应用法学》2023年第4期。
③ 姜涛：《企业刑事合规不起诉的实体法根据》，载《东方法学》2022年第3期。
④ 综合考虑社会危害程度、认罪悔罪态度等情节，认为犯罪情节轻微的，可以不起诉或者免予刑事处罚；情节显著轻微危害不大的，不以犯罪论处。

2. 基于实体法和程序法的多层次刑事合规激励

实体法意义上的合规激励还体现在量刑中的刑罚和罚金减免激励。《美国联邦组织量刑指南》规定，如果企业建立了有效的合规体系，那么其最高减刑幅度可达 95%；反之，将会处以高额的罚金，以督促企业实施有效刑事合规。[①]我国也有因合规评估合格而量刑宽缓的刑事合规典型案例，但是合规量刑激励存在标准不一、不具可预测性的问题。

据此，可参考域外经验并结合我国司法实践构建多层次的信息数据刑事合规激励体系。第一层次为合规出罪激励，包括基于程序法的合规考察免责模式，基于实体法的主观罪过免除模式、惩罚必要性免责模式和法定管理义务履行模式。第二层次为合规量刑激励，根据网络服务提供者合规计划制订和实施的具体情况可以从轻或减轻刑罚、予以相应幅度的罚金减免。同时设置正向激励和负向激励机制，通过多层次合规激励体系促使网络服务提供者将法律义务制度化、内控化、长效化，实现数据犯罪的动态治理。

（三）程序正当性：基于刑事一体化的司法审查运行逻辑

从程序维度审视，基于合规有效性考量，前述三批典型案例中刑事合规从启动、评估到考察的完成程序集中于检察机关审查起诉阶段，合规考察时间普遍较短。其中考察期限六个月以下的占比 85.7%，其中二个月、三个月的共 7 件，占比 50%，五个月、六个月共 5 件，占比 35.7%，十二个月和指定期限（至重启上市前）的各 1 件。而其中数据合规典型案例的合规考察期限仅为三个月，凸显出合规管理的长期性和信息数据犯罪的动态治理与考察期限过短的矛盾。此外，从司法权运行考量，"这种合规不起诉的司法行动仍是一种零星化、碎片化的个体行为，其能否运转，主要取决于检察院的个体意志，尚无统一的国家层面的执行标准与立法依据"。[②] 检察院主导的合规不起诉被学界质疑缺乏司法权力制约，可能存在权力寻租、合规腐败或随意选择[③]的问题，且有违反

[①] 参见李本灿：《刑事合规理念的国内法表达——以'中兴通讯事件'为切入点》，载《法律科学（西北政法大学学报）》2018 年第 6 期。

[②] 卫跃宁：《由"国家在场"到"社会在场"：合规不起诉实践中的法益结构研究》，载《法学杂志》2021 年第 1 期。

[③] 孙国祥：《涉案企业合规改革与刑法修正》，载《中国刑事法杂志》2022 年第 3 期。

罪刑法定原则之嫌。需从刑事一体化内外协调的要求探讨刑事合规的理性运行逻辑，使之融入刑事诉讼的程序和罪刑法定的边界，与我国现行刑事法制实现机理兼容。

基于司法权运行逻辑，法院主要对"主观罪过免除""惩罚必要性免责"两种模式的合规出罪进行司法审查，还需在检察院"合规考察免责"模式中做好程序衔接和功能协同。

1. 基于合规有效性实质判断的程序衔接

信息数据合规考察和审查均需实质性审查判断，警惕"刑事合规陷阱"，即公司在实施单位犯罪之后，欲以虚假合规承诺或形式合规实现合规出罪和量刑激励。试点典型案例中均为考察合格的合规案例，但是如果合规考察不合格，则需依法提起公诉。在法院司法审查过程中，除了依法审查定罪量刑，还应对合规有效性进行实质性审查判断。基于合规激励的功能协同，如发现虚假合规、形式合规，或作出刑事合规企业再次实施单位犯罪的，则应当禁止再次适用合规激励，并加重处罚，以实现负向激励。

2. 基于罪刑法定原则的程序衔接

在理论界，可能判处三年以上有期徒刑的重罪案件应适用何种合规激励，是否可以适用合规不起诉出罪存在争议。有学者认为可以通过附合规整改条件的附条件不起诉实现更广范围的程序出罪。① 但是从实体法角度和合目的分析，在构成单位犯罪且造成严重法益侵害的情况下，如以合规计划实施就作出相对不起诉的决定，有违背罪刑法定原则之嫌。刑事合规的目的在于积极的一般预防功能，但这种预防的观念不能逾越罪责原则设定的边界，如若在不起诉后不能形成长效监督机制，反而会弱化预防目的。而基于信息数据犯罪的动态治理和罪责刑相适应原则，重罪刑事合规案件应在合规考察的基础上进入司法审判程序。基于合规激励的协同功能，在司法审查中应根据合规情况在量刑时从刑罚和罚金体现正向激励和负向激励，如积极进行合规整改，则应从轻或减轻处罚。与此同时，第三方监管机构或行政机关的监管应延续至审判阶段，实现动态监管，以此推进刑事合规激励在刑事诉讼过程中的功能协同和法秩序统一，

---

① 王颖：《刑事一体化视野下企业合规的制度逻辑与实现路径》，载《比较法研究》2022年第3期。

构建权责明晰、程序贯通、覆盖全流程的信息数据犯罪"三位一体"的协商性治理体系（见图2）。

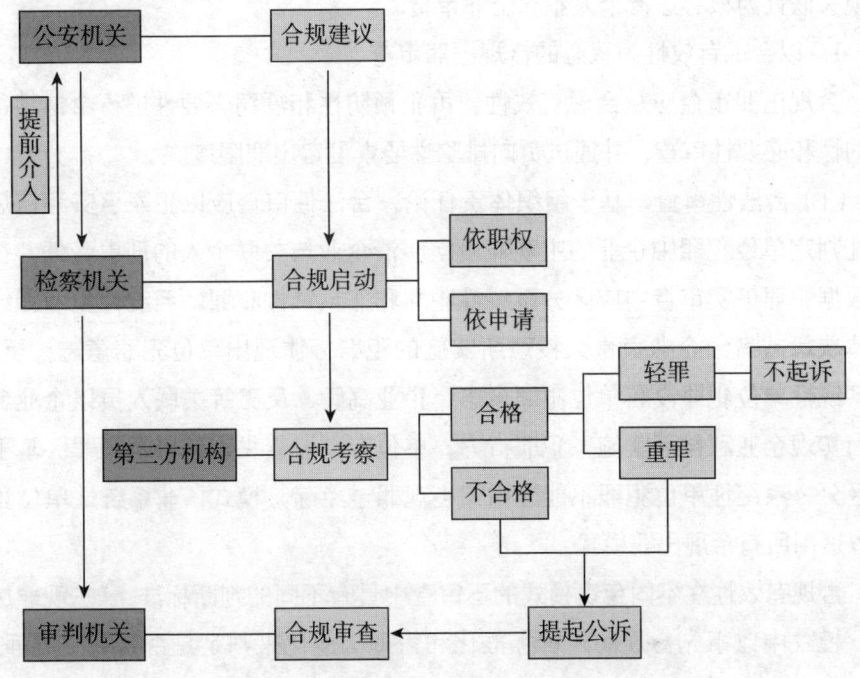

图2 刑事一体化下合规考察模式的司法审查衔接路径

五、信息数据刑事合规的审查标准和路径

在信息数据刑事合规司法审查中，应通过刑事合规有效性审查判断企业刑事责任，充分发挥合规正向和负向激励机制，实现合规出罪和激励功能。在合规出罪激励中，进行合法性、合目的和必要性的协商性审查；在合规量刑激励中，以合规有效性主观罪责为核心，进行分级量化的合规量刑评价，构建信息数据犯罪协商性共治体系。

（一）基于二元规则模式的合规出罪协商性审查

在以组织体责任为核心的二元归责模式下，网络服务提供者的事先合规计划及其是否有效实施，可以成为判定主观罪过和罪责的客观依据。为避免法院、检察院合规出罪的恣意性，基于企业—个人二元平行归责结构和企业责任客观化的原则，应以合规有效性为核心进行网络服务提供者的合规出罪审查，并以合规关联性为核心进行个人犯罪出罪审查。

1. 以合规有效性为核心的合规出罪审查

合规出罪审查应从合规有效性、再犯预防性和惩罚必要性进行合法性、合目的性和必要性审查，并通过负向排除性要素设定出罪限度。

（1）合法性审查。基于组织体责任论，合法性审查应以犯罪事实和合规有效性判定单位犯罪中企业的主观罪责，厘清企业与关联个人的刑事责任。在信息数据犯罪事实审查中应区分系统性犯罪和非系统性犯罪。系统性犯罪即经过集体决策或者经企业负责人授意所实施的犯罪，体现出单位犯罪意志；反之，非系统性单位犯罪没有单位犯罪意志，企业高管、员工等关联人员以企业名义并为实现企业利益而实施了犯罪行为，单位存在监管失职的单位犯罪。基于这种区分，系统性单位犯罪不能适用"主观罪过免除"模式，非系统性单位犯罪可以适用所有合规出罪模式。

合规有效性在不同免责模式的不审查中具有不同的判断标准，"主观罪过免除"模式中以事先合规的内容标准化和管理沟通化来判定是否具有主观罪过。其中，是否具体良好的内部沟通系统是重要考量因素。在这个意义上，合规成为"政策""组织结构"等概念的规范性表达，成为认定公司罪责是否存在的核心要素。[①]而在"惩罚必要性免责模式"中以事后合规的法益恢复和合规整改为标准，在法益完全恢复和合规整改的情况下，依据法益恢复理论可以作为免责的事由之一。故此，基于合规有效性判定的排除性要素为事先虚假合规、形式合规，事后法益部分恢复或部分整改。

（2）合目的性审查。合目的性审查是基于积极一般预防功能的再犯预防性审查，并以此判断网络服务提供者是否存在主观过失。"主观罪过免除"模式中，事先合规预防有效性是从执行和监督制度方面判断信息数据合规是否有效监管，是否采取监测、举报、惩戒或纳入绩效考核等机制严格执行合规标准和计划。只有在同时具备合规有效性和再犯预防性的情况下才可以否定单位犯罪

---

① 李本灿：《我国企业合规研究的阶段性梳理与反思》，载《华东政法大学学报》2021年第4期。

意志而阻却犯罪。如果制订了合规有效的合规计划，但由于监管制度或者技术措施存在漏洞导致信息数据犯罪的，则网络服务提供者存在主观过失。在"惩罚必要性免责模式"中的事后合规预防有效性是在积极整改的基础上查补漏洞、整改完善制度。

（3）必要性审查。必要性审查是在"惩罚必要性免责"模式中，基于功能责任论和公共利益衡量来判断惩罚必要性。具体来说，主要考量网络服务提供者的企业性质、认罪认罚情况以及信息数据犯罪法益侵害程度等综合判断合规出罪的必要性。据此，不认罪认罚的、法益侵害严重的重罪案件为排除性要素。

2. 以合规关联性为核心的个人出罪审查

在二元归责模式下，一般情况下，信息数据犯罪中网络服务提供者合规出罪的，应对直接责任人员单独追究刑事责任，犯罪的责任人员并不当然出罪。个人出罪也应遵循合规出罪三层次审查的原则，从合法性考量是否属于犯罪情节轻微，从认罪悔罪态度等情节审查出罪必要性，在合目的性审查时，应重点考量责任人员的合规关联性，根据合规关联性理论，[①] 直接责任人员如果在企业合规中发挥实质性的作用，就可以从轻、减轻处理或者免责。实质性作用包括两个方面：一是积极参与了企业合规整改活动，推动合规计划的制订和运行；二是企业合规经行政机关、第三方监管机构评估验收达到合规程度，企业建立了行之有效的合规管理体系，可以有效达到预防再犯的效果。

（二）合规量刑激励：基于合规有效性主观罪责的分级量化评价

由于刑事合规具有负担性，在我国普遍未建立企业合规尤其是事前合规的背景下，在合规量刑激励中，为防止随意性和混乱性，规范量刑合规激励层次和幅度，应根据刑事合规有效性等级，结合我国量刑指导意见并参考《美国联邦组织量刑指南》，对量刑合规激励进行量化分级评价。

1. 基于合规有效性分级的主观罪责量刑要素

以组织体责任为核心的二元归责模式中，合规有效性是判断企业主观罪过和是否出罪的客观标准，而在合规量刑激励中也需要通过合规有效性等级来确定主观罪责。故可根据前述表6合规有效性分级，结合信息数据犯罪特殊性设

---

① 陈瑞华：《有效合规的中国经验》，北京大学出版社2023年版，第189页。

立主观罪责量刑要素和相应的增减幅度，基于事前合规有效性，从低到高可以分为标准化、沟通化、执行性和监督性四个层次；基于事后合规有效性，可以分为执法协助、法益恢复和再犯预防三个层次。对虚假合规、形式合规的，以及实施合规后再犯罪的，经责令整改后拒不整改的行为设定负向量刑要素和增加幅度。原则上，事先合规可以从轻、减轻或免除处罚，事后合规可以从轻、减轻处罚。具体如表 8 所示：

表 8 合规有效性主观罪责量刑要素表

合规阶段	量刑要素	具体情形	增减幅度
事先合规正向要素	标准化	建立信息数据合规要素标准和技术标准及制度	根据合规程度可以减少 10%~30%
	沟通化	组织信息数据合规制度培训，向员工有效普及和沟通	根据合规程度可以减少 10%~20%
	执行性	设置信息数据合规管理人员或机构，通过监测、举报等措施执行合规计划	根据合规程度可以减少 10%~30%
	监督性	信息数据合规纳入绩效考核和惩戒机制	根据合规程度可以减少 10%~20%
事后合规正向要素	执法协助	断开链接、停止传输、及时通知并删除已发现的违法信息，提供证据材料	根据执行协助的时间和效果可以减少 10%~20%
	法益恢复	技术性恢复、损害补救、赔偿损失	根据法益恢复的程度和时间可以减少 10%~30%
	再犯预防	为预防再犯修改合规计划，完善技术措施，填补技术或管理漏洞	根据再犯预防的措施和时间可以减少 10%~30%
负向要素	有效合规	虚假合规、形式合规	根据具体情节增加 10%~40%
	再犯预防	实施合规后再犯罪的	根据犯罪的时间和法益侵害程度增加 20%~40%；并不得再适用合规激励
	法益恢复	经责令整改后拒不整改的	根据具体情节增加 10%~30%

2.合规量刑分级量化评价

基于合规量刑激励,应在合规有效性等级判定基础上结合量刑要素进行三步走:

(1)确定犯罪基准等级。以信息数据犯罪(大多数犯罪法定最高刑为七年)的起刑点为基准确定六个犯罪等级,根据我国罚金适用的金额和法益侵害程度来确定相应的量刑幅度,并匹配相应的主观罪责指数基准和法定、酌定情节罪责指数基准。量刑审查应以形式审查和实质审查相结合,综合考量信息数据单位犯罪的主观恶性、犯罪数额、犯罪情节、损害后果、违法所得等情节,以自然人犯罪的量刑幅度确定犯罪基准等级。具体如表9所示:

表9 犯罪基准等级对照表

犯罪等级基准	自然人量刑幅度	罚金幅度	主观罪责指数基准	法定、酌定情节罪责指数基准
一级	有期徒刑一年以下	5万~10万元	1	1
二级	有期徒刑一年至二年	10万~15万元	1	1
三级	有期徒刑二年至三年	15万~20万元	1	1
四级	有期徒刑三年至四年	20万~30万元	2	1
五级	有期徒刑四年至五年	30万~40万元	2	1
六级	有期徒刑五年至七年	40万元以上	2	1

(2)确定自然人罪责指数和刑罚。对自然人的处刑,应以犯罪基准等级为基础,根据合规关联性和法定、酌定量刑情节要素(见表10)进行正负因素考量,确定罪责指数和宣告刑。对积极参与合规的、在合规整改中发挥重要作用的自然人,可以从轻、减轻处罚或适用缓刑。

表 10 法定、酌定量刑情节表

类型	种数	具体情节	量刑增减幅度	
轻处情节	1	自首（可以减少）	（0~40%） 犯罪较轻的（40%~ 免除处罚）	
	2	立功（可以减少）	一般立功	（0~20%）
			重大立功	（20%~50%） 重大立功+犯罪较轻（50%~ 免除处罚）
	3	坦白（可以减少）	如实供述自己罪行	（0~20%）
			如实供述尚未掌握的同种罪行	（10%~30%）
			如实供述自己罪行避免特别严重后果	（30%~50%）
	4	退赃+退赔（可以减少）	（0~30%）	
	5	有赔偿+有谅解（可以减少）	（0~40%）	
		有赔偿+无谅解（可以减少）	（0~30%）	
		无赔偿+有谅解（可以减少）	（0~20%）	
认罪认罚	1	根据认罪阶段不同（根据犯罪性质、罪行轻重、认罪程度及悔罪表现可以减少，依法认定自首、坦白的除外）	当庭自愿认罪（0~10%） （0~30%）	
	2	自首、重大坦白、退赃退赔、赔偿谅解、刑事和解、羁押期间表现好等情节（可以减少）	（0~60%） 犯罪较轻的（60%~ 免除处罚）	
	3	与自首、坦白、当庭自愿认罪、退赃退赔、赔偿谅解、刑事和解、羁押期间表现好等情节	不作重罪评价	
重处情节	1	累犯（应当增加）	（10%~40%），一般不少于 3 个月	
	2	前科（可以增加）	（0~10%）	

（3）确定单位罪责指数和罚金。对单位处以罚金，首先，应以犯罪基准等

级（见表9）为基准，先参照合规有效性主观罪责要素（见表8），以"主观罪责指数（x%）= 主观罪责指数基准 + 要素增减幅度"的公式来计算出主观罪责指数。根据主观罪责指数的增减幅度来确定最终犯罪等级幅度，据此，企业事前合规有效的主观罪责指数减1，犯轻罪的因主观罪责指数为0可以否定主观犯罪意志而出罪，犯重罪的可以减轻处罚。

其次，综合考量法定、酌定量刑要素计算出要素指数（y%），最终以"最终犯罪等级罚金幅度 ×1+（x%+y%）"计算出最终的罚金数额幅度。如此，通过有效合规可以从刑罚和罚金两个层次从轻、减轻或免除处罚。当然，如果存在经营困难等情况的，可以适当减少罚金。

通过量化分级的刑罚和罚金合规激励为网络服务提供者提供信息数据合规激励的预期，发挥刑事合规的正向和负向激励功能，促进企业主动进行刑事合规，建立标准化、覆盖全生命周期的信息数据安全合规管理体系，切实履行防范信息数据安全风险的主体责任。真正实现信息数据安全领域企业自治与行政机关监管、司法机关规制功能互补的多元协商性共治。

六、结语

在新时代，面对信息数据犯罪的迭变和风险挑战，需引入刑事合规制度为刑法规制提供功能补给。从刑事一体化视域下反思合规激励模式和司法审查功能，法院需对事先合规"主观罪过免除"模式和事后合规"惩罚必要性免责"模式进行司法审查，还需在检察院的"合规考察免责"模式中基于合规不合格和重罪合规做好程序衔接和功能协同，并在合规出罪和量化激励中进行协商性审查。以期以信息数据合规推动行业合规，并为我国刑事合规试点模式的改革发展和法院助力治理能力现代化提供有益借鉴。

新时代枫桥经验与基层社会治理

乡村振兴视野下基层法院参与社会治理的路径探寻
——以福建罗源法院"无讼畲乡"治理模式为样本*

池开通**

内容提要：诉源治理是新时代创新发展"枫桥经验"的法院样板，其核心价值在于运用"非诉"机制从源头上化解人民群众的矛盾纠纷，引领社会治理体制改革。随着国家和社会对于乡村振兴的高度重视，基层法院参与社会综合治理的地方实践日益增多且受到广泛关注。在实践中，基层法院究竟能够扮演怎样的角色，如何进一步延伸司法服务职能，以更好地推动诉源治理并促进乡村振兴，成为研究重点。在乡村振兴的背景下，基于福建省罗源县人民法院"无讼畲乡"治理模式典型案例，探讨推动新时期由党委、政府牵头统筹诉源治理，整合多方力量，构建分工负责、梯次化解、诉非衔接的矛盾纠纷化解体系，为基层法院更好参与基层社会治理、助推乡村振兴提供有益参考，为推进乡村社会治理体系和治理能力现代化提供新的路径。

关键词：无讼畲乡；社会治理；公共法律服务

乡村是社会治理体系中最基本的要素，也是服务群众的最后一公里，乡村治理体系的完善是国家治理体系和治理能力现代化的重要基石。党的二十大报

---

* 基金项目：本文系2021年度国家社科基金重大项目"民事司法程序现代化问题研究"（项目批准号：21&ZD205）的阶段性研究成果。

** 作者信息：福建省罗源县人民法院党组书记、院长。

告明确提出"全面推进乡村振兴",强调"建设宜居宜业和美乡村"。① 这为我们加强和创新城乡治理提供了根本遵循,同时也是新时代"枫桥经验"创新发展的重要方向。当前我国各项改革已经进入深水区,必将涉及诸多利益关系调整,触及更多深层次矛盾纠纷,仅凭法院一家之力难以有效应对,创新社会治理显得尤为迫切。本文以福建省罗源县人民法院(以下简称罗源法院)的"无讼畲乡"司法实践为样本,考察乡村社会纠纷解决机制的文化底蕴和实践基础,探讨诉源治理工作由"法院主导"上升为"党委、政府牵头"的实现路径及具体举措,以期进一步完善诉源治理机制、细化操作规程,为乡村治理提供可复制、可推广的矛盾纠纷化解新模式。

一、实证考察:罗源县畲族的基本状况

畲族是一个具有悠久历史的民族,是我国典型的散居民族之一,也是我国人口较少的民族之一,散居在我国东南部福建、浙江、安徽、江西、广东省境内,其中 90% 以上居住在福建、浙江广大山区。畲族文化有自己独特的风格。罗源县作为畲族人口的聚居地,总人口 26 万,其中畲族人口 2.2 万,占全县总人口的 8.1%,畲族人口相对数位居全省第三、全国第四,是福建省、浙江省畲族文化主要发祥地。近年来,罗源县以"共同团结奋斗、共同繁荣发展"为工作主题,以推动传统文化"立"起来、"活"起来、"兴"起来为着力点,推进畲族文化保护传承工作不断取得成果。然而,畲族在乡村振兴发展的过程中亦出现一些问题。

一是畲族乡村由于生活节奏加快,造成原有畲族传统礼俗不断淡化、简化、弱化。在交通方便的畲村,民族服装已经很难见到,婚礼普遍穿婚纱,传统民俗受到严重冲击。健在的能编能唱的畲族歌手屈指可数,部分畲民传统观念淡

---

① 有关乡村治理的内容,党中央已多次提及并不断深入发展,如党的十六届五中全会提出的"生产发展、生活宽裕、乡风文明、村容整洁、管理民主"社会主义新农村建设目标和要求。新时期以来,党的十九大报告更明确提出要实施乡村振兴战略,完善自治、法治、德治三者相结合的乡村治理体系。党的十九届四中全会进一步强调:"健全党组织领导的自治、法治、德治相结合的城乡基层治理体系""加快推进市域社会治理现代化"。党的二十大报告提出,健全城乡社区治理体系,及时把矛盾纠纷化解在基层、化解在萌芽状态。

化，不热心族内的文化活动。

二是畲族公共文化设施因年久失修，保护不力，毁坏现象普遍存在。主要是对畲族古建筑保护力度不够，由于畲村相对规模小、人少，财力有限，绝大多数畲村祠堂、宫观存在不同程度的破损情况。

三是畲医畲药、武术、手工艺等畲族非物质文化遗产面临失传边缘。大量年轻畲族人涌入城镇务工，专心学医，专注武术等畲族技艺的人数少之又少。手工艺面临的情况更坏，就罗源县而言，目前畲族传统服装和打制民族银饰的传承人只有2人，如果不采取有力措施，再过若干年畲医和畲族手工艺术可能面临失传。

四是由于畲族地区相对封闭，畲族民众没有自己的文字，导致对外沟通交流较少，其矛盾纠纷的处理及社会治理体现出本民族的一些特殊性，例如民众普遍存在厌讼心理、具有浓厚家族制的"族老制"纠纷解决机制等。这些社会治理方式一方面有效促进了畲族群众之间的和谐，另一方面畲族延续下来的部分纠纷处理习惯与新时期我国的法律法规也存在一些差异性。

畲族人民具有自己独特的文化和精神风貌，具有优良的民族传统，其历史文化具有较高的旅游和研究价值。因此，如何保护畲族珍贵的文化资源、深入挖掘畲族的无讼法律文化，成为不可避免、迫在眉睫的现实问题。

二、探源溯流："无讼畲乡"治理的理论基础及价值功能

法理基础是探讨诉源治理的前提与根本。作为一种乡土社会纠纷解决机制，罗源法院针对畲族乡村治理提出的"无讼畲乡"治理模式有着深厚的理论基础和价值功能。

（一）文化底蕴：传统"无讼"文化的影响

"无讼"作为传统法律文化的核心价值取向之一，有着深厚的文化历史底蕴。独特的地理环境使血缘氏族在文明社会中被延续下来，形成家国同构、家

庭本位的社会模式，这就为"无讼"传统奠定了社会基础。① 除了社会和制度方面，思想领域的"无讼"传统亦由来已久。②

事实上，"无讼"不仅有思想及文化上的理论支撑，而且有公权力的强力倡导。"州县官为民父母，上之宣朝廷德化，以移风易俗，下之奉朝廷法令，以劝善惩恶……由听讼以驯至无讼，法令行而德化与之俱行矣。"③ 国家对于"无讼"的倡导与宣扬，与儒家哲学相契合，也与民间社会的民众观念保持了一致，进而获得了强大的发展活力。传统中国"无讼"基因通过官方和民间的不断传承，时至今日，仍历久弥新。在社会主义法治国家建设中，既要注重借鉴域外的先进法律制度，又要传承与弘扬我国优秀传统法律文化。"无讼"文化作为传统法律文化的最重要价值取向之一，对于人们具有道德教化的积极意义，更为"无讼畲乡"治理奠定了坚实的文化基础。

（二）价值追求："公正与效率"是人民司法的核心要义

化解矛盾纠纷的主要价值是追求公平正义。随着我国经济社会的不断发展，社会主要矛盾也转化为人民日益增长的美好生活需要和不平衡不充分的发展之间的矛盾，具体到基层社会治理领域，主要体现为人民群众日益增长的多元司法解纷需求和基层法治建设发展不平衡不充分之间的矛盾。④

"努力让人民群众在每一个司法案件中感受到公平正义"始终是新时代司法的一个基本原则，也是不变的价值追求。诚然，作为诉源治理机制之一，"无讼畲乡"治理模式中所倡导的"无讼"理念将不可避免地面临与司法效率的"碰撞"。但是二者的矛盾并非不可调和，效率更加强调通过不断减少和降低诉讼成本，提高司法效率，让当事人更加便利地行使诉权、保护权利、救济困局。而公正则更加强调真正意义上的案结、事了、人和的一种良好司法局面。法院大力推进诉源治理并将其纳入各级地方政府平安建设考评体系，并非将矛盾纠纷

---

① 于语和、秦启迪：《家法族规中的"无讼"法律传统》，载《江苏社会科学》2018年第3期。
② 例如，老子的"不尚贤，使民不争。不贵难得之货，使民不为盗。不见可欲，使民心不乱"以及孔子的"听讼，吾犹人也。必也使无讼乎"等思想，均表明了"无讼"传统的思想萌芽。
③ 参见雍正：《钦颁州县事宜》。
④ 李少平：《传承"枫桥经验" 创新司法改革》，载《法律适用》2018年第17期。

"拒之门外"。事实上，诉源治理不仅让纠纷当事人根据案件情况选择最适宜的解纷方式，而且为诉非衔接提供了制度范式，使正义不仅以看得见的方式实现，还尽快得到了实现。

（三）理念转变：坚持以人民为中心的治理理念

人民群众是历史的创造者，是实践的主体。因此，基层社会治理领域应将以人民为中心作为基本导向和价值追求。现代社会治理理论主张，社会治理应由多元主体共同参与，并适当运用平等、合理协调机制，有效表达利益、综合利益、协调利益，充分调动一切积极因素，促进公民、企业、政府、社区、社会组织等主体间的互动协同，整合并增进资源优势，最终实现公共利益最大化。① 非诉解纷理念恰恰是中国传统和谐理念和现代社会国家治理体系建设的有机融合。② 新时代下，国家治理的领域和层次不断深入。在党中央乡村振兴政策的指导下，更加强调农民群众的主体地位和根本利益的维护，为此，需要精准把握乡村振兴政策的各个环节与阶段，根据不同乡村、不同治理领域的实际情况，从原来具有普遍性、一般性的治理领域不断向更为具体的治理领域转变，确保对乡村社会各项事业的全方位、深层次治理。由此，乡村治理不断向精细化治理转型。

司法理念并不是一成不变的，随着社会主要矛盾的变化，司法资源分配的不平衡、发展的不充分与人民群众日益多元的解纷需求之间的矛盾愈加明显。根据新形势与新变化，法院坚持"以人民为中心"的司法理念不断得到深化落实。各地也不断创新提出各种新基层治理模式，有力地化解了各种矛盾风险。《人民法院第五个五年改革纲要（2019—2023）》提出"完善'诉源治理'机制，坚持把非诉讼纠纷解决机制挺在前面，推动从源头上减少诉讼增量"的要求。诉源治理是引领社会体制改革、创新社会治理方式、提高社会治理现代化水平的"一把钥匙"，具体是指从引发社会问题的根源着手的一种社会治理方式，一个重要的路径就是重视疏导化解、探究社会纠纷的起因。③ 因此，治理理念的变化，必然要求法院延伸司法职能、整合解纷资源、深挖无讼文化，以实

---

① 王春福：《多元治理模式与政府行为的公正性》，载《理论探讨》2012年第2期。
② 龙飞：《论国家治理视角下我国多元化纠纷解决机制建设》，载《法律适用》2015年第7期。
③ 徐汉明：《习近平社会治理法治思想研究》，载《法学杂志》2017年第10期。

现自治与法治的融贯，缓解形式正义与实质正义的内在张力，促成自治、法治、德治的基层社会治理模式建构。①

三、检视探究："无讼畲乡"治理的实践基础

任何法律制度和司法实践的根本目的都不应当是确立一种威权化的思想，而应是解决实际问题、调整社会关系，实现一种制度上的正义。②畲族乡村社会矛盾更富乡土性与地域性，仅仅依靠司法裁判来解决矛盾纠纷，难以完全调和。因此，往往需要根据乡村社会的矛盾变化来采取不同的纠纷解决方式。随着乡村振兴战略的提出及《乡村振兴促进法》的实施，乡村治理改革不断深化，不仅对乡村治理的模式提出了新要求，而且乡村治理亦展现新的发展趋势。

（一）乡村治理结构向多元协同发展

随着乡村社会结构及利益形态的多元化发展，乡村治理的重心也发生了转变，将不同领域的治理主体、手段融入一个治理体系中，实现治理主体之间的共同参与和协同共治，成为一种必然。但是，政府主导与公众参与有效联动的途径尚未形成。在乡村社会治理中，对公众参与的扶持政策不足、参与渠道有限，限制了治理结构的发育空间。同时，政府各部门与法院之间的治理联动存在欠缺，如司法局、综治办等部门的综合治理与法院的多元化纠纷解决机制之间联动不足，存在"各自为政"的现象。

（二）治理方式和手段不断优化升级

在乡村治理结构多元化发展过程中，对乡村治理方式和手段也提出了更多的新要求。然而，目前的治理方式仍然多延续传统的方式，对于信息化治理方式的应用仍显不足。"互联网+社会治理"机制等在乡村治理中的作用较小，司法调解、诉讼调解及社会组织调解等多元纠纷解决机制的衔接不畅，跨域治理及城乡融合发展的治理格局尚未形成。因此，需要通过基层制度创新来提升

---

① 侯国跃、刘玖林：《乡村振兴视阈下诉源治理的正当基础及实践路径》，载《河南社会科学》2021年第2期。

② 苏力：《法治及其本土资源》，北京大学出版社2015年版，第30页。

基层"微治理"水平。

（三）纠纷解决体系的层次不断多元

在农民的意识中，存在着明确的公私观念，不同性质的纠纷须由不同的调解人来解决，从而形成不同的纠纷控制单位。[1] 部分纠纷，如相邻关系纠纷、村民争吵等纠纷，往往在乡贤或族老的介入下就能够得到解决，但对于承包合同、土地确权等纠纷，仅仅凭借村内的力量有时难以得到妥善解决。因此，根据矛盾纠纷的性质和影响范围，由不同的主体参与到纠纷调解中，往往能够起到事半功倍的作用。乡村社会依靠民间规则调解矛盾，消化了大量的冲突，但并不代表国家力量的缺位，而是建立了一种"官—民"秩序格局。[2] 乡村纠纷调解体系以乡村力量为主，国家力量隐于其中，在关键时刻发挥作用。多层次的纠纷调解体系能够根据矛盾实际情况，及时介入平息矛盾的过程中。[3] 于此，形成了多层次的纠纷调解体系。

四、路径方法："无讼畲乡"治理的运行模式

如何健全完善新时代矛盾纠纷多元化解机制，如何将非诉讼纠纷解决机制挺在前面，如何通过基层治理实现社会和谐与长治久安，这是中国特色社会主义的社会治理创新提出的"时代之问"。[4]"制度设计者必须站在打造社会治理新格局的高位上，加强人民调解制度建设……实现人民调解预防和化解社会矛盾的前哨功能，逐步减少诉讼调解……"[5] 罗源法院构建的"无讼畲乡"治理模式，即是对乡村治理创新的一次有益探索。

---

[1] 杨华、孔琪：《纠纷的控制单位：私的程度与私的身份问题》，载《云南大学学报（法学版）》2008年第4期。

[2] 梁治平：《中国法律史上的民间法——兼论中国古代法律的多元格局》，载《中国文化》1997年第1期。

[3] 雷望红：《动员型调解：乡村纠纷调解体系的适应与重构》，载《南京农业大学学报（社会科学版）》2017年第2期。

[4] 龙飞：《"把非诉讼纠纷解决机制挺在前面"的实证研究——以重庆法院实践为样本》，载《法律适用》2019年第23期。

[5] 李瑞昌：《论社会治理新格局站位下的人民调解制度建设方略》，载《湘潭大学学报（哲学社会科学版）》2018年第2期。

"无讼畲乡"治理模式是罗源法院在总结前期全县涉畲矛盾纠纷多元化解机制经验的基础上，融合地方政府综合治理的成功做法，依托飞竹人民法庭（畲乡巡回法庭）作为"桥头堡"，将治理的着力点锁定在源头，进而由点到面，从全县畲村矛盾化解、文化保护（畲族非物质文化遗产保护）、畲乡振兴层层深入式、沉浸式的基层社会治理新模式。

（一）以"无讼"为立足点，探索诉源治理"四级问诊化讼法"

践行新时代"枫桥经验"，必须紧紧抓住人民法庭这个"牛鼻子"，发挥巡回法庭"桥头堡"作用。如前所述，畲族由于地理位置的特殊性及历史性因素，决定了其民众天然具有"厌讼"的心理。因此，如何把畲民的这种"厌讼"心理向法院所倡导的"无讼"理念进行转变，及时将矛盾纠纷化解在诉前，减轻畲族当事人讼累，实现"让畲族群众足不出户，把纠纷化解在家门口"的目标成为构建"无讼畲乡"治理模式面临的第一道也是最重要的一道关卡。

为解决这个问题，罗源法院在前期对畲民"厌讼"的内在因素及外在影响等原因进行了调研。同时，对于目前大多数法院在诉源治理中大多倾向居主导地位的问题及其可能存在的局限性进行了理性分析。调研组认为，从诉源治理的内涵以及有限的司法资源来看，诉源治理是一项系统治理、协同治理的工程。在诉源治理中，有时候政府行使行政管理职能，相比法院的司法被动性更能发挥治理效果，更应成为主要力量。从宏观诉源治理角度来看，在案件尚未进入诉讼阶段的矛盾纠纷化解中，法院所扮演的角色宜为适当的有限参与、积极辅助；而在案件已经进入诉讼阶段的矛盾纠纷化解中，法院的角色应当是全面参与、履行职责。有效实现矛盾纠纷充分过滤、合理分流、多层次实质化解，仅仅凭借法院一家难以实现效果最大化，需要多方配合，形成合力，才能取得期望的成效。因此，在"无讼畲乡"治理模式的"无讼"方面，罗源法院通过先期建立的"一庭六点"[即一个飞竹法庭（畲乡巡回法庭）+ 六个畲乡巡回办案点]，各个"畲乡巡回办案点"均依托于畲民聚居村落的地理优势，针对村居、乡镇、诉前、审执四个既具有独立性又具有关联性的矛盾纠纷化解阶段进行调解，又通过"病历单"的方式将四个阶段串联调解，逐步探索实践诉源治理的"畲乡版本"。强调法院内外的"大联动、大调解"格局（即对法院的主导权予以淡化，在联动中能够体现法院的作用就达到目标）。构建"乡村调解组织初调解、法官指导+乡镇调解组织联动调解、诉前委托委派调解、审执调解"四层级解纷体系,矛盾纠纷化解前端化、源头化。2021年来,通过"四级问诊化讼法"化解的涉畲纠纷数量达到320余件,案件调撤率达52.1%,近3年来涉畲案件受理数逐年下降,较好发挥了诉源治理的功能。

同时,针对畲族没有自己的文字,而部分畲族老一辈村民又听不懂也不会讲普通话进而导致诉讼不便的情况,畲乡巡回法庭遴选当地部分既懂普通话又懂畲语的调解员参与调解、普法。一方面,确保少数民族村民听得懂、易理解;另一方面,通过语言的共通性缓解部分群众的抵触心理,便利调解工作进行。同时,在涉畲审判团队中配备懂畲语的干警,努力满足畲乡群众的不同司法需求。

(二)以"保护"为发力点,加大涉畲知识产权司法保护力度

"文化是一个国家、一个民族的灵魂。"[①] 文化孕育着民族的生命力、凝聚力和创造力。同时,文化又具有地域性。畲族乡村地区存在不同于其他乡村或城市的文化和习惯,因此,形成了具有民族特色的畲族文化。如何在畲族传统文化和法院文化两种不同的文化定位中寻找契合点,促进文明互通融合,实现资源共治共享,是罗源法院长期思考与探索的问题。

罗源拥有丰富的畲族非物质文化遗产,其中国家级2项、省级4项,国家级"非遗"传承人1位、省级5位。集中展示了罗源畲文化中最具代表性的畲族服饰、畲家拳、畲医药等畲族非遗文化,以及哭嫁、祭祖、对歌等民俗文化。畲乡巡回法庭注重对畲族非物质文化遗产的司法保护,以推动畲族传统文化"立"起来、"活"起来、"兴"起来为着力点,传承畲族文化,携手畲乡发展。一是拟设立"畲族非物质文化遗产司法保护基地"。联动罗源县畲族文化研究会、罗源县非物质文化遗产传承人协会等单位,加大对畲族非物质文化遗产保护的普法宣传,关爱"非遗"传承人的司法诉求,形成全社会共同爱护、共同参与保护畲族非物质文化遗产的良好社会氛围。二是坚持教育性传承。组织"非遗进校园""非遗进社区""非遗进农村"等活动,通过手工技艺动态展示、非遗图片展、畲族服饰展等群众喜闻乐见的形式,进一步加大对罗源畲族

---

① 习近平:《决胜全面建成小康社会,夺取新时代中国特色社会主义伟大胜利》(二〇一七年十月十八日),载《习近平著作选读(第二卷)》,人民出版社2023年版,第33页。

非遗的宣传，提升群众的知晓率与参与率。三是强化畲族古厝的巡护巡查力度。以党建共建等方式联合畲族村居党支部开展针对古厝保护、非物质文化遗产保护等内容的讲座，推进古厝、非遗司法保护与主题党日融合。成立"古厝保护党员巡护巡查队"，定期安排各党支部党员对"雷家大院""兰家大院"等具有畲族特色的古厝进行巡护巡查，入户开展生态司法宣传教育，逐步提升村民保护古厝、非遗的法律意识。2021年来，有关"非遗"方面的宣传活动组织了6场，讲座及巡护18场，发放宣传材料600余份。

为更好地宣传和保护畲族文化，畲乡巡回法庭还分批选派志愿者，积极参与并协助宣传"三月三"畲族风俗文化节、畲族丰收节等畲族传统民俗节日，向社会推广畲族特色文化游等活动；与畲族村居党支部联合开展畲族民族风情采风及学说畲族话活动，从语言、日常生活交流等方面加强与畲族文化的交流与融合。

法院（特别是法庭）在延伸司法服务的过程中，只有更加注重对当地文化的尊重和理解，更加能动地参与到当地文化的发展与传承中，才能在新时期法庭职能重塑中更好地为当地群众提供司法服务。

（三）以"发展"为落脚点，共筑"全国民族团结进步示范区"

乡村社会治理是一项系统性工程，其治理的成效是经济与社会得以健康有序发展的前提与基础。"无讼畲乡"治理模式作为乡村社会治理的一次有益探索，其落脚点必然最终要落脚于民族融合与畲乡振兴。这就必然要求在实践过程中加强与当地政府、畲乡民众以及其他社会组织的协作。只有不断完善自身的职能构建和机制建设，才能确保治理工作的顺利开展。在这个过程中，基层法院的职能和理念需要不断变化和更新。一方面，基层法院需要积极适应乡村振兴的需求，不断拓展自身的功能和服务范围，为当地的经济发展和社会稳定发挥更大的作用。另一方面，基层法院需要始终保持司法公正和公正裁判的原则，维护好司法生态，以人民群众的利益为出发点，促进当地社会和谐发展。

于此，罗源法院在不断探索与总结中，除了在矛盾纠纷的"无讼"化解与文化传承的"保护"上下功夫之外，还采取了以下措施：

首先，贯彻"绿水青山就是金山银山"理念。福建山美、水美，环境宜居指数居全国前列，仅飞竹法庭辖区内就有几大以山水生态美而著称的景点，比如霍口畲山水景区、西兰七境茶园，以及最近于西兰乡甘厝村发现的全国范围内面积最大的天然更新水松群落等。对于生态美的保护，传统的司法理念往往多集中于事后的惩戒，于环境而言收效甚微，如何通过司法途径保护"只此青绿"始终是有识之士时常思索的命题。对此，罗源法院一是在惩罚性司法中贯穿"绿色"理念，对于破坏生态环境的行为及个人，在审判中始终贯穿修复性司法——复绿。二是在延伸司法服务中贯穿"绿色"理念，通过与辖区政府召开讲座、座谈会等方式，提升辖区政府工作人员在乡镇企业、招商引资过程中的绿色理念。三是通过在保护性司法中贯穿"绿色"理念，通过对古树名木的保护及"雷家大院""兰家大院"等畲族非遗古村落的党员巡查、中小学普法宣传等方式，多管齐下，为"只此青绿"进行一些有益探索。

其次，立足民族融合，筑牢中华民族共同体意识。在对畲族群众需求调查研究基础上，结合民族村自治理念，紧紧围绕乡村振兴、社会治理、精神文明创建等重点工作，整合各方资源，以网格化为基本治理单元，联合畲族村党支部成立"石榴籽议事厅"，集合村民议事、文化推介、司法服务等多项功能于一体，充分发挥其了解社情民意、村规乡约的乡土优势，对涉及畲族群众切身利益的矛盾纠纷予以有效解决，将问题化解在基层、矛盾掐断在萌芽，打通服务群众"最后一公里"。

最后，践行三便原则，关爱困难群体。加强与扶贫部门的合作，在诉讼过程中针对贫困群众的特殊需求给予更多的关注和支持。积极推进司法精准帮扶、挂钩帮困，结对帮扶辖区5个畲族村居的14户家庭，巡回法庭党员干部认领困难群众"微心愿"，累计走访慰问困难群众14户，促进脱贫攻坚与乡村振兴有效衔接。针对特殊群体常态化开展关心关爱活动，在辖区民族小学设立"金凤凰"志愿服务驿站，开展法治小课堂、普法漫画书赠阅、定期家访等活动37场次，用法治呵护留守儿童健康成长。同时，通过搭建法律咨询平台，为当地居民提供更加便民、快捷的法律服务。

五、"无讼畲乡"治理的经验与启示

诉源治理建设，不仅要体现在敢于突破、善于创新上，而且要体现在可复制、可推广上。持续推进"无讼畲乡"治理模式走实、走深，既是深化诉源治理改革的重要举措之一，也是创新乡村治理的方式之一，对于基层社会治理新模式是一次极具积极意义的探索。

（一）为乡村治理中的"无讼文化"培植提供法院样本

"无讼"是我国传统法律文化最核心的价值追求之一，有着非常悠久的历史传承。借鉴"无讼"思想指导下的优秀调解方法，不仅能够让乡村矛盾纠纷在萌芽状态就得到高效化解，还能节约司法资源，使得有限的资源能够快速地回到社会中进行再流动，促进社会效率的明显提高。立足并深入挖掘优秀的传统法律文化精粹（"无讼"文化），进而加以继承与发扬始终是我们的使命之一。"无讼畲乡"治理模式，将畲族群众"厌讼"与传统的"无讼"之理念相结合，将司法功能向前推移，变被动司法为多元联动，将司法服务的触角真正延伸到群众身边。切实将人民群众的矛盾纠纷解决在前端，充分发挥多元纠纷解决机制的源头性化解功能，在不影响纠纷双方寻求司法救济的前提下，支持纠纷解决逐步向社会回归、向基层回归，努力推动形成"社会合力调解在前、司法诉讼在后"的矛盾纠纷解决理念，建立起递进式的矛盾纠纷分层过滤体系，为形成共建共治共享的社会治理模式提供可以借鉴的法院经验。

（二）强化党委领导，多元联动司法

基层党组织是基层社会治理的"领头雁"。"无讼畲乡"治理模式作为基层法院传承与发扬"枫桥经验"过程中的一次探索，必须坚持党建引领，要把法院参与基层社会治理工作置于地方党委与地方政府的综治大格局中，变"以我为主、法院主导"为"党委领导、政府主导、法院主推、社会协同、多方参与、法治保障"的治理格局，使法院参与的地方治理工作与基层党组织建设、基层综合治理形成有机衔接和良性互动。"无讼畲乡"治理模式最核心、最关键的一点就在于强化党委的领导，始终牢牢把治理的全过程置于地方党委的领导下，在此情况下，依托党委、政府提供智识，充分发挥法院在社会治理中的参与、推动、规范和保障作用。不仅立足于法院资源，还跳脱出法院的限制，去博取基层政府、基层自治组织乃至村规民约中有益的经验做法，并将这些有益做法融入"无讼畲乡"治理模式中。

(三)提升群众满意度幸福感安全感

一切为了群众、一切依靠群众、一切由人民来判断,既是"枫桥经验"的核心和灵魂,也是基层社会治理的核心价值。基层社会治理的深度践行,以及所能取得的社会效果如何,均需要人民群众作出评判,也是坚持群众路线的题中应有之义。习近平总书记在中央政法工作会议中提出:"把非诉讼纠纷解决机制挺在前面。"[1] 这是适应我国社会主要矛盾变化,推动社会治理创新的重要论断,为法院工作进一步向纵深发展指明了方向。"无讼畲乡"治理模式把工作做到畲族群众家门口,实现了基层力量重心下移、关口前移,畅通了民意诉求渠道,增进了干群关系,拉近了干群感情,打通了服务基层、服务群众的"最后一公里",增强了畲族人民群众的安全感和满意度。

结 语

"基层既是产生利益冲突和社会矛盾的源头,也是协调利益关系和疏导社会矛盾的'茬口'。"[2] 费孝通在《乡土中国》里写道:"从基层上看去,中国社会是乡土性的。"这是中国几千年农耕文化决定的特性,也是乡村治理需要考量的重要依据。乡村社会治理是一项系统性工程,其治理的成效是经济与社会得以健康有序发展的前提与基础。"无讼畲乡"治理模式,立足辖区少数民族群众聚居现状,构建从矛盾纠纷前端化解到司法参与畲乡振兴全过程的治理模式,既是对人民法院参与地方综合治理的一种模式探寻,也是对新时期人民法院司法改革的一种可能进路的有益探寻。

---

[1] 《完整准确全面贯彻新发展理念 发挥改革在构建新发展格局中关键作用》,载《人民日报》2021年2月20日第1版。

[2] 习近平:《之江新语》,浙江人民出版社2017年版,第239页。

公共法律服务新视野

新时代律师队伍建设的成就与展望[*]

高一飞　田宝帅[**]

内容提要：新时代律师队伍建设取得了伟大成就，律师队伍不断增长壮大，律师在全面依法治国中的作用充分发挥，律师队伍政治建设和道德建设得到全面加强，对法律职业资格考试进行了重大改革，少数违纪违法律师得到严惩。律师队伍建设中存在的问题有：律师资源不足且地域发展不均衡，极个别律师政治意识淡薄，有些律师热衷于扬名逐利。进一步加强律师队伍建设，须将律师政治标准写入《律师法》，进一步完善法律职业资格考试，完善涉外律师人才培养体制，加大对律师队伍教育整顿力度。

关键词：习近平法治思想；全面依法治国；法治队伍建设；律师队伍建设

习近平总书记在党的二十大报告中宣告："全面依法治国总体格局基本形成。"[①]德才兼备的法治工作队伍的形成为这一总体格局的形成提供了强有力的组织和人才保障，也是新时代十年来全面依法治国取得的伟大成绩之一。2014年10月23日，《中共中央关于全面推进依法治国若干重大问题的决定》（以下

---

[*] 基金项目：本文系 2021 年度国家社科基金重大项目"民事司法程序现代化问题研究"（项目批准号：21&ZD205）的阶段性研究成果。

[**] 作者信息：高一飞，广西大学君武学者，马克思主义学院、法学院教授，博士生导师。田宝帅，广西大学马克思主义学院博士研究生，讲师。

[①] 习近平：《习近平著作选读（第一卷）》，人民出版社 2023 年版，第 8 页。

简称《全面依法治国决定》)首次提出了"加强法治工作队伍建设"[1]的要求,并将法治队伍概括为两大类:一是法治专门队伍。包括立法队伍、行政执法队伍、司法队伍。二是法律服务队伍。包括律师、公证、司法鉴定、仲裁、调解等法律服务队伍。习近平总书记对律师队伍这一群体的性质和地位、在推动全面依法治国中的作用、存在的问题、加强律师队伍建设的措施等方面的问题都作出过重要论述,为律师队伍建设指明了前进方向和提供了根本遵循。梳理新时代律师队伍建设的成就并对其进行未来展望,对于新时代新征程上加强律师队伍建设,推进全面依法治国具有重要意义。

一、新时代律师队伍建设的成就

习近平总书记高度重视律师队伍的建设,在 2014 年指出:"律师队伍是依法治国的一支重要力量。"[2]明确了律师队伍在推进全面依法治国中的价值定位和重要作用。作为社会主义法治工作者,律师不仅有偿地为当事人提供法律服务,而且还肩负着推进法治国家、法治政府、法治社会建设的社会责任。习近平总书记还建议"应从律师和法学专家中公开选拔立法工作者、法官、检察官"[3]。党的十八大以来,我国律师队伍日益壮大、制度逐步健全、作用充分发挥,取得了重大成就。

(一)律师队伍不断增长壮大

新时代以来,党和国家始终把律师工作摆在全面依法治国的重要位置统筹推进,律师队伍得到了前所未有的壮大,律师职能不断得以充分发挥。我国律师数量从 2012 年的 23 万名增长到 2022 年 6 月的 60.5 万名,增长了 1.6 倍多,平均每年增长 3.75 万名;律师事务所从 1.8 万多家到 3.7 万多家,增长了 1 倍

---

[1] 中共中央文献研究室编:《十八大以来重要文献选编(中)》,中央文献出版社 2016 年版,第 174 页。
[2] 习近平:《习近平谈治国理政(第二卷)》,外文出版社 2017 年版,第 123 页。
[3] 《习近平:推动改革举措精准对焦协同发力 形成落实新发展理念的体制机制》,载《人民日报》2016 年 3 月 23 日第 1 版。

多，平均每年增加 1900 多家。① 2012 年，我国每万人拥有律师数量为 1.69 人，经过十年的发展，至 2022 年 6 月，我国每万人拥有律师数量约为 4.28 人，增长了 1.5 倍多。② 到 2022 年年底，我国已有公职律师达到 9.4 万名，社会律师、兼职律师 51 万，3.8 万家律师事务所。③ 律师和律师事务所的数量稳步增加，为律师工作提供了人才保障和组织基础，为全面依法治国作出了应有贡献。

建设一支高素质涉外律师人才队伍是适应当前我国高水平对外开放的需要。《法治中国建设规划（2020—2025 年）》要求："完善高等学校涉外法学专业学科设置。加大涉外法治人才培养力度，创新涉外法治人才培养模式。"④ 这为加快培养高素质涉外律师人才队伍提供了方向和指南。新时代以来，除了常规律师队伍的壮大以外，涉外律师队伍也实现了加速发展。

一是充分发挥高校作为涉外律师人才培养的第一阵地作用，不断完善涉外法学专业学科设置，打造涉外法律人才培养基地。为此，从 2021 年开始，我国实施法律硕士专业学位（涉外律师）研究生培养项目，在 15 所试点高校首批招录了 589 名硕士研究生。⑤

二是多方合作，联合培养涉外律师人才。习近平总书记强调："要打破高校和社会之间的体制壁垒，将实际工作部门的优质实践教学资源引进高校，加强校企、校地、校所合作，发挥政府、法院、检察院、律师事务所、企业等在法治人才培养中的积极作用。"⑥ 为此，高校、政府部门、律师协会、律师事务所以及国际组织之间要加强全方位合作，联合培养涉外律师人才。司法部牵头组织实施涉外公职律师公司律师培养计划，到 2021 年 10 月，举办了 8 期培训班，培训了 800 名涉外律师，举办全国涉外法律服务高级研修班和 11 期"涉外法律

---

① 张维：《习近平法治思想指引新时代全面依法治国取得历史性成就》，载《法治日报》2022 年 7 月 29 日第 1 版。
② 邢翀：《司法部部长：截至 2022 年 6 月，全国共有律师 60.5 万人》，载中国新闻网，https://www.chinanews.com.cn/gn/2023/06-14/10024955.shtml。
③ 参见《司法部 2022 年法治政府建设年度报告》（2022 年 3 月 22 日发布）。
④ 《法治中国建设规划（2020—2025 年）(节录)》，载司法部网站，http: //www.moj.gov.cn/pub/sfbgw/zwxxgk/fdzdgknr/fdzdgknrghjh/202207/t20220722_460264.html。
⑤ 蔡长春等：《深入学习贯彻习近平法治思想　奋力谱写律师事业发展新篇章　党的十八大以来我国律师事业发展综述》，载《中国律师》2021 年第 11 期。
⑥ 习近平：《论坚持全面依法治国》，中央文献出版社 2020 年版，第 177 页。

服务大讲堂",培训近 3000 名涉外律师。①

三是建立了涉外律师领军人才库。早在 2012 年,司法部就研究制订了涉外律师领军人才培养计划,建立了全国律师协会涉外律师领军人才库。2017 年 3 月,司法部召开学习贯彻《关于发展涉外法律服务业的意见》座谈会指出,要将涉外法律服务人才引进和培养纳入国家重大人才工程;完善涉外律师人才库;打造涉外领军人才培养计划升级版。② 2022 年,司法部建立了全国千名涉外律师人才名单,指导全国律师协会组建涉外律师领军人才库,入库律师人数达到 633 名,指导各省(区、市)建立本地区涉外律师人才库,已有 20 多个省市建立了本地区涉外律师人才库。③

(二)律师在全面依法治国中的作用充分发挥

新时代以来,律师队伍充分发挥职能优势,为全面依法治国作出了应有贡献,为政府、社会和公民个人全方位提供了公共法律服务。2019 年 1 月 15 日,习近平总书记就深化公共法律服务体系建设强调:"要深化公共法律服务体系建设,加快整合律师、公证、司法鉴定、仲裁、司法所、人民调解等法律服务资源,尽快建成覆盖全业务、全时空的法律服务网络。"④深化公共法律服务体系建设要实现法律服务资源一体化。2019 年 7 月 10 日,发布的《关于加快推进公共法律服务体系建设的意见》指出,法律服务队伍的作用主要表现在:一是保障城乡基本公共法律服务资源均衡;二是加强欠发达地区公共法律服务建设;三是加强对特殊群体法律权益的保障;四是推动经济高质量发展;五是促进党政机关依法全面履行职能;六是促进司法公正和社会公平正义,加强法律值班律师工作,引导律师参与涉法信访工作,探索推进再审案律师代理制度、律师调解制度等;七是为国家重大经贸活动和全方位对外开放提供法律服务。在以上作用中,习近平总书记特别论述了律师队伍在维护公民和法人合法权益、助

---

① 蔡长春等:《深入学习贯彻习近平法治思想 奋力谱写律师事业发展新篇章 党的十八大以来我国律师事业发展综述》,载《中国律师》2021 年第 11 期。
② 张晨:《努力提升涉外法律服务能力和水平》,载《法治日报》2021 年 10 月 25 日第 1 版。
③ 刘志强:《健全涉外法律服务体系 提升涉外法律服务能力》,载《民主与法制周刊》2022 年第 18 期。
④ 习近平:《习近平谈治国理政(第三卷)》,外文出版社 2020 年版,第 354 页。

推依法行政和法治政府建设两方面的作用。

律师队伍为维护公民和法人合法权益发挥了重要作用。律师队伍始终坚持以人民为中心的发展思想和坚持人民主体地位，把维护公民和法人合法权益作为自身的职责和使命。《中共中央关于全面深化改革若干重大问题的决定》明确提出律师是维护公民和法人合法利益的重要群体。① 2020年5月29日，习近平总书记在集体学习时指出："要充分发挥律师事务所和律师等法律专业机构、专业人员的作用，帮助群众实现和维护自身合法权益。"② 这是中国律师区别于西方国家律师的根本所在，中国特色社会主义律师队伍始终坚持维护人民群众的利益，在帮助群众实现和维护自身合法权益方面发挥了重要作用。2021年全国律师办理的诉讼案件，包括刑事、民事、行政诉讼案件有809.1多万件，办理的法律援助案件103万多件。③ 我国刑事案件律师辩护全覆盖试点工作从2017年开始，截至2020年，共有2368个县（市、区）开展深化刑事案件律师辩护"全覆盖"试点工作，除了正常的委托辩护以外，各地因开展试点扩大通知辩护法律援助案件达59.1万件。④ 努力实现让每一个刑事案件都有律师辩护或法律援助。法律服务队伍还积极为弱势群体提供免费法律服务，如表1所示，我国法律服务队伍为弱势群体提供免费法律服务的案件由2017年的98.7万多件增长至2021年的127.8万多件，表明法律服务队伍为弱势群体提供免费法律服务的积极性、主动性以及能力不断增强，努力让弱势群体享受到法治阳光，促进了司法公正和社会公正。

律师队伍充分发挥专业优势，有效化解矛盾纠纷，维护了人民群众合法权益。如表1所示，自2017年以来，法律服务队伍办理法律援助案件、参与调解、参与处置城管执法事件，表明律师队伍越来越积极主动地参与到公益法律服务，并且服务能力和水平不断提高，不断满足人民群众的法律服务需求。

---

① 中共中央文献研究室编：《十八大以来重要文献选编（上）》，中央文献出版社2014年版，第531页。

② 习近平：《习近平谈治国理政（第四卷）》，外文出版社2022年版，第284页。

③ 数据来源于司法部网站（http://www.moj.gov.cn/pub/sfbgw/zwxxgk/fdzdgknr/fdzdgknrtjxx/202208/t20220815_461680.html），由司法部统计。

④ 司法部：《司法部2020年法治政府建设年度报告》，载司法部网站，http://www.moj.gov.cn/pub/sfbgw/gwxw/xwyw/202103/t20210326_351597.html。

表 1 律师队伍提供各类公益法律服务的数据统计①

服务种类 \ 年份	2017 年	2018 年	2019 年	2020 年	2021 年
提供各类公益法律服务	322.8 万多件	127.2 万多件	134.8 万多件	146.2 万多件	152.5 万多件
办理法律援助案件	57.8 万多件	81.3 万多件	90.4 万多件	94 万多件	103 万多件
参与接待和处理信访案件	23.4 万多件	31.1 万多件	25 万多件	26.9 万多件	24.8 万多件
参与调解	11.6 万多件	13.3 万多件	17.5 万多件	22.2 万多件	22.3 万多件
参与处置城管执法事件	4600 多件	1.3 万多件	1.7 万多件	2.9 万多件	2.2 万多件
为弱势群体提供免费法律服务	98.7 万多件	108.1 万多件	109.6 万多件	112.9 万多件	127.8 万多件
担任法律顾问的村（居）	55.3 万多个	60 万多个	60 万多个	60 万多个	60 万多个
建立村（居）法律顾问微信群	11.6 万多个	27 万多个	26 万多个	24 万多个	—

律师队伍在促进依法行政和法治政府建设中发挥了重要作用。习近平总书记在党的二十大报告中指出："法治政府建设是全面依法治国的重点任务和主体工程。"②建设法治国家的关键和重点是法治政府的建设，而律师队伍是当好法治政府的法律参谋助手。《全面依法治国决定》要求"各级党政机关和人民团体普遍设立公职律师"。③习近平总书记强调"积极推行政府法律顾问制度"。④2016年3月22日，习近平总书记指出"在党政机关、人民团体、国有企事业单位普

---

① 说明：表格数据来源于司法部网站（http：//www.moj.gov.cn/pub/sfbgw/zwxxgk/fdzdgknr/fdzdgknrtjxx/），由司法部统计得出。

② 习近平：《习近平著作选读（第一卷）》，人民出版社 2023 年版，第 34 页。

③ 中共中央文献研究室编：《十八大以来重要文献选编（中）》，中央文献出版社 2016 年版，第 176 页。

④ 习近平：《习近平谈治国理政（第二卷）》，外文出版社 2017 年版，第 121 页。

遍建立法律顾问制度和公职律师、公司律师制度"。① 我国 2017 年公职律师人数为 1.8 万多人，为 7500 多家党政机关、人民团体开展了公职律师工作；2018 年公职律师人数为 3.1 万多人，为 1.2 万多家党政机关、人民团体开展了公职律师工作；2019 年公职律师人数为 4.33 万多人，为 1.5 万多家党政机关、人民团体开展了公职律师工作；2020 年公职律师人数为 5.91 万多人，为 2.93 万多家党政机关、人民团体开展了公职律师工作。2021 年公职律师人数为 7.26 万多人，另外，全国基层法律服务工作者人数为 5.8 万多人，参与人民调解 20.9 万多件，参与接待和处理信访案件 5.2 万多件，还为 13.4 万多个村（居）担任法律顾问。截至 2022 年年底，全国 3.3 万家党政机关开展了公职律师工作，公职律师达到 9.4 万名。② 我国公职律师数量逐年稳步增长，律师队伍为助推依法行政和法治政府建设作出了巨大贡献。

（三）律师队伍政治建设和道德建设得到全面加强

党的十八大以来，随着依法治国的全面推进，党中央对我国律师的政治素质提出了更高的要求。2014 年《全面依法治国决定》首先将"四个忠于"③作为所有法治工作队伍的共同要求；另外提出将"两个拥护"④作为法律服务队伍的基本要求。2020 年 2 月 5 日，中央全面依法治国委员会第三次会议在北京召开，习近平总书记在会上对包括法律服务队伍在内的所有法治工作队伍提出了"四个忠于"的要求，⑤后来又在 2021 年 12 月 6 日中共中央政治局第三十五次集体学习时强调了对律师队伍"四个忠于""两个拥护"的要求。⑥因此，"四个忠于""两个拥护"是律师队伍的政治标准。对于律师特别需要遵守的"两个拥护"，司法部也采取了很多有效措施落实"两个拥护"的要求。

一是拥护中国共产党的领导。我国律师队伍是在中国共产党领导下的社会

---

① 新华社：《习近平：推动改革举措精准对焦协同发力　形成落实新发展理念的体制机制》，载《人民日报》2016 年 3 月 23 日第 1 版。
② 以上数据资料均来源于司法部官网（http://www.moj.gov.cn/pub/sfbgw/zwxxgk/fdzdgknr/fdzdgknrtjxx/），由司法部统计。
③ 这里的"四个忠于"指的是忠于党、忠于国家、忠于人民、忠于法律。
④ 这里的"两个拥护"指的是拥护中国共产党领导、拥护社会主义法治。
⑤ 习近平：《论坚持全面依法治国》，中央文献出版社 2020 年版，第 274 页。
⑥ 习近平：《习近平谈治国理政（第四卷）》，外文出版社 2022 年版，第 303~304 页。

主义法治工作队伍的重要一部分，必须毫不动摇地坚持和加强党的领导。《全面依法治国决定》要求"加强律师行业党的建设，扩大党的工作覆盖面，切实发挥律师事务所党组织的政治核心作用"。① 司法部积极贯彻落实党中央的决策部署，加强律师行业的党建工作，夯实维护党的领导的组织基础。早在 2017 年 10 月，经中组部批准，司法部成立全国律师行业党委，由其负责指导本行业党建工作。司法部和全国律师行业党委领导开展登记核查党组织和党员的基本信息，按照"应建尽建"的原则促进律师事务所党组织建设，有 3 名以上党员的律师事务所独立设立党组织，不足 3 人的律师事务所建立联合党支部，无党员的律师事务所要配备党建工作指导员，实现党组织对律师行业的全覆盖。② 自 2018 年开始，全国律师协会、省级律师协会以及市级律师协会自上而下地逐渐完成了党建内容进章程工作，为加强本行业党建工作提供了强有力的制度保障。2020 年 3 月 11 日，司法部党组印发《关于律师行业党建引领发展"四大工程"的实施意见》，进一步完善了党对律师行业的领导机制。如表 2 所示，党员律师数量由 2012 年年底的 6.4 万多人增长到 2019 年年底的 16.3 万多人，党员律师约占所有律师的 1/3 多，律师事务所党组织由 2018 年年底的 8500 多个增长到 2021 年年底的 1.5 万多个，党员律师和律师事务所党组织的数量整体持续增加，全行业基本实现了党组织全覆盖。党对律师行业的全面领导，保证了律师行业的社会主义属性，为律师行业健康有序发展提供了政治和组织双重保障。

---

① 中共中央文献研究室编：《十八大以来重要文献选编（中）》，中央文献出版社 2016 年版，第 176 页。
② 蔡长春等：《深入学习贯彻习近平法治思想　奋力谱写律师事业发展新篇章　党的十八大以来我国律师事业发展综述》，载《中国律师》2021 年第 11 期。

表2 2012年至2021年律师行业党建数据统计①

年份	党员律师	律师数量	占全国律师总数比率	律师行业新发展党员	律师事务所党组织
2012年	64000多人	230000多人	27.8%	—	—
2013年	—	252400多人	—	—	—
2014年	74000多人	271000多人	27.3%	—	—
2015年	87000多人	297000多人	29.3%	—	—
2016年	100000多人	340000多人	31%	—	—
2017年	117000多人	365000多人	约32%	1100人	—
2018年	140000人	423000多人	33.3%	1300多人	8500多个
2019年	163000人	473000多人	34.5%	1900多人	12600多个
2020年	—	522000多人	—	—	13000多个
2021年	—	576000多人	—	—	15000多个
2022年6月	—	605000多人	—	—	—

二是拥护社会主义法治。这就意味着律师队伍要坚定不移地走中国特色社会主义法治道路。这条道路是社会主义法治建设成就和经验的集中体现，是建设社会主义法治国家的唯一正确道路。习近平总书记指出："走中国特色社会主义法治道路是一个重大课题，有许多东西需要深入探索，但基本的东西必须长期坚持。"②这些"基本的东西"可以归纳为"五个必须"：第一，必须坚持党的领导。第二，必须坚持人民主体地位。"这是我们的制度优势，也是中国特色社会主义法治区别于资本主义法治的根本所在。"③每一位律师要始终坚持人民律师的定位，践行人民至上的根本立场，自觉践行人民律师为人民的服务理念。第三，必须坚持法律面前人人平等。"平等是社会主义法律的基本属性，是

---

① 说明：表格数据根据司法部网站（http://www.moj.gov.cn/）、共产党员网（https://news.12371.cn/2013/08/27/ARTI13775667711502622.shtml?from=groupmessage&isappinstalled=0）、中国经济网（http://politics.people.com.cn/n/2015/0408/c70731-26815514.html）等统计得出。
② 习近平：《习近平谈治国理政（第二卷）》，外文出版社2017年版，第114页。
③ 习近平：《习近平谈治国理政（第二卷）》，外文出版社2017年版，第115页。

社会主义法治的基本要求。"①律师有义务和责任维护社会的公平与正义，为此，律师要把宪法和法律奉为执业的圭臬，把事实作为执业的依据。第四，必须坚持法治与德治相统一。这是社会主义法治有别于资本主义法治的重要属性，社会主义法治就是"既重视发挥法律的规范作用，又重视发挥道德的教化作用，实现法律和道德相辅相成、法治和德治相得益彰"②。律师队伍应坚持德法兼修，严格遵守职业道德，依法依规诚信执业。第五，必须坚持从中国实际出发。我国法治道路的选择是以符不符合中国的实际、适不适合中国的国情为标准的，"不能搞'全盘西化'，不能搞'全面移植'，不能照搬照抄。"③律师队伍始终牢牢把握正确政治方向和舆论导向，增强政治敏锐性和鉴别力，坚决抵制西方的宪政和所谓普世价值等错误思想。

　　建设法治工作队伍的标准和目标就是德才兼备。"德才兼备"的"德"包括政治素质和职业道德。习近平总书记在 2020 年 2 月 5 日召开的中央全面依法治国委员会第三次会议上谈到建设高素质法治工作队伍时，要求"提高法治工作队伍思想政治素质、业务工作能力、职业道德水准"④。强调了加强法治工作队伍的职业道德建设这一标准和目标。律师队伍作为法治工作队伍的重要组成部分，加强律师队伍的职业道德建设同样至关重要。《律师法》中规定了律师执业要遵守职业道德，律师事务所要对律师执业活动中遵守职业道德的情况进行监督，律师协会要履行组织律师职业道德教育的职责等。司法部在 2014 年 5 月颁布了指导律师行业不断提高职业道德的指导性文件《关于进一步加强律师职业道德建设的意见》，并把律师行业职业道德的核心内容概括为"十二字方针"，即忠诚、为民、法治、正义、诚信、敬业，以及从健全律师职业道德规范制度体系、教育培训机制、监管机制、考核奖惩机制、扶持保障政策等五个方面完善加强律师队伍职业道德建设的长效机制。2014 年 6 月，全国律师协会出台《律师职业道德基本准则》，该准则包括坚定中国特色社会主义理想信念、执业为民、坚定法治信仰、维护公平正义、树立诚信意识以及热爱律师执业等六条内容。

---

① 习近平：《习近平谈治国理政（第二卷）》，外文出版社 2017 年版，第 115 页。
② 习近平：《习近平谈治国理政（第二卷）》，外文出版社 2017 年版，第 116 页。
③ 习近平：《习近平谈治国理政（第二卷）》，外文出版社 2017 年版，第 118 页。
④ 习近平：《论坚持全面依法治国》，中央文献出版社 2020 年版，第 274 页。

习近平总书记还要求律师等法律服务工作者要"依法依规诚信执业，认真履行社会责任"①。在司法行政部门管理和指导下，律师事务所、律师协会合力加强对律师队伍的管理监督，规范执业行为，严肃执业纪律，严格执行奖惩机制。新时代以来，我国出台了一系列律师执业行业规则，加强律师职业管理，以确定律师行为的边界。2016年修改了《律师执业管理办法》②和《律师事务所管理办法》③，2017年3月全国律师协会印发了《律师协会会员违规行为处分规则（试行）》，2017年7月司法部和全国律师协会联合下发了《关于进一步加强律师惩戒工作的通知》，以上文件进一步严格规范了律师事务所管理行为和律师执业行为，加强了对律师的惩戒工作。2018年，针对互联网法律服务推广乱象，造成律师行业内卷严重，影响律师行业的服务水平，损害律师执业权利，全国律师协会制定并下发了《中华全国律师协会律师业务推广行为规则（试行）》，规范了律师和律师事务所的业务推广行为。2021年10月15日第十届全国律师协会常务理事会第二次（扩大）会议审议通过的《中华全国律师协会关于禁止违规炒作案件的规则（试行）》要求律师不得通过各种方式违规炒作案件等。为了促进律师及律师事务所依法诚信执业，2022年司法部建成全国律师执业诚信信息公示平台，展示51万名社会律师、兼职律师和3.8万家律师事务所执业信息和诚信信息④，2023年3月，司法部研究起草了《律师和律师事务所执业诚信信息公示管理办法》并向社会公开征求意见。

（四）对法律职业资格考试进行了重大改革

推动法律职业资格考试改革是把好法律职业入口关的关键。习近平总书记十分重视法律职业资格考试工作，不止一次地对这项工作作出重要指示和要求。习近平总书记在2014年的中央政法工作会议上以及2017年的中国政法大学座谈会上要求改革和完善司法考试制度；在2018年召开的中央全面依法治国委员

---

① 习近平：《习近平谈治国理政（第四卷）》，外文出版社2022年版，第297页。
② 2008年7月18日司法部令第112号发布实施，2016年9月18日修订后，2016年11月1日起施行。
③ 2008年7月18日司法部令第111号发布，2012年11月30日司法部令第125号修正，2016年9月6日司法部令第133号第二次修正，2018年12月5日司法部令第142号修正。
④ 司法部：《司法部2022年法治政府建设年度报告》，载司法部网站，http://www.moj.gov.cn/pub/sfbgw/jgsz/jgszzsdw/zsdwflyzzx/flyzzxgzdt/202304/t20230403_475571.html。

会第一次会议上的讲话指出："要组织实施好第一次国家统一法律职业资格考试，发挥考试指挥棒作用，把好法律职业入口关。"①回顾历史，我国自1986年启动律师资格考试以来，法律职业资格考试先后经历了三次变革，即1986年至2001年施行的全国统一律师资格考试、2002年至2017年施行的全国统一司法考试、2018年至今施行的全国统一法律职业资格考试。②

2002年至2017年施行的全国统一司法考试，为社会主义法治国家建设选拔和储备了大批合格的法律职业人才，提供了有力人才保障。但是随着时代的发展，司法考试制度逐渐地与新形势新任务要求相脱节，迫切需要改革。2014年，《全面依法治国决定》提出："完善法律职业准入制度，健全国家统一法律职业资格考试制度，建立法律职业人员统一职前培训制度。"③2015年，中共中央办公厅、国务院办公厅印发意见，明确将司法考试制度调整为国家统一法律职业资格考试制度。十二届全国人大常委会第二十九次会议于2017年9月在北京召开，此次会议审议通过了《关于修改〈中华人民共和国法官法〉等八部法律的决定》，并定于2018年开始实施国家统一法律职业资格考试制度。2018年，司法部制定出台《国家统一法律职业资格考试实施办法》，明确了考试的法律依据、应考主体、组织主体及相应责任要求，规定了考试程序、内容和形式等。相较于国家司法考试，国家统一法律职业资格考试的应考主体范围扩大，报考资格条件以及考试的形式、内容等都发生了变化。国家统一法律职业资格考试改革成效显著，弥补了国家司法考试的不足，如普遍较低和波动较大的考试通过率的问题等，持续稳定地选拔法律职业人才，极大地推进了法治工作队伍"四化"建设。国家法律职业资格考试制度的不断改革和完善极大地促进了律师队伍的培养和完备的律师制度的建立，推动了法律服务资源不足且地域发展不均衡问题的解决。

---

① 习近平：《论坚持全面依法治国》，中央文献出版社2020年版，第235页。
② 高一飞、蒋稳：《法律职业资格考试改革的回顾与思考》，载《公安学刊》2020年第3期。
③ 中共中央文献研究室编：《十八大以来重要文献选编（中）》，中央文献出版社2016年版，第175页。

（五）少数违纪违法律师得到严惩

遵纪守法是律师的行为底线。2014年1月7日，习近平总书记在批评司法掮客时告诫道："在执法办案各个环节都要设置隔离墙、通上高压线，谁违反制度就要给谁最严厉的处罚，终身禁止从事法律职业，构成犯罪的要依法追究刑事责任。"[①] 对执法司法人员和律师提出了相同的要求。2015年9月，"最高人民法院、最高人民检察院、公安部、国家安全部、司法部"联合印发了《关于进一步规范司法人员与当事人、律师、特殊关系人、中介组织接触交往行为的若干规定》，进一步规范律师和司法人员的接触交往行为，保证公正司法。2021年9月30日，最高人民法院、最高人民检察院、司法部发布《关于进一步规范法院、检察院离任人员从事律师职业的意见》，作出了离任司法人员遵守从业限制的规定。2021年9月29日，最高人民检察院发布《检察人员配偶、子女及其配偶禁业清单》，2021年10月20日，最高人民法院发布《人民法院工作人员近亲属禁业清单》，要求检察院和法院领导干部以及检察、审判执行人员的配偶、父母、子女不得担任其所任职检察院、法院辖区内律师事务所的合伙人或者设立人；不得在其任职检察院、法院辖区内以律师身份担任诉讼代理人、辩护人，或为诉讼案件当事人提供其他有偿法律服务；不得从事其他可能影响其依法公正履职的法律服务、经商办企业活动。2021年11月3日，最高人民检察院和中华全国律师协会共同签署了《关于加强检律良性互动、共同维护司法公正的倡议书》。以上文件对于法律服务人员充当司法掮客、违法从事法律服务的行为都规定了严格的责任条款。

如表3所示，2017年，我国共有48家律师事务所和194名律师受到行政处罚，95家律师事务所和417名律师受到行业惩戒；2018年，共有56家律师事务所和303名律师受到行政处罚，160家律师事务所和593名律师受到行业惩戒；2019年，共有83家律师事务所和370名律师受到行政处罚，167家律师事务所和746名律师受到行业惩戒；2020年，共有84家律师事务所和463名律师受到行政处罚，129家律师事务所和594名律师受到行业惩戒；2021年，共有166家律师事务所和1010名律师受到行政处罚，360家律师事务所和2067

---

① 习近平：《论坚持全面依法治国》，中央文献出版社2020年版，第49页。

名律师受到行业惩戒。① 自 2017 年以来，受到行政处罚或者行业惩戒的律师和律师事务所的数量（除 2020 年受到行业惩戒的律师事务所和律师数量减少外）逐年增加，特别是在 2021 年，各项数据达到历史新高，体现了政府打击律师和律师事务所违法违纪行为力度的不断加强。

表3　2017 年至 2021 年律师行业惩戒数据统计 ②

年份	行政处罚		行业惩戒	
	律师事务所（家）	律师（名）	律师事务所（家）	律师（名）
2017	48	194	95	417
2018	56	303	160	593
2019	83	370	167	746
2020	84	463	129	594
2021	166	1010	360	2067

2021 年，海南省司法厅对涉张家慧等案件的 38 名违法违规律师进行严肃查处：4 名律师和 1 名隐名合伙人被移送司法机关；1 家律师事务所被吊销执业证书，9 名律师被吊销律师执业证书、取消会员资格（终身禁业），21 名律师被停止执业、中止会员权利，1 名律师被罚款，3 名律师受到行业警告处分。③ 严肃惩处这 38 名行贿律师，对违纪违法律师起到了威慑作用。

二、律师队伍建设中存在的问题

习近平总书记在充分肯定我国律师队伍建设的同时，也指出了当前律师队伍建设和发展过程中存在的一些问题。主要表现在以下几个方面。

---

① 根据司法部网站（http://www.moj.gov.cn/）"政府信息公开"栏目公布的数据统计得出。
② 说明：表格数据来源于司法部官网（http://www.moj.gov.cn/），由司法部统计。
③ 参见海南省司法厅在 2021 年 12 月 4 日发布的《关于律师队伍专项教育整顿与行业突出问题专项治理情况的通报》。

（一）律师资源不足且地域发展不均衡

2013年2月23日，习近平总书记在主持集体学习时要求"加快解决有些地方没有律师和欠发达地区律师资源不足问题"。① 如表4所示，截至2022年6月，全国31个省（区、市）中，有18个省（区、市）拥有律师数量超过1万，其中，广东省拥有律师数量最多，为55198名；还有13个省（区、市）的律师数量未超过1万，其中，西藏自治区拥有律师数量最少，为511名。我国每万人拥有律师的平均数量为4.28名，仅有4个省（区、市）每万人拥有律师数量超过4.28名，其中，北京市每万人拥有律师数量最多，为18.14名；还有27个省（区、市）每万人拥有律师数量不足4.28名，其中，西藏自治区每万人拥有律师数量最少，仅为1.4名。2022年7月，全国还有44个县（西藏32个、青海12个）仍旧是"无律师县"。② 我国律师行业地域发展不均衡问题依然突出，东中西部以及城乡律师行业发展、律师资源差距仍然很大。律师资源不足且地域发展不均衡问题势必会导致有一部分人民群众的合法权益得不到充分保障。

表4 全国31个省（区、市）拥有律师数据统计③

序号	省份	律师数量（名）	常住人口数量（万人）	每万人律师数量（名）
1	广东省	55198	12684	4.35
2	北京市	39697	2188.6	18.14
3	江苏省	33677	8505.4	3.96
4	上海市	32079	2489.43	12.89
5	山东省	30907	10169.99	3.04

---

① 习近平：《论坚持全面依法治国》，中央文献出版社2020年版，第23页。
② 靳昊：《我国律师队伍已经发展到60.5万人　基本解决"无律师县"问题》，载中国长安网，http://chinapeace.gov.cn/chinapeace/c100007/2022-07/31/content_12654923.shtml。
③ 说明：表格数据是根据中国法律服务网（http://www.12348.gov.cn/#/publicies/lawyerlist/lawyerlist）、中国新闻网（http://www.chinanews.com.cn/cj/2022/05-18/9757108.shtml）公布的我国31个省（区、市）（暂未列入我国港澳台地区的相关数据）的律师数量（统计时间截至2022年6月5日）以及常住人口数量（统计时间截至2021年年底）统计得出。

续表

序号	省份	律师数量（名）	常住人口数量（万人）	每万人律师数量（名）
6	河南省	26530	9883	2.68
7	四川省	25715	8372	3.07
8	浙江省	25658	6540	3.92
9	湖南省	16701	6622	2.52
10	河北省	16633	7448	2.23
11	湖北省	15081	5830	2.59
12	辽宁省	14335	4229.4	3.39
13	安徽省	13859	6113	2.27
14	福建省	13767	4187	3.29
15	陕西省	12919	3954	3.27
16	重庆市	12139	3212.43	3.78
17	云南省	11634	4690	2.48
18	贵州省	10136	3852	2.63
19	广西壮族自治区	9920	5037	1.97
20	山西省	9763	3480.48	2.81
21	内蒙古自治区	8951	2400	3.73
22	天津市	7994	1373	5.82
23	江西省	7823	4517.4	1.73
24	新疆维吾尔自治区	6450	2589	2.49
25	黑龙江省	5903	3125	1.89
26	吉林省	5693	2375.37	2.40
27	甘肃省	5302	2490.02	2.13
28	海南省	4238	1020.46	4.15

续表

序号	省份	律师数量（名）	常住人口数量（万人）	每万人律师数量（名）
29	宁夏回族自治区	3069	725	4.23
30	青海省	1206	594	2.03
31	西藏自治区	511	366	1.40

除此之外，高素质涉外律师人才短缺问题较为突出。涉外律师人才不仅数量不足，而且业务素质不均衡，表现在外语能力欠佳，精通小语种的涉外律师人才存在很大缺口，涉外法律知识不足且运用水平不高。因为涉外法律人才属于复合型人才，不仅要精通目标国家的语言和相关法律法规，更要熟练掌握其国家的宗教信仰、历史文化以及司法程序等，目前能够符合这些要求的涉外律师人才更是少之又少。

（二）极个别律师政治意识淡薄

习近平总书记指出："极个别法律从业人员政治意识淡薄，甚至恶意攻击我国政治制度和法治制度。"[1] 个别法律从业人员缺乏政治意识，偏离了正确的政治方向，甚至严重危害国家安全。例如，2016 年天津市第二中级人民法院开庭审理的周某锋、胡某根、翟某民、勾某国等人颠覆国家政权案[2]、2017 年的山东信常律师事务所的祝某某律师发表危害国家安全言论案[3] 以及 2018 年全国律师协会发布的浙江律师吴某水发表危害国家安全言论案[4] 等。这些案件中的犯罪律师政治意识淡薄，触犯了律师职业的底线，影响了律师队伍的纯洁性，严重危害到国家政治安全。究其原因，这与极个别法律从业人员受到错误思潮影响以及敌对势力意识形态渗透有很大关系。习近平总书记指出："各种敌对势力一直企图在我国制造'颜色革命'，妄图颠覆中国共产党领导和我国社会主义制

---

[1] 习近平：《习近平谈治国理政（第四卷）》，外文出版社 2022 年版，第 297 页。
[2] 参见《检察日报》2016 年 8 月 6 日第 2 版关于该案的报道。
[3] 参见《山东省司法厅行政处罚案件当事人听证权利告知书》（鲁司罚决字〔2022〕6 号）。
[4] 参见《杭州市律师协会处分决定书》（杭律处字〔2017〕第 8 号）。

度。"① 极个别的法律从业者不加区别全盘吸收与我国基本国情相违背的法学理念等，还有极个别的法律从业者受到一些错误思潮影响，造成思想混乱，政治意识淡薄，恶意攻击我国政治制度等，这些现象都必须引起我们的高度重视。

（三）有些律师热衷于扬名逐利

"我们的一些律师和法官、检察官相互勾结，充当'司法掮客'，老百姓说是'大盖帽，两头翘，吃了被告吃原告'，造成了十分恶劣的影响。"② 少数律师存在违反职业道德和执业纪律，违法乱纪，充当司法掮客，为虚假诉讼出谋划策，造成了司法腐败、影响了司法公正。习近平总书记对法律服务队伍评价指出："总体而言，这支队伍是好的，但也存在不少问题，有的热衷于'扬名逐利'，行为不端、诚信缺失、形象不佳……"③ 司法部通报的数据显示2017年5月1日至2021年5月19日期间，司法部通报了461名律师被吊销律师执业证书或限期停止执业或被处以行政警告及罚款等，其中，144名律师私自接受委托或违规收取费用，107名律师向司法部门提供虚假材料、犯伪造证据罪、干扰诉讼、违规披露案件信息、违规传递物品以及违规会见等，29名律师向法官、检察官等司法人员行贿、贿赂、违规赠送礼金，21名律师犯危险驾驶罪，12名律师犯诈骗罪，此外，还有律师犯黑社会性质组织罪和组织、领导传销活动罪。④ 这些律师违背职业道德和违法犯罪的行为都源于他们想要扬名逐利、唯利是图的心理。

三、进一步加强律师队伍建设的展望

2015年9月15日，习近平主持召开中央全面深化改革领导小组第十六次会议，会议对加强律师队伍建设提出了加强思想政治建设、律师执业权利保障、

---

① 中共中央文献研究室编：《习近平关于社会主义文化建设论述摘编》，中央文献出版社2017年版，第37页。
② 习近平：《论坚持全面依法治国》，中央文献出版社2020年版，第49页。
③ 习近平：《习近平谈治国理政（第四卷）》，外文出版社2022年版，第297页。
④ 根据司法部网站（http://www.moj.gov.cn/）"政府信息公开"栏目公布的数据统计得出。

律师执业管理等各方面①的具体要求。

（一）将律师政治标准写入《律师法》

从1996年5月颁布至今，《律师法》已历经四次修改。2016年中共中央办公厅、国务院办公厅颁布的《关于深化律师制度改革的意见》对深化律师制度改革进行了顶层设计和周密部署。2018年《十三届全国人大常委会立法规划》将《律师法》草案归属于"条件成熟时提请审议的法律草案"。2020年司法部发布《2020年司法行政改革任务清单》，明确接下来将要"推动中华人民共和国律师法修订"。②在《律师法》即将再次修订之时，应当将新时代以来确立的律师政治标准和执业规范的新成果写入律师法。2017年司法部颁布的《律师执业管理办法》第2条和中国律师协会颁布的《律师执业行为规范》第3条都对两个"拥护"作出了相应的规定。但遗憾的是，两个文件都只是将对律师的特别要求写进了律师的政治标准，而对包括律师在内的所有法治工作队伍都应当遵守的"四个忠于"标准却没有写入对律师思想政治素质的要求。故笔者建议，此次《律师法》修订应对申请律师执业满足的基本条件作出修改，在原基础上增加"四个忠于""两个拥护"的内容。

（二）进一步完善法律职业资格考试

国家统一法律职业资格考试作为全面依法治国的基础性、源头性工作，为全面依法治国提供了法律职业人才和后备力量。但是，随着时代的发展和形势的变化，有些地方、有些环节在这方面的工作还不尽如人意，需要进一步完善。

一是要增加法律实务考试与面试内容。当前法律职业资格考试还是偏重理论性的内容，对法律逻辑思维、临场应变思维以及综合分析思维考核不足，因此，要在笔试中提高法律实务部分的比重，并且增设面试环节。

二是要提高法律职业资格考试通过率。面对沿海地区法律人才供过于求但中西部地区法律人才供不应求的矛盾以及我国每万人律师拥有量偏少的问题，

---

① 《习近平：坚持以扩大开放促进深化改革　坚定不移提高开放型经济水平》，载《人民日报》2015年9月16日第1版。
② 司法部全面深化司法行政改革领导小组办公室：《助力全面建成小康社会　在更高起点上谋划推进2020年司法行政改革工作》，载《中国司法》2020年第4期。

同时由于我国法律职业资格考试难度较大，每年的通过率较低，法律人才的供应远远不能满足日益增长的法律人才需求。因此，要在保证法律人才培养质量的基础上，适当提高法律职业资格考试的通过率，为社会提供源源不断的法律人才。

三是要实行 C 证全国统考，在放宽地区申请执业。当前，法律职业资格证分为 A、C 两种。为了均衡不同地区的法律人才资源，司法部在 2018 年要求取得 C 证的考生只能在户籍所在地区申请律师执业。但是，实践中这一做法又导致了新的问题，有些人为了提高考试通过率，不惜成为考试"移民"，将户籍迁至放宽地区后参加考试，使得放宽地区出现新的失衡问题，因此，建议应该取消报考 C 证人员的户籍限制，但只允许获得 C 证的人员在放宽地区执业，也就是实行 C 证"全国统考、在放宽地区申请执业"①，同时还要合理设置 A 证和 C 证的通过率。

四是正确理解法学教育与资格考试的关系。法律职业资格考试与法学教育之间需要建立一个良性、互动的关系。当前，有些高校的法学教育存在理论与实践脱节、实践不足的问题，有些高校的法学教育过度重视法考通过率，而忽视人文教育和理论教育。因此，一方面，要不断加强法学教育与法律职业资格考试的良性互动衔接，法学教育更加重视理论与实践的结合，做到"学以致用"；另一方面，破除唯考试论，加强教育引导，防止一些高校将法学教育异化为以法考为目标的应试型教育。

（三）完善涉外律师人才培养体制

高素质涉外律师人才的培养可以从改革教育模式、培养方式，扩大涉外律师人才库范围等方面入手。

第一，加快探索实施涉外律师人才本硕博一体化教育模式。2023 年 2 月 21 日，教育部等五部门联合印发的《普通高等教育学科专业设置调整优化改革方案》明确要求："强化重点领域涉外人才培养相关专业建设，打造涉外法治人才教育培养基地和关键语种人才教育培养基地，主动服务国家软实力提升和文化

---

① 高一飞、蒋稳：《法律职业资格考试改革的回顾与思考》，载《公安学刊》2020 年第 3 期。

繁荣发展。"① 早在 2022 年，国内部分省份及高校就探索设立涉外法治学院，如华东政法大学成立涉外法治学院、广东外语外贸大学建立全国首家涉外律师学院，努力打造涉外法治人才教育培养基地。这种有益性的探索实践应该在条件允许的情况下在更多的省份和高校加以推广。为了突破涉外律师人才外语能力不足的瓶颈，高校可以采取"法学 + 外语"的跨学院、跨专业交叉联合培养模式，重点加强涉外律师小语种人才培养。笔者建议，下一步在试点成功的基础上，稳步增加培养单位以及招生数量，源源不断地培养涉外律师人才。

第二，通力打造涉外律师人才培养第二阵地，建立全方位的合作培养机制。加强涉外律师人才国际化培养，一方面可以通过公派留学、学术交流及课题研究项目等方式组织派遣涉外律师人才赴国外学习交流，另一方面可以将优秀涉外律师人才推荐至国际经贸组织等任职工作。我国积极搭建各国律师交流平台已有成功的先例，如成功举办环太平洋律师协会第 30 届年会、成立"一带一路"律师联盟成立大会等；地方政府部门和律师协会也在积极开展丰富多彩的国际交流活动，如北京、上海等地积极与多个国家、地区及其律师协会签订合作协议，定期开展互访交流活动等。将来，这一培养模式还可以全面推广。

加快涉外律师人才库建设。为培养和选拔不同层级的涉外律师人才提供渐进式高质量平台，笔者建议可以将涉外律师人才库至少设为三级人才库：第一级为领军人才库，主要包括理论知名专家或者实务界资深专家；第二级为骨干人才库，主要包括业界具有一定专业水平的专业人才；第三级为后备人才库，主要包括具有潜力的人才。

结 语

习近平总书记关于我国律师队伍的重要论述，为新时代律师队伍的建设提供了行动指南和根本遵循。2021 年 12 月 30 日司法部发布的《全国公共法律服务体系建设规划（2021—2025 年）》再次明确，"十三五"期间全国 50 万余人

---

① 《教育部等五部门关于印发〈普通高等教育学科专业设置调整优化改革方案〉的通知》，载教育部网站，http://www.moe.gov.cn/srcsite/A08/s7056/202304/t20230404_1054230.html。

取得法律职业资格，到2025年，全国执业律师将达到75万名。① 在习近平法治思想指引下，我国社会主义律师队伍必将更加成熟，作用更加凸显，为实现全面建成社会主义现代化强国的第二个百年奋斗目标贡献更大的力量。

---

① 《司法部关于印发〈全国公共法律服务体系建设规划（2021-2025年）〉的通知》，载司法部网站，http://www.moj.gov.cn/pub/sfbgw/zwxxgk/fdzdgknr/fdzdgknrghjh/202207/t20220722_460268.html。

企业破产程序转换机制的检视与建构
——以破产重整与和解程序转换为视角[*]

杜玉兰　邱向茜[**]

内容提要：本文以重整与和解程序转换为研究视角，深入剖析程序转换困境的深层次成因，在厘清程序转换价值机理、逻辑机理及实践机理基础上，围绕破产重整与和解启动要件、主体要件、程序要件、前后衔接、协同制度等要素，构建了"三大要件+有序衔接+双重协同"的全周期程序转换机制，以期高效规范企业破产程序转换，深度释放破产制度在深化供给侧改革、优化法治化营商环境、推进公共法律服务等方面的积极效能。

关键词：破产重整；破产和解；破产程序转换；公共法律服务

《企业破产法》规定了重整、和解与破产清算三大程序。其中，重整与和解均属延续债务人主体资格的再建型程序，为困境企业开辟了灵活多元的救济渠道。企业破产程序转换机制作为三大破产程序间相互转换的耦合机制，对破产制度效能最大化发挥意义重大。然而，囿于立法缺漏与司法需求间的冲突，实践中破产程序转换存在适用思路分歧、运行规则偏差、说理效能不足等现实困局。现行法中重整与和解多独自发挥着拯救危困企业的制度功能，程序间亦缺

---

[*]　基金项目：本文系2021年度国家社科基金重大项目"民事司法程序现代化问题研究"（项目批准号：21&ZD205）的阶段性研究成果。

[**]　作者信息：杜玉兰，四川省成都市中级人民法院研究室副主任、审判员。邱向茜，四川省成都市中级人民法院研究室法官助理。

乏相互转换的耦合规则。近年来，各省市关于重整与和解程序转换的典型案例持续涌现，映射出程序转换的实践态势与现实需求。然而，立法的阙如既导致相关破产审判呈随意化、碎片化趋势蔓延，有违统一法律适用的目标追求；也与经济发展形势逐渐脱节，致使破产制度难以达成高效拯救债务人的功能期待。[①] 在《企业破产法》全面修订之际，本文通过梳理重整与和解程序转换的共性问题，剖析程序转换的功能定位及深层机理，并对重整与和解程序转换机制进行系统建构，以期通过重整与和解程序转换的"小切口"撬动破产制度在救治市场主体、优化法治化营商环境、推动经济高质量发展过程中的"大效能"。

一、破产重整与和解程序转换的现实困局

为探究重整与和解程序转换的实践现状，本文以"重整""和解""程序转换"等为关键词在中国裁判文书网、全国企业破产重整案件信息网上进行案例检索，以各法院官网的司法文件、典型案例、动态新闻为研究素材，结合网络问卷[②]形式对C市破产法官及管理人进行意见调研。综合分析后发现，实践中重整与和解程序转换运行并不顺畅，主要存在以下障碍。

（一）适用思路存在分歧

1. 转换意义认识不一

由法官、管理人组成的破产法律共同体对程序转换的态度与认知直接影响转换的适用率及效果。从调查结果来看，在必要性方面，46%的答卷人出于保护债权人权益及拯救债务人的考虑，支持重整与和解的相互转换；15%的答卷人认为和解转重整有其必要，但重整转和解意义不大；36%的答卷人基于程序经济的考量，认为重整与和解转换弊大于利。在适用性方面，32%的答卷人鉴于重整与和解转换立法空白，不敢、不愿进行转换；38%的答卷人提出为尽可

[①] 参见张善斌、钱宁：《论破产法修订应考量的几个重要关系》，载《宁夏社会科学》2022年第4期。

[②] 为全面了解相关主体对重整与和解程序转换的经验及看法，调查问卷设计了程序转换态度认知、法律适用、实践经验、对策建议等相关问题，通过网络形式对C市范围内160余名破产法官及管理人进行发放与回收，共回收109份有效问卷。

能拯救债务人，会适时进行转换。

2. 司法实践存在"质""量"反差

一方面，重整与和解程序转换案件数量较少。在多个数据库及法院网站中仅检索到涉及重整与和解转换案例33件，适用程序转换案例27件，转换实际运用率低。另一方面，虽程序转换案件体量不大，但其中13件被评为各省市破产审判典型案例，在审判思路、裁判引领、价值导向、社会宣传等方面辐射效应显著。同时，相关案件多于2020年后集中涌现，既体现了近年来重整与和解转换需求呈上升趋势，也反映出"量小效微"的转换案件对困境企业的拯救存在局限。

（二）运行规则存在偏差

1. 参与主体各异

检索案例中，程序转换启动主体随机。42%的案件转换申请由债务人提出，29%的案件转换申请由债权人提出，申请主体门槛不定。同时，审判权介入程度存在差异。39%的案件由当事人自行提出申请，法院在审判中未进行释明引导，程序推进面临各方阻力。37%的案件由法院积极引导后，当事人提出转换申请。如某钙业公司重整转和解案中，法院多次组织听证会并邀请专家论证讲解，现场模拟计算和解后债权实现的预期结果，成功引导当事人达成和解合意，程序推进高效顺利。① 可见，程序转换过程中能动司法落实与否产生的法律及社会效果大相径庭。

2. 审查标准不明

检索案例中，法院对程序转换申请审查时，有的以债务人继续经营可能性或行业前景为考量标准，但具体指标模糊泛化；② 有的以当事人程序转换意愿为衡量因素，但客观识别要素笼统缺失；有的以程序转换可行性及效果为审查要点，但判断标准并未清晰界定。③ 总体上，法院对重整与和解程序转换缺乏统一明确的审查标准，转换实践存在龃龉不合、难以协同的梗阻。

---

① 参见《焦作市全星钙业有限责任公司破产重整转和解案》，载河南省高级人民法院网站，http://www.hncourt.gov.cn/public，2023年7月1日访问。
② 参见（2016）苏1323民破1号民事裁定书。
③ 参见（2021）苏02破申11号民事裁定书。

（三）说理效能存在不足

实践中，重整与和解程序转换的文书说理存在过度强调政策及社会效果而忽视法律适用的倾向，逻辑性、客观性不足问题普遍。

1. 逻辑性欠缺

检索案例中，程序转换相关说理缺少法律适用与事实间的演绎归纳，难以有效"释明法理"。如某纸业公司和解转重整案[①]中，裁定只从债务人满足重整条件进行说理，对转换本身的规范基础避而不谈；又如某建设公司重整转和解案[②]中，文书仅是简单套用《企业破产法》第95条作为程序转换的法律依据，对具体适用理由未予细致论证，案件事实与法律适用间存在难以弥合的逻辑割裂。

2. 客观性不足

检索案例中，多数文书对程序转换以"情理"说明为主，缺少"以事实为依据、以法律为准绳"的司法理性。具言之，有案件以"债权人利益最大化、尽可能拯救债务人"等立法精神作为说理依据；[③]有案件以"优化法治化营商环境、高效整合社会资源"等政策导向作为论证支撑。[④]但前述说理多依附于抽象价值判断而缺少法律强制性约束，法官自由裁量空间过大，将不可避免地出现主观认定上的偏差。

二、破产重整与和解程序转换困境的原因探析

重整与和解程序转换存在分歧不断、要件不明、说理不足等问题，究其根源，在立法层面，程序转换相关规定或付之阙如或机械僵化，明确适恰的规范供给存在缺位；在实践层面，启动破产程序的主体多元、利益冲突尖锐等因素易引发申请错位，转换需求与日俱增。立法与实践的冲突与张力导致程序转换进退失据、适用混乱。

---

① 参见（2014）杭富商破字第4-5号民事裁定书。
② 参见（2022）川0107破18号之三民事裁定书。
③ 参见（2017）浙0185破1号民事裁定书。
④ 参见（2020）浙0383破9号之二民事裁定书。

（一）立法缺漏导致实践无所适从

1. 重整与和解转换的立法阙如

《企业破产法》第 70 条、第 95 条规定了破产宣告前，破产清算向重整、和解的转换；第 88 条、第 93 条规定了重整计划草案未获通过或未获批准时、债务人不执行或不能执行重整计划时，重整向破产清算的转换；第 99 条、第 103 条、第 104 条规定了和解协议草案未获通过或未获认可时、债务人不执行或不能执行和解协议时、和解协议无效情况下，和解向破产清算的转换。上述规定表明《企业破产法》已将"破产程序转换"这一机制涵摄于法律规范之内，但立法唯独对重整与和解的相互转换未置可否。《全国法院破产审判工作会议纪要》第 24 条也仅对破产宣告后的程序转换进行限制，对重整与和解程序转换同样未予回应。目前，重整与和解程序转换在规则引领方面仍存在真空、无以适用。

2. 重整、和解失败转破产清算的立法僵化

《企业破产法》规定重整、和解失败的债务人均转为破产清算，阻绝了部分具有再建希望且理应被拯救的债务人"涅槃重生"。究其原因，即便在破产程序中，债务人财务状况仍处于动态变化，对其处置不能简单采取"一刀切"的方式。受破产制度优惠、市场瞬息万变、府院联动积极协调、经营持续推进等因素影响，债务人能在重整、和解程序中"得以喘息"，资金周转及清偿能力得到一定恢复，使得重整、和解失败后的债务人未必达到《企业破产法》第 2 条所规定的破产原因。而现行《企业破产法》不顾此时债务人财务状况及程序失败原因均宣告破产，无论从立法逻辑抑或社会效果角度，都过于机械僵化，缺乏转圜余地。

一方面，致使法条内部逻辑难以自洽。破产程序的递进性决定了破产原因的层次性，重整、和解失败的原因仅是终止重整、和解程序的原因，并不等同宣告破产的原因，现行法规定混淆了两者间的区别。[1] 本质上，重整、和解失败后的债务人是否进入破产清算，不仅基于重整、和解程序能否继续，还应基

---

[1] 参见韩长印：《破产界限之于破产程序的法律意义》，载《华东政法学院学报》2006 年第 6 期。

于此时债务人是否具有"不能清偿"的法律事实,[①] 故重整、和解失败并不必然导致债务人宣告破产。另一方面,产生负面社会效果。重整、和解失败后径行转为破产清算的规定是为追求破产效率而不当扩张清算范围,不仅导致尚具再生希望的债务人欠缺有效途径化险为夷,同时忽视了破产宣告后或将引发债务人财产分崩离析、债权人清偿率降低、职工安置困难、债务人企业所在生态系统稳定性遭受重创[②]等一系列负面连锁反应。

(二)需求冲突导致申请难以协同

1. 当事人利益冲突导致申请交叉

由于《企业破产法》调整主体为丧失清偿能力的企业,在债务人资产有限境况下,利益冲突贯穿破产程序始终。不同主体因代表利益不同,提出的破产申请可能产生冲突:在债权人内部,无担保权的债权人为获得更高清偿,可能会忽视程序成本及风险申请重整;有担保权的债权人为优先行使权利获得清偿,可能会径直申请破产清算。以上交叉申请均可能导致债务人进入并不适配的破产程序,转换需求由此而生。

2. 程序认知偏差导致申请变更

受社会资源、经营参与度、诉讼能力等方面限制,当事人可能对债务人基本情况及破产程序功能存在错误判断或认知,实践中多表现为"重整最大化利用功能预设""重整与和解功能同一性"等误区,导致其最初程序选择之于债务人未必合适。为纠正错误程序对债务人再生带来的负面影响,当事人完全可能产生程序转换的合意。综上,实践需求增长与立法回应不足致使程序转换偏离回应型司法本质,亟待立法弥合二者间的冲突与鸿沟。

三、重整与和解程序转换的机理厘清

着眼理论,相较于个人破产、预重整制度如火如荼的研究态势,学界对重

[①] 参见邹海林:《破产法——程序理念与制度结构解析》,中国社会科学出版社2016年版,第439页。

[②] 参见徐阳光、武诗敏:《企业拯救文化与破产法律制度的发展》,载《山西大学学报(哲学社会科学版)》2021年第1期。

整与和解程序转换的研究少人问津且未达共识：有观点肯定重整与和解转换是有利于拯救债务人的合理选择，[①] 有观点认为重整失败的债务人丧失拯救价值，再转为和解已无实际意义，[②] 有观点主张重整程序所费不赀，和解转为重整将徒增成本。[③] 以上观点分歧本质为程序转换过程中关于"公正与效率"先位性的争鸣，同时其亦是判断程序转换正当性的逻辑基点。立足实践，在立法缺漏背景下，存在完成转换并成为典型案例的样本，折射出程序转换为现实需求使然。对此，不妨以价值、逻辑、实践三大机理切入，多维度辨析重整与和解程序转换的必要性及可行性基础。

（一）价值机理：基于意思自治及破产救济理念

1. 遵循意思自治的私法原则

从法律属性而言，为高效化解风险，破产程序中存在公权力的影响或介入，但《企业破产法》本质仍属私法范畴，[④] 理应尊重私法的基本原则——当事人意思自治。而困境企业根据自身情况择优适用不同破产程序，是符合危机化解规律及当事人意思自治的应有之义。若立法或司法一味将当事人程序转换的意思自治让位于高效推进破产程序的效率追求，则有以程序效率之名损害当事人合法权益之嫌。从责任承担角度而言，《企业破产法》以主体自己承担责任为基础，而重整、和解程序中存在大量不确定因素、利益冲突及商业风险，若立法罔顾当事人程序转换的意思自治，将导致当事人在未行使权利情况下反需承担程序继续的风险及义务，有违程序公正之原则。

2. 契合破产救济的立法理念

有观点认为，禁止和解与重整转换是保证破产效率的立法选择，并非理论和立法技术存在问题。[⑤] 从该角度而言，包括程序转换在内的众多破产制度确是社会政策的选择，难有孰对孰错之分，关键在于其与社会发展的适配程度。

[①] 参见王利明：《破产立法中的若干疑难问题探讨》，载《法学》2005年第3期。
[②] 参见韩长印：《破产法教程》，高等教育出版社2020年版，第210页。
[③] 参见邹海林、周泽新：《破产法学的新发展》，中国社会科学出版社2013年版，第78页。
[④] 参见张世君：《破产行政化的理论阐释、功能反思与制度应对》，载《政法论坛》2023年第2期。
[⑤] 参见李永军：《破产法——理论与规范研究》，中国政法大学出版社2013年版，第338页。

而纵观我国立法进程，1986年的《企业破产法（试行）》出台于改革开放初期，该法多数条文以债权人、债务人双方关系为调整对象，聚焦于国有企业清算，行政色彩较为强烈，与市场经济发展需求逐渐脱节。其后，强调破产救济、坚持破产当事人和社会公共利益并重的现代化破产立法理念在我国迅速勃兴发展，直至现行《企业破产法》第1条将保护破产当事人和社会公共利益并入规定，破产救济的立法理念最终得以确立。而允许和解与重整的程序转换，推动实现破产当事人与社会公共利益的"最大公约数"，无疑是契合立法理念的合理选择。① 一方面，其为特定条件下的债务人提供了两种预防程序的并行救济，不仅有利于拯救债务人，债权人也可能因此获得更高清偿；另一方面，其摆脱了立法仅辐射破产当事人利益的窠臼，站在市场经济运行的高度，对案件波及的社会公共利益予以全面衡量。债务人或因程序转换而免于清算，原有的商业信誉、人才及技术等生产要素，供应及销售渠道等社会资源得以保留，无形中节省了大量社会资源重新优化配置成本，也避免职工失业给社会稳定带来的一系列连锁问题，对公共利益的实现大有裨益。

（二）逻辑机理：重整与和解程序转换有其必要

1. 实现重整与和解程序的功能互补

实践中，即便重整适用率、受关注度较和解更高，但重整并非"万能灵药"，其推进过程亦面临巨大风险：一是重整程序周期漫长、成本高企、涉及主体多元，破产当事人在重整中受到法律诸多限制；二是重整程序结果未知，一旦失败将导致债务人财产、品牌效应、营运价值迅速缩水，而最终埋单主体仍是破产当事人。反观之，虽和解程序在理论和实务界并未得到过多青睐，甚至呈现日益边缘化趋势，但亦有其独特的制度价值和功能。《全国民商事审判工作纪要》指出："和解程序具有简便快速清理债权债务关系的功能，合理运用能实现各方利益的共赢。"相较于重整，和解有着周期短、成本低、风险小、程序灵活、充分尊重当事人意思自治等优势，是部分债务关系简单、债权人较少、负债较小的中小微企业自我纾困的优先选择。综上，重整与和解制度的差异性决定了二者功能的互补性，和解能在一定程度弥补重整高成本、高风险的弊端，

---

① 参见李曙光：《我国破产重整制度的多维解构及其改进》，载《法学评论》2022年第3期。

也调整了重整选择不适配债务人等实际问题。

2. 弥补和解、重整转破产清算的立法不足

如前所述，重整、和解失败的债务人未必达到清算界限，《企业破产法》相关规定机械僵化，极大限制了重整、和解破产预防功能的实现。对此，视情况允许满足条件的债务人进行程序转换，是更为适恰的解决方式。一方面，其能填补重整与和解程序转换的制度空白，高效回应实践需求；另一方面，其弥补了现行法中重整、和解转破产清算的柔性不足，赋予程序转换制度足够弹性，推动形成重整、和解、破产清算三大程序相互转换的逻辑闭环，为多样化运用破产预防制度开辟了新的纾困之径。

3. 比较法上的程序转换推动破产效率提升

虽域外制度移植存在南橘北枳之风险，但对其实践的镜鉴在一定程度上可为我国制度调试提供参考或反思。比较法视野下，部分国家在立法中明确了重整与和解程序转换机制：如《法国商法典》第6卷第621条对部分债务人实行"和解前置主义"，即只有和解不成时方才适用重整程序，[1]有效避免和解程序空置和"无谓"的重整；《意大利破产法》将重整内置于和解章节之下，并对重整与和解相互转换予以规范。以上立法模式对重整与和解的制度优势兼收并蓄，可以极大减少债务人程序选择的试错成本，推动破产程序效率进一步提升[2]。我国立法对和解与重整程序转换规定尚付阙如，债务人在进入破产程序前必须根据程序偏好及财务状况进行预判，在进入重整或和解后，该程序便决定了债务人的生死存亡——成则顺利拯救，败则宣告破产，完全丧失利用另一种预防程序自救的可能。本质上，无论重整、和解制度本身如何完善，若只遵循单一的拯救路径，难免出现顾此失彼的程序选择。这种只能从重整、和解中进行取舍而不可兼得的制度设计，难以高效回应市场主体释放的多元破产需求，不利于破产程序拯救效能最大化发挥。

---

[1] 参见李飞主编：《当代外国破产法》，中国法制出版社2006年版，第281页。

[2] 参见陶乾、张世君：《意大利破产和解制度的发展及经验借鉴》，载《社会科学战线》2016年第10期。

（三）实践机理：重整与和解程序转换现实可行

1. 和解转重整具有可行性

（1）程序转换主体的可识别性。如前所述，债务人财务状况在破产程序中持续变动，和解失败的债务人径直转为破产清算的立法存在"一刀切"的弊病，此时存在更为柔性的处置方式：在终止失败的和解程序后，对此时债务人财务状况进行二次分析。若债务人达到清算界限，则宣告债务人破产；若债务人未达清算界限且相关主体提出转为重整申请时，再对债务人是否满足转换条件进行甄别。概言之，适用程序转换的债务人必须满足提出转换申请、符合转换条件两大特征，而这两大特征在实践中均能通过具体司法手段予以识别。

（2）程序转换的可救济性。虽和解与重整均为破产预防制度，但二者在功能预设上有所不同，当和解拯救不能时，视情况对债务人适用更为"高级"的重整程序，完全存在令债务人"成功再生"的可能。究其缘由，其一，重整程序能通过限制担保权人行使权利而较为完整地保留债务人财产，为企业纾困提供运营基础及资产支撑，而和解则无法避免担保权行使后的财产流失。① 其二，法院可在法定条件下强制批准重整计划，使得重整程序得以继续推进，但和解磋商过程中存在被少数异议债权人钳制风险。其三，重整制度目标重在促进债务人经济复苏，恢复企业的"造血"能力，本质是为债务人提供积极救助；而和解制度目标重在债务清偿，债权人最关心的是如何使自身债权得到更加充分有效的清偿，而非关心债务人的生死存亡，② 本质为"输血式"的消极施救。因此，和解对债务人的拯救力度和效果自然无法与重整等量齐观。

2. 重整转和解具有可行性

有学者对重整向和解的转换持反对态度，认为重整一旦开始便不能转为和解，否则将导致程序成本激增的同时收效甚微。③ 笔者认为，重整程序周期漫长，债务人财务状况在此期间存在诸多变数，在重整不同阶段转为和解产生的法律效果各异，其可行性不可一概而论。对此，应以重整计划生效为时间节点，

---

① 参见李曙光、王佐发：《中国〈破产法〉实施三年的实证分析——立法预期与司法实践的差距及其解决路径》，载《中国政法大学学报》2011年第2期。
② 参见李永军：《破产法——理论与规范研究》，中国政法大学出版社2013年版，第338页。
③ 参见韩长印：《破产法教程》，高等教育出版社2020年版，第185页。

分阶段对转换可行性进行探析。

（1）重整计划生效前情况分析。在受理重整申请后、重整计划尚未生效时，重整转为和解具有可行性。究其原因，从程序选择而言，债务人对债权人的和解意愿难以判断、债权人对债务人的财务状况不甚了解、双方对破产程序存在认知错误等因素均可能导致债务人盲目进入重整。根据《企业破产法》规定，重整启动距重整计划生效之间存在 6 至 9 个月的时间差。在进入重整后，历经一段时间交流及磋商，当事人为纠正在先的错误选择，完全可能形成转为和解的合意。从破产原因而言，和解与重整的破产原因存在重叠，已进入重整程序的债务人极可能满足和解的主体条件，程序转换不存在主体上的障碍。同时，现行法规定债务人确已发生破产原因时方能启动和解，导致债务人启动和解时间节点较为滞后，往往贻误黄金拯救时机，和解的破产预防功能因而难以得到及时有效发挥。[①] 若允许重整向和解的转换，一定程度上有利于缓解立法对和解原因规定过于严格的问题。从债务人财务状况而言，在重整计划生效前、重整计划尚未执行时，多数挽救措施停留在口头和纸面阶段，债务人的财产折耗相对较小。鉴于和解低成本、短周期等优势，即便此时转为和解，债务人财产完全有足以负担程序转换前后费用的可能。

（2）重整计划生效后情况分析。在重整计划生效后，若再因各种主客观原因导致重整失败，债务人再转为和解的成功率微乎其微。究其原因，在制度强制力方面，重整较和解强制力更高，若经重整中多方主体反复磋商、公权力有效干预、战略投资人资金注入、担保权限制行使等一系列措施均难以挽救债务人，面对债务人重整失败的满目疮痍，和解拯救成功的可能性极低。在债务人财产方面，重整失败将导致债务人财产大量流失，若允许此时债务人再转为和解，经担保权人行使权利后，可供其他债权人分配财产可能所剩无几。在社会效果方面，重整的公开性将指数倍放大程序失败带来的负面影响，债务人的社会评价和市场前景因此遭受严重冲击，程序推进面临巨大阻力。可见，且不论程序转换的司法成本及制度构建的资源投入，仅考虑重整计划执行后重整失败给债务人带来的负面影响，此时债务人转为和解成功再生的希望实属渺茫。综

---

① 参见张世君、郑侠：《破产和解制度价值实现的困境与出路》，载《首都师范大学学报》2022 年第 5 期。

上，在和解程序中，债务人均有转为重整的可能；在重整计划生效前，债务人有转为和解的可能；在重整计划生效后，债务人再转为和解可行性极低。

四、破产重整与和解程序转换的机制构建

在明确重整与和解程序转换正当性基础上，为消弭立法与实践之冲突，兼顾公正性及效率性要求，本文立足程序转换的启动要件、主体要件、程序要件、前后衔接、协同制度等核心要素，构建起"三大要件＋有序衔接＋双重协同"的全周期程序转换机制。

（一）启动要件：由破产当事人提出转换申请

破产当事人作为最了解债务人经营情况、财务状况且与程序推进利益相关的主体，程序转换应以其提出申请为启动前提。但为避免不正当目的下程序转换带来的资源浪费及利益损害，有必要对特定情况的程序转换申请权予以限制或排除。

1.重整转和解：由债务人提出申请为前提，以当事人双方合意为基础

一方面，重整转为和解的申请主体是债务人。本质上，债权人的支持与配合对于和解固然重要，但和解协议草案的提交及履行更取决于债务人的意志和努力，相应法律后果也多由债务人承担。可以说，债务人意愿是整个和解程序得以顺利推进的前提和根基。同时，根据《企业破产法》规定，初始和解程序仅能依据债务人的申请启动，出于与现行法协调及尊重债务人意思自治的考量，此时程序转换的申请应限制为债务人提出。另一方面，以债务人提出申请为启动要件并不等同于不考虑债权人意愿，法院在审查阶段应重点询问和查明债权人的程序转换意向。

2.和解转重整：由破产当事人提出申请，并对债务人提出的情况重点审查

一般情况下，债权人和债务人均有程序转换申请权。但鉴于程序转换前的和解申请由债务人提出，且实践中存在债务人滥用重整恶意拖延债务、损害债权人利益的现象，立法对此时债务人提出的转换申请应进行严格审查，并就前期和解程序失败原因、债务人可归责度、债权人对债务人是否信任等多方因素一并纳入判断：对于因债务人欺诈或其他违法行为导致和解失败的情形，应认

定为债务人主观恶意较大，并基于保护债权人利益及程序公平的考量，限制此时债务人的程序转换申请权。

（二）主体要件：债务人兼具再建价值及可能性

较之初始申请，程序转换时债务人已深度参与并承继了前一程序的救治与协同成果，对其主体要件的审查应更为严格。

1. 重整转和解：债务人符合和解原因且和解协议可行

法院应审查债务人的财务状况是否达到清算界限、当事人是否存在程序转换合意及和解协议可行性。对此，债务人应在申请程序转换的同时提交和解协议草案，在必要情况下法院可以要求债务人或管理人对转为和解的原因及和解协议可行性进一步说明。

2. 和解转重整：债务人具有重整价值及转换必要

对于和解转重整申请的审查，既需对企业是否符合重整原因进行识别，亦需斟酌程序转换成本及风险、债务人重整价值，并综合衡量债务人"再建希望"是否高于清算价值与程序转换成本。其中，债务人是否具有重整价值为审查的关键，具体可从以下方面进行分析：其一，债务人优势资源占有情况、市场综合情况、企业内部运行状况。[1] 其二，债务人再生是否符合国家产业及环保政策，是否符合社会公共利益。其三，破产当事人重整意愿的强烈程度。本质上，和解转重整虽有提高清偿率的可能，但亦存在耗时耗资且再次陷入破产清算的风险。法院在审查时应与破产当事人、管理人保持全面充分的沟通，必要时可以组织听证会，充分听取债权人、债务人、管理人意见，并向行政及行业主管部门等征询意见。

（三）程序要件：满足效率提升的必要限制

效率是破产制度的核心价值。破产程序久拖不决将减损债务人财产价值、阻碍债权人权利实现、增加办理破产成本，最终损耗《企业破产法》的实效性。因此，有必要对程序转换设置合理限制，保障破产程序高效推进。

---

[1] 参见王宗正、张分夏：《论破产重整启动"再建希望"要件》，载《东南学术》2023年第4期。

1. 重整转和解的限制

（1）申请时间。在重整受理后、重整计划生效前，债务人可以提出转为和解的申请。但鉴于破产程序的不可逆性及重整计划的执行成本，应对重整计划生效后再转和解的申请予以限制。（2）审查时间。考虑到法院在初始重整时已对债务人的财务状况进行实质审查，且和解申请的审查难度较重整更低，故应对现行法的相关审查时间适当缩减，法院应在收到转换申请之日起五日内裁定是否准许债务人转为和解。

2. 和解转重整的限制

（1）申请时间。一是和解程序失败后五日内，破产当事人可以提出转为重整的申请。二是和解受理后、法院裁定认可和解协议草案之前，破产当事人可以提出转为重整的申请。（2）审查时间。虽重整价值的审查较为复杂，但经初始受理及前期和解的商酌谈判，法院对债务人情况已有一定了解，故也应对法院程序转换的审查期限适当压缩，由初次申请的"十五日"缩减至"十日"为宜。

3. 其他限制

一是压缩重整计划提交时间。提交重整计划的时间为自法院裁定程序转换起四个月内，且不得延期。究其原因，前期和解过程中，破产当事人已就债务清偿问题进行初步协商，为合理控制程序节奏、避免程序拖延，应合理压缩重整计划提交时间。鉴于重整计划草案包括拟定企业经营方案等复杂问题，将提交时间压缩至四个月较为适宜。二是必要的信息披露。在重整过程中，债权人行使权利受到大量约束，且其对影响自身权利的信息也未必了解，难以确保在重整阶段进行准确判断及高效磋商。《企业破产法》仅在第8条规定破产申请所需提交的材料，并未对债务人向债权人的信息披露义务予以明确。为避免信息不对称带来的分配不公及程序低效，在程序转换后、重整计划草案提交表决前，债务人或破产管理人应将以下信息以口头或书面形式详细披露给债权人、股东或者其他利害相关人：重整计划草案的内容提要、各主体在重整计划中的待遇、重整的风险评估、解决财务问题已采取和即将采取措施[1]、债权人在清算和重整中分别可能得到的分配额比较分析等。

---

[1] 参见陈英：《破产重整中的利益分析与制度构造》，山东大学出版社2013年版，第73页。

（四）有序衔接：强化程序转换的内在统一

鉴于重整与和解在指导思想、处理方式及运行机理上存在诸多共通之处，若在规则设计中强化程序转换前后的内在联系，高效承继前一程序的措施及成效，势必能极大减少转换后程序推进的阻力。

1. 程序转换前后共同适用的制度

在管理人方面，程序转换前指定的管理人，一般情况下继续担任转换后的管理人。经过前期工作的协调对接，管理人已全面掌握债务人财务状况、债权债务关系、破产程序推进等信息，转换后继续担任管理人能有效避免财务手续交接、熟悉案件情况带来的时间空耗，有利于加快破产进程。但若前一程序的管理人在工作中存在不能胜任或出现管理人行为直接导致程序失败的情形，法院应重新指定管理人。在债权申报方面，程序转换前已进行债权申报的债权人，可免除其转换后的申报义务。转换前经审核确定的债权在转换后不必再次审核确认。在债务清偿方面，重整计划草案或和解协议草案中已拟定的清偿方案，或经沟通磋商形成的债务处置措施，可供转换后的破产当事人参考借鉴。

2. 和解协议效力具有延续性

在和解失败后再转为重整涉及已执行和解协议在重整程序中的处置。此时，相关制度设计可借鉴现行法加以明晰：《企业破产法》第103条、第104条规定了和解协议无效、和解协议被终止执行时，因履行和解协议所受清偿在清算中的处理办法。就运行机理而言，上述方式在和解转重整时同样适用。但鉴于债权人在和解协议中难免对债权作出妥协与让步，若转为重整后不对其进行补偿则可能导致在和解中未获清偿的后顺位小额债权人得到比先顺位大额债权人更多清偿，造成分配不公。对此，可参考我国台湾地区的做法：以和解前原债权额为重整债权。即便转换前债权人已依和解协议完全受偿，也可将和解免除的债权额在重整程序中再次进行表决和分配。① 在和解协议终止情况下，为和解协议执行提供的担保在重整中继续有效。

3. 在和解中已行使担保权的效力

一方面，法院应审慎审查。自法院裁定和解之日起，担保权人可就担保物

---

① 参见王欣新：《破产法》，中国人民大学出版社2019年版，第283页。

的直接变价获得清偿，若已变价的担保物是债务人重整所必需之生产材料或经营场所，势必对后期重整经营造成较大梗阻。若该种情况下仍坚持转为重整的债务人，存在恶意利用重整拖延债务的可能，法院应审慎考察债务人就现有的生产、经营条件是否具备继续经营的必要性及可行性。另一方面，担保权暂停行使。和解中已行使担保权的债权人，不再参与转为重整后相应债权的清偿；若在和解中债权人放弃行使担保权，其对债务人特定财产享有的担保权在重整中依法暂停行使。

（五）双重协同：优化重整、和解转清算的配套制度

上述重整与和解程序转换建立在当事人具有转换意愿的启动要件之上，此时理论和实践均指向另一种可能：依据《企业破产法》被认定为重整或和解失败的债务人，其主观上不存在程序转换意愿，客观上又未达法定清算界限，该如何处置？为兼顾当事人意愿与拯救债务人宗旨，有必要一并创设相关配套救济制度，形成逻辑闭环。

1. 关于重整失败未达清算界限的制度协同

此时应在区分债务人"不执行""不能执行"重整计划原因的基础上因案施策：一是补充重整计划执行主体。当仅因债务人原因导致重整计划无法执行，但重整计划本身仍具可行性时，可视情况允许管理人补充执行重整计划。二是完善重整计划变更机制。在必要且可能情况下，可根据重整计划内容和执行阶段，允许重整计划中经营方案相关内容的变更，以灵活规避重整计划执行障碍，提高债权人抵御市场风险的能力。[①] 通过以上缓和处置手段，可以将重整计划从静态僵化的线路图转化为动态灵活可操作的救济指南。

2. 关于和解失败未达清算界限的制度协同

此时应将债务人前期和解失败的原因予以衡量：若和解失败是因和解协议无效或债务人恶意不配合执行和解协议所致，该种情况下债务人主观过错较大，终结破产程序后自主履行债务的可能性较小，应快速终止和解程序并宣告债务人破产；若和解失败是因和解协议草案制定初期的预估偏差未被通过，或突发

---

① 参见崔明亮：《破产重整计划执行法律问题研究》，载《中国政法大学学报》2018年第2期。

市场风险导致和解协议暂时性执行受阻，此时债务人主观过错相对较小，法院可以仅裁定终结破产程序，并不必然转为清算，为债务人留得一线生机。

结　语

随着办理破产市场化、专业化、法治化程度持续提升，程序转换机制能为破产程序提供更为丰富的制度工具，助力危困企业"破而后立、行而不辍"，最大化实现破产当事人及社会公共利益。当前实践中，囿于法律供给与实践需求间的矛盾，重整与和解程序转换存在适用分歧较大、要件规定不明、说理不够周延等问题，立法与实践、重整与和解程序之间均存在一定程度的断裂与藩篱。对此，本文以价值、逻辑、实践三大机理为切入，多维度论证重整与和解程序转换既有其必要，亦现实可行。为兼顾效率性与公正性限制，实现统一、高效的程序转换，本文围绕启动要件、主体要件、程序要件、前后衔接、协同制度要素，构建起"三大要件+有序衔接+双重协同"的程序转换机制，对重整与和解程序转换机制的关键环节及时间节点予以规制，助益于破产法律制度与司法实践、重整与和解程序之间从断裂走向耦合。

立法评估与服务质效评价

2020—2023年全国公共法律服务地方立法及实施情况简析报告[*]

杨凯教授立法后评估团队[**]

内容提要：本报告以2020—2023年期间全国各省（市）已经正式审议通过并颁布实施的相关地方立法及实施情况，以及正在立法审议过程中的地方立法草案为实证研究样本，组织开展第三方立法后评估实证应用研究，试图初步描绘出全国公共法律服务地方立法及实施情况的基本样态和发展趋势，为公共法律服务体系建设的区域协同立法和全国立法理论研究作预先准备。

关键词：公共法律服务体系建设；地方立法；行政规章；立法后评估研究

为更为全面、系统地评估公共法律服务体系建设的地方立法与实施情况，助力全国性公共法律服务体系建设与完善，落实党的二十大报告提出的"建设覆盖城乡的现代公共法律服务体系""推动多层次多领域依法治理"等要求，笔者在针对2020—2023年间各省、市已经正式通过并实施的相关地方立法及实施情况开展立法后评估的同时，比照2019年7月中共中央办公厅、国务院办公厅印发的《关于加快推进公共法律服务体系建设的意见》（以下简称《意见》）及2021年12月司法部印发的《全国公共法律服务体系建设规划（2021—2025

---

[*] 基金项目：本文系2021年度国家社科基金重大项目"民事司法程序现代化问题研究"（项目批准号：21&ZD205）的阶段性研究成果。

[**] 作者信息：华东政法大学公共法律服务研究院杨凯教授立法后评估团队：郑若颖、王璨璨、白蒙妮、郝志光、靳楠、郭文静、刘昊、刘青。

年）》（以下简称司法部《规划》），以全部评估对象为分析样本作了进一步横向比较，提炼亮点、归纳问题，撰写本分析报告。

一、分析样本

1. 黑龙江省人大常委会 2020 年 10 月通过并实施的《黑龙江省人大常委会关于加强公共法律服务体系建设的决定》（以下简称《黑龙江决定》）；

2. 山东省人大常委会 2020 年 9 月通过、2021 年 1 月实施的《山东省公共法律服务条例》（以下简称《山东条例》）；

3. 湖北省人大常委会 2020 年 11 月通过、2021 年 3 月实施的《湖北省公共法律服务条例》（以下简称《湖北条例》）；

4. 福建省厦门市人大常委会 2021 年 8 月通过、同年 10 月实施的《厦门经济特区公共法律服务条例》（以下简称《厦门条例》）；

5. 上海市政府 2022 年 1 月通过、同年 3 月实施的《上海市公共法律服务办法》（以下简称《上海办法》）；

6. 广东省广州市政府 2022 年 1 月通过、同年 6 月实施的《广州市公共法律服务促进办法》（以下简称《广州办法》）；

7. 江苏省人大常委会 2022 年 9 月通过、同年 12 月实施的《江苏省公共法律服务条例》（以下简称《江苏条例》）；

8. 四川省人大常委会于 2023 年 9 月提请审议的《四川省公共法律服务条例（草案）》[以下简称《四川条例（草案）》]。

以上分析样本文件，本文统称为既有地方立法。

二、既有地方立法及实施情况的亮点提炼

（一）立法亮点

1. 明确公共法律服务的基本概念及范畴，确认公民、法人和其他组织的相关权利。《意见》与司法部《规划》的核心是建设公共法律服务体系，但对"公共法律服务"的基本概念及范畴，以及公民、法人和其他组织等公共法律服务

需求主体的权利之确认，在文件中没有表述。既有的地方立法都关注到了这一空白，在规范文本的前端、立法目的声明条文之后，以专门条文对公共法律服务的基本概念及范畴进行了描述，并且确认了公民、法人和其他组织对公共法律服务享有获取、监督、评价和提出意见等权利。

2. 利用科技创新手段赋能，新增"智能精准"作为公共法律服务体系的建设目标。《意见》将"覆盖城乡、便捷高效、均等普惠"作为公共法律服务体系的建设目标，并且提出加强科技保障的要求；司法部《规划》在此基础上，提出了"智能精准"的概念，主张推进"智慧法律服务"。既有地方立法都认识到了将信息化、智能化等现代技术融入公共法律服务体系建设的重要性，《山东条例》《厦门条例》《广州办法》以专门条文将打造信息化、智能化的服务设施固定为政府及其部门的任务，《上海办法》和《江苏条例》更是将"智能精准"新增为公共法律服务体系的建设目标。最新进入立法程序的《四川条例（草案）》进一步鼓励和支持区块链、人工智能等新兴技术在公共法律服务领域的研发和应用。

3. 创设"应急+常态"的公共法律服务供给机制，助力社会公平的实质实现。《意见》与司法部《规划》均强调了公共法律服务在服务国家重大战略、参与政府重大项目、协助重大经济活动以及防范、化解重大社会风险中的作用。既有地方立法对前述内容予以采纳的同时，将社会生活中的涉法事务作出了应急与常态的界分。具体而言，应急机制要求在重大公共事件、群体事件、突发事件等出现时，公共法律服务体系能够根据应急预案迅速完成专业团队和专门通道的供给，为事件的应急处置提供及时、便捷的法律服务。常态机制则分为两种，一是为法治政府、法治社会建设的法律事务提供服务，二是要保障特殊群体的基本公共法律服务权益。对于后者，既有地方立法能够做到根据不同具体群体的基本法律需要，专门、对应地确定供给主体和供给内容，更好地助力社会公平的实质实现。

4. 优化公共法律服务平台建设方案，打造现代法律服务聚集区。《意见》与司法部《规划》均指出公共法律服务平台建设应当采用"实体+热线+网络"的线上、线下一体融合模式。既有地方立法在此基础上，进一步要求公共法律服务平台与政务服务平台、诉讼服务平台、检察服务平台等形成联动，实现"一网通办"。同时，《厦门条例》《上海办法》《广州办法》立足本土的法治情况，在其立法中创造性地提出打造各具特色的现代法律服务聚集区，以更好地整合区域内优质法治资源、提高专门法律服务的能力以及提升区域法治的竞争力、影响力，满足经济、社会高质量发展对法律服务的需求。

5. 强调涉外公共法律服务体系建设，推动涉外法律服务事业发展。《意见》与司法部《规划》在论及促进公共法律服务多元化、专业化的内容时均涉及加强涉外法律服务的要求。既有地方立法在吸收前述文件提及的涉外公证、涉外仲裁、涉外鉴定、涉外法务、涉外法律服务机构建设、涉外法治教育和涉外法律人才培养等内容的同时，结合本地区的需要，将涉外法律服务人员的培养与平台的建设作为政府司法行政部门的职责，并强调与法律服务聚集区、国际法律服务中心、亚太仲裁中心等建设以及"一带一路"、自贸区、粤港澳大湾区及两岸互通等商贸政策相结合，同时关注为境外的我国公民、法人和其他组织提供基本、多元、专业的公共法律服务需求。

6. 重视对公共法律服务的经费保障，对参与公共法律服务的机构和人员予以激励。《意见》与司法部《规划》均提及从财政与社会两个方面对公共法律服务体系建设提供经费保障，引入激励机制。既有地方立法都明确了地方各级人民政府应当将公共法律服务所需经费纳入本级财政预算，并具体规定了何种服务由何级地方财政免费供给、何种服务由地方财政和需求主体共同分担。同时，既有地方立法在肯定了对积极参与公益性法律服务的机构和人员给予表彰、奖励之余，还规定了有突出贡献的或者满足特定条件的法律服务机构和人员能够获得不同形式的嘉奖、补贴或政策优待，以激活各类社会主体的积极性。

7. 建立公共法律服务的责任监督机制，关联考核评价机制与设置意见反馈渠道。《意见》与司法部《规划》从正面对公共法律服务体系建设主体的责任进行了规定，并宣示了服务监督的要求。既有地方立法以此为前提，细化了相关主体的责任，并将前述责任与政府的考核评价进行关联，要求相关主体对公共法律服务活动进行监督的同时，自觉接受社会的监督，并根据监督情况及时调整。此外，既有地方立法为落实公民、法人和其他主体设置了意见反馈渠道，受理、处理和反馈有关公共法律服务的异议、投诉和举报，避免出现相互推诿的情况，以提高公共法律服务的满意度。

8. 公共法律服务地方立法在标准化、一体化的要求上逐步提升。在标准化层面，《厦门条例》《山东条例》未提及这一要求，《湖北条例》《江苏条例》在分则有所提及。而最新进入立法程序的《四川条例（草案）》进一步将标准化要求规定于总则部分，提升了这一要求在公共法律服务体系建设中的统领性地位。在一体化层面，《厦门条例》《湖北条例》《江苏条例》等未有提及或仅略有体现，而《四川条例（草案）》在"公共法律服务平台"章中强调了一体化，在多个条文中提及热线平台、网络平台和服务平台运行的一体化、一体化政务平台建设以及公共服务平台一体化运行机制等要求。

9.地方立法的区域协同意识有所提升。例如，正在审议过程中的《四川条例（草案）》强调要和其他省级公共法律服务平台互联互通，"打造立足四川、辐射西部、影响全国、面向世界的智慧公共法律服务高地"。

（二）实践亮点

1.制定与实施始终坚持人民主体地位，体现全过程人民民主的特质。既有地方立法的制定与出台经历了立法前论证、纳入立法计划、起草初稿、征求意见、条文论证等多个阶段，在此过程中多次通过召开听证会、开展走访调研以及在政府官方网站发布征求意见等形式，广泛听取社会各界的意见与建议，并集中对主要的意见和建议向社会作出采纳与否的说明反馈。既有地方立法实施后，公共法律服务的供给主体对各方提出的意见和建议都进行了积极的回应；尤其在各项公共法律服务的具体落实方面，相关部门根据前述意见和建议制定与出台了一定的配套措施，以改善公共法律服务的供给质量。这都充分体现了全过程人民民主的特质。

2.形成了多层次、广业务、高效率、全时空的公共法律服务生态圈。地方政府和社会在建设公共法律服务体系的过程中，制定了高于《意见》、司法部《规划》和预设标准，形成了更为完善的公共法律服务生态圈。其中，多层次是指公共法律服务的供给机构实现了省、市、县（区）、乡（街）、村（居）五级网络；广业务是指公共法律服务的供给主体涵盖政府部门、司法机关、社会团体、行业协会及企业、事业单位，内容覆盖法治宣传、法律咨询、法律查询、法律援助、法律顾问以及律师、公证、司法鉴定、仲裁、调解等；高效率是指公共法律服务的供给平台实现了线上、线下的一体联通，服务的获取、评价、监督和提出意见更为便利；全时空是指公共法律服务的供给24小时不间断。

三、既有地方立法及实施情况的问题归纳

（一）立法问题

1. 制定主体层次不一，规范形式位阶不同，框架内容侧重各异。既有地方立法的制定主体有地方人大常委会与地方政府两种；规范形式则是条例、办法和决定并存；框架内容除总则、附则的内容较为一致外，分则内容的设计逻辑与关注重点各有不同。黑龙江、山东、湖北和上海在出台了省级立法后，其下辖的行政区并没有相应立法跟进；而厦门、广州更是在福建、广东没有出台省级立法的情况下率先出台了市级立法。这些问题的根源是直接上位法依据的缺失，省、市两级的立法分工不明、主导不清，不利于公共法律服务体系的精细化建设。

2. 供给主体与内容不够匹配，责任承担方式和监督考核机制有待进一步完善。既有地方立法对公共法律服务体系的供给主体和供给内容都进行了列举，但未能实现供给主体与供给内容之间的精确匹配，导致服务供给出现主体、内容不清晰的情况。同时，责任承担方式与监督考核机制虽然有涉及，但较为笼统，且没有与相关法律法规及单位、行业规定实现衔接；兼之服务质量与服务效果等标准缺失，导致二者的约束力、威慑力缺乏刚性。

3. 需求主体权利与义务有待于具体化，救济机制和信息公开机制需进一步健全。既有地方立法的重心尚处于公共法律服务体系的建设阶段，表现为具体条文多及于平台建设的职责；尽管确认了公民、法人和其他组织在公共法律服务活动中的一些权利，但既没有赋予对应的义务，也较为缺乏权利保障的相关规定，更没有赋予需求主体在无法获取或不满公共法律服务时在程序上向主管部门提出异议或投诉的救济渠道。此外，作为需求主体权利行使关键保障的信息公开机制，目前仅《广州办法》和《江苏条例》有所提及，在其他地方立法中未有体现。

4. 协同工作机制存在一定不足，社会参与度有待提升，相关规范与配套措施适配性不足。既有地方立法虽然都强调了政府、社会的多部门、多主体协同，但只有黑龙江、广州在配套实施细则中提及了联席会议制度，其他立法及配套政策都没有提出有实质意义的协同工作机制。这导致目前的体系建设责任基本

由地方政府司法行政部门承担，其他部门及社会主体的参与积极性不高。此外，针对既有地方立法具体实施而制定的配套实施细则还存在数量较少、内容不全面与更新不及时等问题，难以为公共法律服务体系建设提供有效助力。

（二）实践问题

1. 区域经济社会发展不平衡导致资源配置失衡，影响了公共法律服务的有效供给。目前乡（街）与村（居）两级地方仍然主要由司法所替代履行公共法律服务职能而非建成专门的公共法律服务工作站或工作室，工作人员多由司法所工作人员兼任而非为具备法律职业资格的人员。作为具体法律服务的主要供给来源，具备法律职业资格的人员主要集中在经济发达的城区，远郊乡镇明显缺乏，导致乡（街）、村（居）的公共法律服务经常性缺位，无法提供及时有效的法律服务。

2. 宣传力度与创新度较低，需进一步提高公共法律服务的知晓率、接受度。从调研情况来看，目前有关公共法律服务及相关地方立法、制度的宣传活动仍然止步于传统普法形式，针对性、实用性、新颖性不足，难以让社会公众在此过程中真正地了解、感受公共法律服务，宣传效果欠佳。

四、未来展望

1. 尽快启动全国性的公共法律服务专门立法工作，通过完善的顶层设计为后续地方相关规范的制定与修订提供直接的上位法依据，以更好地指导、规范与推动公共法律服务体系的建设。

2. 适时启动与公共法律服务体系相关的规范性法律文件的修缮工作，以准确的上位法指导、充足的同位法协同和细致的下位法支持，提高公共法律服务体系建设与后续运行的实效。

3. 借助立法后评估撬动公共法律服务体系建设精细化，对存在的问题进行检讨与调整，对提炼的亮点予以巩固和加强，借鉴其他相关地方立法及实施情况的优秀经验，认真规划体系建设的各个细节，充实主体的权利义务与职权职责，关注与统筹信息公开、激励、监督与救济等相关的工作机制完善，重视区域间的发展协调与资源分配。

4.加大公共法律服务的宣传力度,创新公共法律服务的活动形式,增加财政对公共法律服务体系建设的支持,明确公共法律服务产品的内容、功能和供给标准,拓宽公共法律服务平台的功能,充分调动社会主体的积极性。

法律援助服务质量的评估
——兼析值班律师办理认罪认罚从宽案件质量评估指标[*]

程 滔 张 宏[**]

内容提要：近些年司法部相继出台法律援助服务规范和刑事法律援助质量评估标准，2021年颁布的《法律援助法》为法律援助服务质量评估提供了法律依据。本文明确法律援助服务质量概念，阐明其与法律援助案件质量评估的异同，以律师的称职性与尽职性作为法律援助案件的标准，指出目前刑事法律援助案件的质量缺陷，最后对值班律师办理认罪认罚从宽案件的指标进行设计与说明。

关键词：法律服务质量；法律援助；刑事法律援助案件质量；质量评估

质量是法律援助事业可持续发展的生命线，我国法律援助在"从无到有"的发展过程中，"从有到优"逐渐也提上议程。法律援助服务是公共法律服务的重要组成部分，法律援助服务质量是为法律援助供给组织提供法律援助服务过程及结果的特质属性满足相关规定要求和受援人需求的程度。伴随着《法律援助法》的颁布，我国法律援助制度的发展迈上一个新的台阶，特别是刑事法律援助使得刑事辩护覆盖到几乎所有的刑事案件，但法律援助案件的质量一直受

---

[*] 基金项目：本文系2021年度国家社科基金重大项目"民事司法程序现代化问题研究"（项目批准号：21&ZD205）的阶段性研究成果。

[**] 作者信息：程滔，中国政法大学法学院教授，博士生导师。张宏，盈科律师事务所律师，法学博士。

到质疑,甚至有学者批评刑事法律援助案件是低质量的代名词。然而即使在律师制度发达的国家,对于这种普惠型、免费的法律服务,其质量同样受到诟病。英国为保障法律服务的质量,规定"特许事务所"(franchised firm),即对法律服务进行认证,只有符合法律援助机构规定的品质,获得品质标志,才能签约。[①] 美国则通过判例确认无效辩护的标准,被法院认定为无效辩护所产生的判决会被撤销。由此看来,英美国家对法律援助服务质量的保障主要采用两种做法:一是通过法律服务的认证进行资质保障;二是考察律师专业能力以及投入程度和工作态度,即职业伦理的保障。

近年来,我国法律服务行业进入高速发展阶段。截至 2022 年年底,我国共有律师事务所 3.86 万多家,执业律师人数已逾 65 万人,行业的迅速发展对律师的法律服务提出了更高的要求。法律服务质量标准是衡量法律服务水平的标杆,《法律援助法》第 57 条明确规定,制定法律援助服务质量标准,定期进行质量考核。针对法律服务行业管理问题突出,服务质量参差不齐,委托人评价缺位等问题,需要建立以委托人感知为重要评价指标的评价体系,以促进法律服务的高质量。

一、法律援助服务质量

法律援助服务是公共法律服务的重要组成部分,公共法律服务是继教育、医疗、文化、社保等基本公共服务之后,由政府主导提供的又一种新型的公共服务。[②] 因此,法律援助并非孤立存在的,作为公共法律服务体系的组成部分,它是国家建立的为经济困难公民和符合法定条件的其他当事人无偿提供法律咨询、代理、刑事辩护等法律服务的制度。[③] 提供公共法律服务是政府公共职能之一,2017 年国务院印发的《"十三五"推进基本公共服务均等化规划》确立了我国基本公共服务的制度框架,并将法律援助列入我国基本公共服务的范畴。2019 年中共中央办公厅、国务院办公厅印发的《关于加快推进公共法律服务体

[①] 沈宜生:《法律扶助制度研究——以英国法律扶助制度为本》,元照出版社 2007 年版,第 72、162 页。

[②] 王进喜、陈宜:《公共法律服务何以"更上一层楼"》,载《人民论坛》2018 年第 12 期。

[③] 参见《法律援助法》第 2 条。

系建设的意见》指出，公共法律服务是政府公共职能的重要组成部分，是保障和改善民生的重要举措，是全面依法治国的基础性、服务性和保障性工作。

当代社会中，公共服务虽然与商业服务有所区别，但"质量"的概念同样适用于这两个领域。① 在公共行政领域，质量的含义经历了"遵守规范和程序意义上的质量—有效性意义上的质量—顾客满意度意义上的质量"三个发展演变的阶段。公共服务质量管理研究中，有学者将公共服务质量定义为："公共部门或第三部门在提供公共服务过程中，满足公众需求及提升公众满意度的总和。"②

法律援助服务质量是将质量概念引入法律援助领域而产生的一个概念，在既往的法律援助制度理论研究和实践中，法律援助服务质量的问题逐渐得到关注。伴随着法律援助质量保障和监督制度的深化，质量控制进入了司法行政部门的视野。2017 年司法部《全国民事行政法律援助服务规范》《全国刑事法律援助服务规范》两个法律援助服务行业标准颁布，标志着政府部门发起了法律援助领域的"质量运动"。一方面，法律援助服务质量受到多重因素影响，法律援助制度的宗旨和原则、工作机构、服务人员、实施程序、经费制度、监督管理、法律责任等都直接或间接地影响着法律援助质量。③ 另一方面，从服务质量概念本身来讲，更强调服务主体和服务对象直接的关系问题，对服务质量的理解离不开服务对象的感知和反馈。从这一角度来讲，法律援助服务质量具有感知性的特征，受援人满意度是评价服务质量的必要标准。法律援助服务质量高，法律援助机构能够精准识别受援人以及公众对法律援助服务直接或者间接的诉求和感知，是保障受援人获得法律援助的重要前提，这也为法律援助服务质量概念的界定提供了参考。

总体来看，法律援助服务质量发展是在法律援助需求全面快速增长和司法行政部门加强服务型政府建设背景下，持续提升法律援助服务质量、增强法律援助供给能力和转变司法行政部门职能的重要策略选择，也是新时代系统性推进法律援助治理水平现代化的路径选择。

---

① 郝静、杨永志：《构建法律援助案件质量评估体系之实证检视与对策研究——以 H 省法律援助案件质量评估试点为样本》，载《西部法学评论》2015 年第 12 期。
② 陈文博：《公共服务质量评价与改进：研究综述》，载《中国行政管理》2012 年第 3 期。
③ 吴羽：《中国特色法律援助制度论纲》，载《中国司法》2022 年第 6 期。

以质量管理的视角为引领，以公共服务领域质量概念的发展为参照，在全面审视法律援助服务发展的时代要求基础上，法律援助服务质量的概念得以建立，其实质是为法律援助供给组织提供法律援助服务过程及结果的特质属性满足相关规定要求和受援人需求的程度。可见，法律援助服务质量是与法律援助制度改革并行发展起来的一个概念，从而成为一个多维度融合的概念范畴。

二、法律援助服务的质量评估

（一）法律援助服务质量评估的概念

在公共服务评估领域，围绕提升公共服务品质和效率，改革开放以来我国的公共服务质量发展的实践演绎主要涵盖了目标责任制管理、民众满意评价、公共服务标准化、公共服务质量评估等策略选择。[1] 法律援助服务质量评估是评估理论和实践向法律援助制度渗透的结果。法律援助服务质量评价的目的在于法律援助服务是否满足了受援人对法律援助的基本需求，质量评估的中心议题是如何才能保证政府的法律援助"物有所值"。但质量评估绝不只是调查评价程序的简单应用，它是一个目标导向的活动，其效用在于影响服务政策的制定、具体制度的设计以及监督管理的改进。综上，我们可以从三个层次来理解法律援助案件质量评估的效用：从微观而言，质量评估是对个案法律援助服务的绩效测量和社会干预；从中观而言，质量评估促进了法律援助监管部门的管理工作；从宏观而言，质量评估是一项政治性活动，推动了政府民生工程的建设，使政府公共决策更具合法性和公信力。诚然，我们不能指望质量评估根除法律援助服务中的痼疾，但质量评估的运用肯定有助于引导政府政策制定、服务规划、管理方式以及个体行为方式向正确的方向发展。[2]

基于以上分析，可将法律援助服务质量评估界定为：评估主体根据一定的原则、标准，运用科学的方法和规范的程序，通过系统收集、分析和整理法律

---

[1] 翁列恩、胡税银：《公共服务质量：分析框架与路径优化》，载《中国社会科学》2021年第11期。

[2] 王春良、董印河、杨永志：《完善法律援助制度研究》，法律出版社2018年版，第192页。

援助服务质量相关信息，对一定地区范围内、一定期限内的法律援助服务进行综合性衡量和判断并改进法律援助服务质量的实践活动。

（二）法律援助服务质量评估中存在的问题

法律援助服务质量评估标准是衡量服务质量的标尺，目前，我国法律援助服务质量评价标准体系存在着以下几个方面的不足：

1. 评估指标体系不健全

法律援助质量是考察一个国家法律援助实效性的核心标准，而服务质量的优劣须经科学有效的评价标准来检验，因此，评估标准是法律援助质量评估的逻辑起点。评估标准在一定程度上对法律援助工作起到指引的作用，没有客观、科学、准确的评估指标体系，就难以摸清法律援助质量的真实状况。从应然角度看，法律援助服务质量评价指标体系应当涵盖接待、受理、审查、指派、监督等工作环节，也应当包括诉讼型法律援助服务质量评估标准和非诉讼型法律援助服务质量评估标准，具体可以划分为民事法律援助服务质量评估标准、刑事法律援助服务质量评估标准、死刑复核法律援助服务质量评估标准、劳动仲裁法律援助服务质量评估标准、行政复议法律援助服务质量评估标准、国家赔偿法律援助服务质量评估标准等类型。《法律援助法》颁布前，司法部围绕案件质量评估，先后发布了《民事行政法律援助案件质量同行评估规则》《刑事法律援助案件质量同行评估规则》两个评估规则，其中评估指标体系是重要内容之一，两个评估规则对提升法律援助案件质量评价的科学性、公正性具有一定效用。但是，《法律援助法》颁布实施后，现有的评价指标体系完整性不足的缺陷则显露出来。随着法律援助服务的范围和对象大幅度扩张，围绕"案件质量"评估建构的指标体系难以应对"服务质量"的评估，不足以涵盖法律援助服务的全领域和全过程。目前，以刑事法律援助为例，《刑事法律援助案件质量同行评估规则》对死刑复核案件、普通程序审理的案件法律援助质量的评估就没有相应的指标体系，而且对刑事诉讼中部分环节存在遗漏。同时，法律援助机构作为承担法律援助申请、接待、受理、审查、指派、监督的责任主体，其履职情况对法律援助服务质量同样具有重要的影响，是受援人和法律援助人员评价法律援助机构及其工作人员的重要方面，应当一并纳入法律援助服务质量评价体系之中，围绕法律援助机构履职建立完善的评价指标体系。

2. 评估指标体系可操作性不足

指标体系可操作性不足意味着指标体系所列评估内容难以落地评估，或者难以保障评估结果的准确性。以《刑事法律援助案件质量同行评估规则》中一项二级指标"阅卷内容"为例，其指标要求为"应保证查阅、摘抄、复制案卷材料（包括电子卷宗、同步录音录像等）的准确性和完整性"，评估规则中对该项二级指标"不合格"的情形概括为"阅卷材料内容缺乏准确性的""查阅、摘抄、复制案卷材料时缺失重要案卷材料的"等项目，这对于评估人员来说，除非根据原始卷宗进行逐一比对，否则难以对查阅、摘抄、复制过程的准确性和完整性有准确的判断。

3. 指标导向性单一

评估指标体系的导向性直接影响到评估结果的科学性。我国目前的法律援助服务评估指标体系的设定导向是以法律援助案件过程性评估为主，《刑事法律援助案件质量同行评估规则》中的评估指标体系，按照会见受援人、及时有效阅卷、依法调查取证、有效提出法律意见、依法参加庭审活动、全面履行告知义务、履行报告义务、规范整理提交承办材料等过程性指标设计，对于法律援助案件结果、受援人满意度等结果性评估指标相对排斥。[1] 整体上看，目前法律援助服务质量评估适用的评估指标体系已经与法律援助服务范围不断扩大的客观情况逐渐脱节。从功能上来说，标准对法律实施具有重要的支撑作用，可以解决法律无法直接回答的"如何为"的问题，能够从更宽广的领域促进法律作用的发挥。[2] 有学者尖锐地指出指标体系涉及的不科学性，"权重比失衡"现象较为突出，具体表现为重结果的有效性、轻过程的尽职性，重庭审程序、轻庭前程序，重定罪辩护、轻量刑辩护，重实体性辩护、轻程序性辩护，重事实辩护、轻证据辩护，重规则、轻伦理。[3]

---

[1] 吴羽：《中国特色法律援助制度论纲》，载《中国司法》2022年第6期。

[2] 柳经纬：《论标准对法律的支撑作用》，载《厦门大学学报（哲学社会科学版）》2020年第6期。

[3] 刘仁琦：《我国刑事法律援助案件质量评估体系研究》，载《中国刑事司法杂志》2020年第6期。

（三）法律援助服务质量与法律援助案件质量评估的区别

法律援助服务质量不同于法律援助案件质量，法律援助案件质量标准是事前标准或者是目标性标准，属于法律援助服务质量管理制度中的事前控制制度，即在事前对法律援助服务给予指导和约束。法律援助案件质量评估标准是事后标准，是测量性标准。服务质量标准应当是全面承载质量要求的标准，法律援助服务质量标准还包括法律援助机构及其工作人员、法律援助人员在受理、审查、指派、承办、结案、监督等整个法律援助过程中应当遵循的指导和规范。质量标准是法律援助人员提供法律援助服务的基本指导，是法律援助机构及其工作人员履职的基本遵循。同时，在受援人角度，质量标准表明了受援人满意的基本要求。在政府角度，则是政府尽责履职的责任底线。①

有的地方在法律援助质量评估实践中，法律援助案件质量标准体系与质量评价标准体系混同，简单地将法律援助质量标准等同于评价标准，以法律援助工作规范标准为依据的行政检查简单地替代了法律援助服务质量评估。②

三、法律援助案件质量评估的指标

（一）法律援助案件质量评估的开展

法律援助案件的质量评估是利用科学的指标体系、科学的方法，对案件办理情况进行总体衡量的质量监督方式。2008年司法部将法律援助质量评估作为一项行政职责，不过此时的评估更像是一种行政检查，没有一个明确的监督标准。从2012年开始，司法部法律援助中心在部分省市开始进行了为期三年的法律援助案件质量评估工作的试点，目的就是使各地方重视法律援助案件质量，用科学的质量评估机制倒逼案件质量提升。2014年试点范围持续扩大，评估标

---

① 王春良、董印河、杨永志：《完善法律援助制度研究》，法律出版社2018年版，第18页。
② 王春良、董印河、杨永志：《完善法律援助制度研究》，法律出版社2018年版，第176~177页。

准和指标体系成为案件质量评估的重要组成部分，很多省市也都根据本地实际情况都制定了自己的案件质量评估标准。2019年9月，司法部发布了《刑事法律援助案件质量评估标准》，为全国的法律援助案件质量评估工作制定了统一的国家标准，从此各地制定评估标准就有了参考依据。2020年12月，司法部又发布了《刑事法律援助案件质量同行评估规则》，明确了当前的评估方式、评估主体、评估指标以及具体的评估规则。法律援助案件质量评估包含自评、同行评估与第三方评估，各有优势，同行评估更加专业，第三方评估能够保障评估的中立性。各地根据司法部的上述评估规则制定各自的评估标准，有序地开展法律援助案件的质量评估工作。

2021年《法律援助法》颁布，亮点之一就是强调要提高法律援助案件质量，主要体现在从事前、事中、事后三个方面对案件质量进行控制：(1)事前控制，包括提高法律援助律师的门槛和实行补贴激励。要定期对法律援助律师进行培训，对于无期徒刑、死刑以及死刑复核案件，必须由有3年以上相关经验的律师承担；此外，还要及时支付法律援助律师的办案补贴，补贴标准由各个地方根据办案实际情况动态调整。(2)事中控制，包括社会监督和法律援助机构监督。经费使用、案件办理等有关信息要向社会公开，接受监督；在法律援助工作的过程中，法律援助机构可以去庭审旁听、意见调查，督促案件办理。(3)事后控制，主要包括案件质量评估和投诉查处制度。为受援人提供的法律服务一定要达到标准，因此要制定法律援助服务质量标准，并通过第三方评估的方式进行质量考核；受援人对法律援助案件办理不满意的，还可以向法律援助机构进行投诉并请求更换律师。《法律援助法》突出强调对案件质量的监督，特别是通过案件质量评估的方式对案件质量进行控制第一次被写进国家法律，意味着原来的评估都是由司法行政部门组织开展，现在整个公检法机关都要为案件质量评估作出努力。

（二）刑事法律援助案件质量的问题

办理法律援助案件的律师，无论是指派的值班律师还是委托的辩护律师，都要做到称职与尽职，值班律师办案的标准不能低于辩护律师。称职性不仅要求达到从业资格，因为其只表明具备向社会提供法律服务的最低要求，还包括在律师在接受委托事务后，能够有充分的时间和便利的条件准备该案件。因为在律师没有充分的时间和条件来准备该案件的情况下，法律服务的质量很难得到保障。

笔者作为第三方评估人员连续两年参加云南省、北京市法律援助案件的评估，以及对四川省中彩金法律援助项目进行评估，在评估的过程中，发现有些律师专业性不够。比如几起杀人的重大案件，或者伤害致死案件，没有能够抓住案件的实质性问题。在进行同行质量评估的过程中发现，有的律师本应作无罪辩护却作罪轻辩护，对于被告人有利的关键性从轻情节没有提出来。①

尽职性是指如下方面：第一，律师在代表委托人的利益处理法律事务时，必须尽最大努力，以最高的效率及谨慎、认真的态度为当事人工作，使得每一项法律事务都能得到完美的处理，当事人的利益得到全面维护，如律师应当合理地安排自身的时间，及时与委托人沟通，妥善保管委托人的财产，不能因为转委托而给当事人造成不利的后果，不得进行虚假的承诺等。第二，律师要真诚、严格地履行委托合同，尤其做好充分准备，不能懈怠，在全面了解案情的基础上，进行会见、阅卷、调查取证等。第三，律师与检察官进行充分沟通协商，实质参与量刑建议的提出。在法庭辩论阶段，举证、质证，进行辩论，有的放矢地提出意见与建议，为委托人据理力争最佳的结果。

在评估过程中有些律师不尽责，个别律师认真、细致，作了阅卷笔录，多数律师复印了一些讯问笔录，当作是阅卷笔录。特别是认罪认罚从宽案件，很少看出律师提供了哪些法律咨询意见，告知权利很简略。取证方面，法律援助律师自行调查取证的不多，大多依靠已有的卷宗材料与会见记录进行分析。法律文书如辩护词，多数是辩护意见的大纲。值班律师会见被告人，更是流于形式。很多会见笔录，律师只是提供简单的法律咨询，多数没有涉及案件的实质性问题。甚至有的根本没有会见，为了应付案件质量评

---

① 某地一未成年人向他人出卖手机卡，手机卡后被用于电信诈骗，被以诈骗罪起诉、判决，受援人认罪认罚，承办律师作罪轻辩护。经查阅案卷材料分析证据并结合相关法律，同行评估人员认为，此案承办律师应当提出无罪辩护意见或以帮信罪进行定性之辩，作罪轻辩护不妥当。参见《学术前沿丨刘玲：论刑事法援案件质量同行评估标准以及现实效用》，载腾讯网，https://new.qq.com/rain/a/20211105A07ZLU00，2023年10月20日访问。

估，作虚假的会见笔录。阅卷时只是看公安机关的起诉意见书，并不阅览案件卷宗材料。值班律师在审判阶段提出的辩论意见过于简单，绝大多数的辩护词不满一页纸，比如，被告人是初犯，认罪、悔罪态度良好，如实供述犯罪事实……有的刑事案件，事实不清，证据不足，被告人始终否认犯罪事实，但最后又稀里糊涂认罪。

（三）值班律师办理认罪认罚案件指标的设计

我国目前认罪认罚从宽在刑事诉讼中成为常态化的适用，其适用率在85%左右，有的地方甚至达到90%。认罪认罚案件需要的是律师有效参与。但是笔者从对法律援助案件的评估中发现诸多问题，如值班律师办理法律援助案件甚至达不到最低标准，前述律师会见中，绝大多数就是对犯罪嫌疑人、被告人身份情况的核实，几乎没有诉讼权利、法律程序的告知以及法律咨询，成为"形式会见"。本文从值班律师办理认罪认罚案件职责入手设计指标。《刑事法律援助案件质量同行评估规则》列示了律师会见、阅卷、调查取证、提出法律意见、参加庭审等方面，但这些是律师的基本职责，指标较为宽泛，未能对值班律师的具体行为准则提出明确指引。

值班律师在认罪认罚案件中的职责有：法律咨询、程序选择建议、帮助申请变更强制措施、帮助申请法律援助、对案件处理以及量刑建议提出法律意见、认罪认罚具结书的签署，这些是法律明确规定的值班律师职责。对法律义务的履行要求值班律师尽职性与称职性兼备，因此笔者在指标设计时对这些指标项按照百分制实行量化标准，避免采用优、良、合格、不合格等指标体系评价产生的案件质量判断不精准和层次难以区分的弊端。各个指标及分数如表1所示：

表1 值班律师办理认罪认罚从宽案件质量评估指标设计

一级指标	二级指标	三级指标	分值
法律咨询（25分）	告知内容	解释法律援助的公益性、值班律师的法律义务、对法律服务不满的投诉渠道等内容	3分
		解释犯罪嫌疑人、被告人的相关诉讼权利以及案件所处刑事诉讼程序的有关规定	3分
		犯罪嫌疑人、被告人认罪认罚的：向犯罪嫌疑人、被告人释明认罪认罚的性质和法律规定	4分
		犯罪嫌疑人、被告人认罪认罚的：确认犯罪嫌疑人、被告人对其被指控的犯罪事实是否认可	4分
		犯罪嫌疑人、被告人认罪认罚的：告知犯罪嫌疑人、被告人其被指控犯罪行为的法定量刑幅度以及认罪认罚后的协商量刑幅度	4分
		犯罪嫌疑人、被告人不认罪认罚的：告知犯罪嫌疑人、被告人其被指控犯罪行为的法定量刑幅度。犯罪嫌疑人、被告人拒绝值班律师法律帮助的，值班律师无需在具结书上签字，应当将犯罪嫌疑人签字拒绝法律帮助的材料留存一份归档	
	解答疑问	解答犯罪嫌疑人、被告人其他疑问	4分
	记录留存	提供法律咨询的，应当记录嫌疑人、被告人咨询的法律问题以及提供的法律解答	3分
程序选择建议（10分）	释明程序类型	向犯罪嫌疑人、被告人释明普通程序、简易程序、速裁程序的适用规定	5分
	选择程序适用	根据犯罪嫌疑人、被告人的意愿、涉及罪名以及认罪认罚态度帮助其选择程序适用	5分
提出法律意见（25分）	侦查阶段	向侦查机关提交书面意见	5分
	审查起诉阶段	向检察机关提交书面意见	10分
	审判阶段	向法院提交书面意见	10分

续表

一级指标	二级指标	三级指标	分值
		所提意见应包括犯罪事实、证据、法律适用（包括程序）等方面内容，并在审查起诉阶段以及审判阶段与检察官就量刑进行实质协商	评分标准
帮助申请、变更强制措施（20分）		值班律师自行或经犯罪嫌疑人、申请人请求，帮助犯罪嫌疑人、被告人申请、变更强制措施；提交变更羁押措施的文书及证明材料	20分
认罪认罚具结书的签署（10分）	再次确认犯罪嫌疑人、被告人认罪认罚的自愿性	值班律师在签署认罪认罚具结书前应会见犯罪嫌疑人、被告人并再次询问其认罪认罚的自愿性，并记录在会见笔录中	3分
	见证犯罪嫌疑人、被告人签署具结书	值班律师见证犯罪嫌疑人、被告人认罪认罚的，应在具结书上签名，同时留存一份具结书复印件归档	5分
	犯罪嫌疑人、被告人不再自愿认罪认罚	签署认罪认罚具结书前，犯罪嫌疑人、被告人不再自愿认罪认罚的，值班律师及时告知法律援助机构、检察机关，并将该情况记录在案	2分
整理案卷（10分）	结案后及时撰写办案总结	办案总结应涉及量刑协商过程及检察机关听取律师意见情况等	5分
	全面整理案卷材料并装订归档规范整齐		5分

指标说明：

（1）提供法律咨询。这是值班律师最基础的法律帮助，笔者为其赋予了25分。值班律师要提供有效的法律信息，并解答犯罪嫌疑人、被告人的疑问。法律咨询下面分为告知内容、解答疑问、记录留存三个二级指标。

告知内容是会见的开端，特别是首次会见，值班律师只有与犯罪嫌疑人、被告人进行有效沟通后，才能使后续的法律服务顺利开展。首先，值班律师需要说明什么是法律援助以及法律援助的公益性。笔者通过收集对认罪认罚案件不服的上诉案件发现，他们往往会在接受了值班律师的法律帮助之后又上诉，其中上诉的理由是自己没有得到律师法律援助,而实际上他们已经见了值班律师,笔者猜测值班律师没有告知解释清楚何为法律援助,并说明法律援助是免费的。值班律师还要表明自己的身份和站位,即维护他们的权益,笔者在评估中,看到有的律师像审讯犯人一样核实他们的身份,之后说"要老实交代",犯罪嫌疑人多数文化程度不高,不知道律师是站在他们一方的。其次,告知相关的诉讼权利和程序规定。需要用通俗简洁的语言告知其享有的诉讼权利,包括申请回避的权利、自行供述和辩解的权利、申诉和控告的权利等。同时,还要讲解诉讼程序,即犯罪嫌疑人、被告人现在处在什么阶段,需要经过什么程序。最后,确认犯罪嫌疑人、被告人对其被指控的犯罪事实是否认可。了解其是否自愿认罪,以及相关情节和认罪认罚后的从宽幅度。此外,还有犯罪嫌疑人、被告人不认罪认罚情形的处理。

解答犯罪嫌疑人、被追诉人其他疑问,这一部分有时候与告知同时进行,笔者增加这部分与告知进行区别,即告知是以律师为主,而该部分强调双方的互动,解答疑问包括对程序问题(包括认罪认罚从宽的规定)、诉讼权利问题,对案件事实、证据和法律等问题的解答。这一部分要求律师在告知后进行的追问。

律师养成记录的习惯,通常律师在会见前要制作提问大纲,使会见更有成效,用以记录犯罪嫌疑人咨询的问题及值班律师提供的法律解释。会见记录一方面是风险防范,另一方面为提出法律意见提供思路。笔者在评估中几乎没有看到对诉讼权利和程序等告知,也可能是告知了,但是没有作记录。

(2)程序选择建议。该指标主要考察的是认罪认罚案件的程序适用选择,笔者对这一项赋予了10分。认罪认罚从宽制度全面实施以来,检察机关适用该制度办理的案件,起诉至法院后适用速裁程序审理的占27.6%,适用简易程序审理的占49.4%,适用普通程序审理的占23%,以此实现案件程序的分流。首先,值班律师需要向犯罪嫌疑人、被告人释明这几种程序的不同规定,三种程序的异同,各自的优劣。其次,若是犯罪嫌疑人、被告人认罪认罚的,要选择一种最有利于犯罪嫌疑人、被告人的程序。虽然速裁程序、简易程序能够节约司法资源,缩减期限,减少被羁押的痛苦,但是案情复杂的情况下简化环节,程序公正有可能会受到一定损害,值班律师要给予适当的建议。

(3)提出法律意见。该部分是值班律师与检察院的沟通与协商。笔者将其赋予了 25 分，包括对案件事实、证据、法律适用（包括程序）等方面提出法律意见，主要是对量刑建议提出意见，并与检察官进行协商。《最高人民法院、最高人民检察院、公安部、国家安全部、司法部关于适用认罪认罚从宽制度的指导意见》除了重申可以向公检法机关提出案件处理意见之外，还要求其对"检察院认定罪名、量刑建议提出意见"。对法律规定提出意见就是指值班律师要对与犯罪嫌疑人、被告人涉嫌的犯罪事实、被指控的罪名相关的法律提出意见。对检察机关的量刑建议提出意见则指对检察院从轻、减轻或者免除处罚等从宽处罚的建议提出意见，直接关系到犯罪嫌疑人、被告人定罪量刑。在认罪认罚案件中，值班律师通过会见、阅卷等前期工作，了解承办案件的检察官审查认定的事实、罪名，拟提出的量刑建议和适用的程序。整个过程是对律师的专业性、尽职性以及办案经验与技能的体现。

（4）帮助申请、变更强制措施。申请变更强制措施同样是值班律师的职责之一，笔者将其赋予 20 分。值班律师发现犯罪嫌疑人、被告人被错误羁押或者超期羁押的，帮助其申请变更强制措施。有时候犯罪嫌疑人、被告人也会主动提出要求对强制措施进行变更，值班律师帮其判断是否符合变更强制措施的适用条件。如果值班律师认为其符合变更强制措施条件，应当为犯罪嫌疑人、被告人向人民检察院提出羁押必要性审查申请，并撰写相关文书，提供相关证明材料。

（5）认罪认罚具结书的签署。认罪认罚具结书是犯罪嫌疑人、被告人自愿认罪认罚的证明，此项指标是值班律师办理认罪认罚案件的重要环节。笔者将其赋予 10 分。在签署具结书过程中，值班律师在场以及在认罪认罚具结书上签字是必须履行的义务，若是缺少这两项则属于严重的程序违法，可能会造成发回重审或者再审的结果。另外，应当注意的是值班律师的作用并不仅仅是在场见证签字。在这一环节，值班律师还要再次确认犯罪嫌疑人、被告人是否自愿认罪认罚，对人民检察院提出的量刑建议、程序适用等是否还有异议。得到肯定答复之后，值班律师才能在具结书上签字。若是值班律师仅仅充当见证人，则是严重的不负责行为。

（6）整理案卷并归档。此项指标考察的是值班律师工作的完整性与否，分为两个二级指标，共 10 分，分别是结案后及时撰写办案总结和全面整理案卷材料并装订归档。办案总结应涉及量刑协商过程及检察机关听取律师意见情况等。此外，还要考察提交卷宗是否齐全、有无遗漏。

科技应用前沿与产品创新

广东省社区矫正自助排查监管教育科技产品应用前瞻[*]

吴晓荻[**]

内容提要：广东省为贯彻落实司法部"数字法治·智慧司法"信息化体系建设，于 2012 年在全国较早建成全省统一社区矫正管理信息系统，实现了数据汇集、定位监管、矫正业务的线上办理。2017 年年底，在全国率先建成部、省、市、县、镇五级联通的远程视频督察系统，打造部级样板工程。研发社区矫正远程教育学习平台、社区矫正 App "粤矫通"，实现社区矫正对象网上学习和工作人员移动办公。2018 年，广东"智慧社区矫正"信息化体系设计项目获评"全国智慧司法十大创新案例"，为全国社区矫正唯一获奖项目。本文基于广东省社区矫正自助排查监管教育科技应用的先进性、典型性和前瞻性，重点阐述对其自助排查监管教育的科技应用。

关键词：社区矫正；数字法治；科技应用

---

[*] 基金项目：本文系 2021 年度国家社科基金重大项目"民事司法程序现代化问题研究"（项目批准号：21&ZD205）的阶段性研究成果。

[**] 作者信息：广州语义科技有限公司副总经理。

一、社区矫正自助排查监管教育科技应用的成果展示

（一）数字法治系统化

曾获评全国"智慧司法十大创新案例"的广东省司法厅"智慧社区矫正"信息化体系，基于互联网（区块链）、物联网、大数据及人工智能等技术，集数据中心、大数据应用、业务管理、辅助决策、应急处置功能为一体，覆盖社区矫正工作全过程，是实现对社区服刑人员全方位、多维度、智能化监管矫治的综合化信息系统。[1]"智慧社区矫正"信息化体系的主要技术特点是"三大两网一化"：大平台、大统一、大数据，互联网+、物联网，智能化。2019年起，社区矫正智慧系统与人民法院信息化联网，实现信息共享、业务协同、网上办案。通过数字法治系统化，广东省实现了全省社区矫正工作数据一体化、管理智能化、移动互联化和指挥可视化。

（二）业务应用智慧化

社区矫正自助排查监管教育产品设计依据《智慧矫正总体技术规范SF/T0081-2020》和《智慧社区矫正中心示范点达标综合评价表》，融合了声纹识别、语音转写、人机对话与罪犯改造心理学等多学科技术，适用于社矫业务的电话报告、联络核查等场景。社区矫正自助排查监管教育产品的主要功能有：声纹识别、人机对话、对话洞察、报告内容自动生成、报告内容导出、专项教育外呼、辅助监管外呼、电话联络核查外呼等。广东省各市运用社区矫正自助排查监管教育产品，逐步实现了社区矫正业务应用的智慧化。例如，广州依托智慧矫正小程序对社区矫正对象实行分类管理，建立电子档案，实现报到、请销假、电子定位、公益劳动等数据化管理，可高效识别社区矫正对象的人脸、指纹、声音等信息，进行报表统计、数据分析，实现社区矫正工作全业务、全流程、全时段智能管理。除广州市以外，东莞市也积极实现社区矫正业务应用的智慧化。东莞市曾被司法部下文确定为全国"智慧矫正"市级试点单位。在

---

[1] 参见《广东省司法厅"智慧社区矫正"信息化体系获奖》，载广东省司法厅网站，http://sft.gd.gov.cn/sfw/zwgk/zwwgk/content/post_3573649.html，2023年10月16日访问。

试点工作开展后，东莞市司法局印发了全市"智慧矫正"建设方案和创建工作实施方案，推广应用 VR"沉浸式"震撼教育、自助矫正终端和移动矫正终端等创新项目，指导各司法分局开展"智慧矫正中心"创建。①

（三）监督管理智能化

利用云计算、大数据、人工智能、区块链等现代信息技术对社区矫正工作的赋能作用，广东省在社区建成了集"报到自助化、管控精准化、监管智能化、指挥可视化和办公移动化"于一体的智慧矫正中心。以智慧矫正中心为平台，社区矫正工作得以实现从人工管理到智能管理、从粗放管理到精细治理的飞跃，尤其是智慧矫正小程序精准的核查定位技术和智能语音技术，犹如"千里眼"和"顺风耳"，能够帮助社区快速精准掌握社区矫正对象的实时动态，确保社区矫正对象无脱管、漏管、失控的情况发生。广东省司法行政部门根据司法部"智慧矫正"技术规范，结合广东实际，细化业务需求，新建省社区矫正一体化平台。广东省社区矫正一体化平台于 2022 年 11 月正式建成投入使用，共梳理 43 个业务流程，形成 10 大类 45 项 132 个功能点。同时，依托广东数字政府优势，发挥"粤"系列资源，广东省将平台整体纳入省"数字政府"运营范围，接入省统一身份认证、电子印章平台以及"粤政易""粤政图"等，优化网络环境，拓展平台功能。此外，广东省积极研发"粤知心"心理矫正子系统，建立数据分析模型和心理矫正专用量表库、专家库、案例库，通过分析人格特征与心理健康、情绪等因子，判断监管风险和再犯罪风险等级，自动生成分析评估报告和心理矫正建议，为分类管理和个别化矫正提供依据。②

（四）远程指挥可视化

部分社区矫正中心目前配备了移动执法终端、自助矫正终端、移动执法车辆和 VR 教育体验机、人证比对机、执法记录仪、电子腕带等信息化设备，精心构建了"智慧矫正"信息化体系，依法依规推进社区矫正工作创新发展。在

---

① 何建文：《推进"智慧矫正"建设构建监管帮教新模式——东莞全力推进社区矫正工作上新水平》，载《南方日报》2022 年 7 月 15 日第 4 版。

② 参见《广东社区矫正推进"四个建设"成效显著》，载广东省司法厅网站，http://sft.gd.gov.cn/sfw/xwdt/sfxz/content/post_4210288.html，2023 年 10 月 16 日访问。

实现数字法治系统化、业务应用智慧化、监督管理智能化和远程指挥可视化的进程中，广州社区矫正工作坚持以习近平新时代中国特色社会主义思想为指导，全面践行总体国家安全观，积极应对新形势、新挑战，深入开展"法治、平安、精准、智慧、廉洁社矫"五项建设，引入社会力量参与，形成了全市统一的工作流程清单、社区矫正工作档案等执法规范，打造了监督管理智能化、教育学习移动化的"智慧矫正"新模式。

二、社区矫正自助排查监管教育科技应用的价值功能

（一）助力基层社会治理和安全稳定

党的十九届四中全会提出，要加快实现国家治理体系与国家治理能力现代化。通过社区矫正自助排查监管教育科技应用，实现社区矫正的数字法治系统化、业务应用智慧化、监督管理智能化和远程指挥可视化，有助于充分发挥社区矫正的优越性，推动全面依法治国。社区矫正制度的完善也是国家治理体系改革的重要一环。社区矫正向智慧化、智能化转型，对基层社会治理和法治建设具有较大的现实意义。

社区矫正自助排查监管教育科技应用在基层社会治理和法治建设上的促进作用，目前在广东省已经有具体的表现。广东社区矫正工作坚持以习近平新时代中国特色社会主义思想为指导，深入学习贯彻习近平法治思想，贯彻落实司法部和省委、省政府部署要求，全面推进"法治、平安、精准、智慧社矫"四个建设，确保安全稳定的能力和教育矫正质量不断提升，社区矫正对象年重新犯罪率低于全国 0.2% 的平均水平。[1] 社区矫正系统化、智慧化、智能化的蜕变，为助力平安广东、法治广东建设，维护社会和谐稳定作出了积极贡献。

（二）促进公共法律服务体系融合发展

社区矫正自助排查监管教育科技应用能够助益公共法律服务平台与其他司

---

[1] 参见《广东社区矫正推进"四个建设"成效显著》，载广东省司法厅网站，http://sft.gd.gov.cn/sfw/xwdt/sfxz/content/post_4210288.html，2023 年 10 月 16 日访问。

法信息化平台的融合，从而推动现代公共法律服务体系建构。"公共法律服务平台与其他司法信息化平台融合是指公共法律服务平台与政务平台、司法行政平台、公证平台、司法鉴定平台、法律援助平台、监狱平台、律师管理平台、社区矫正平台、人民调解平台、信访管理平台、安置帮教等平台的对接。"① 中国特色现代公共法律服务多元化规范体系要求"加快政法一体化办案平台等信息联络机制建设，实现法律援助、社区矫正、人民调解、辅助司法等方面的信息共享和流程互通"。② 社区矫正属于公共法律服务的重要环节，社区矫正数字化平台的建设属于"以诉讼服务和公共法律服务'双中心融合'一体化平台"③ 中的一环。

（三）实现数字化和现代化的法治治理

中共中央《法治中国建设规划（2020—2025年）》第六部分中提出"充分运用大数据、云计算、人工智能等现代科技手段，全面建设'智慧法治'，推进法治中国建设的数据化、网络化、智能化"。社区矫正自助排查监管教育科技应用有助于"智慧法治"的建设。通过社区矫正自助排查监管教育科技应用，可以广泛收集社区矫正活动产生的数据信息，从而促进数字化法治治理。智慧化的社区矫正系统在收集数据的基础上，能够将相关数据信息作为社会治理中的决策依据和政府监管中的评价依据。数据和技术在社会治理中的运用有助于"科学把握数字化法治治理决策方向，促进法治决策科学、举措得当、执行有力"。④

---

① 杨凯、韩秋林：《现代公共法律服务体系建构的基本逻辑》，载《法治论坛》2020年第3期。
② 杨凯：《推进中国特色现代公共法律服务多元化规范体系建构》，载《中国司法》2022年第5期。
③ 杨凯：《论区块链技术在民事司法程序中的多元化应用——以诉讼服务与公共法律服务"双中心融合"规范体系构造为切入点》，载《政法论丛》2022年第2期。
④ 杨凯：《论区块链技术在民事司法程序中的多元化应用——以诉讼服务与公共法律服务"双中心融合"规范体系构造为切入点》，载《政法论丛》2022年第2期。

AI 浪潮下法律科技如何推动法律服务产业化发展[*]

黄选锋[**]

内容提要：伴随人工智能技术的发展，国内国际法律服务市场均遭遇时代之变，法律服务行业面临新的发展机遇与挑战，极有可能衍生出"法律科技+"的新商业模式。法律服务正在逐步从定制服务转化为部分可标准化、产品化的服务，并有机会实现价值跨越。在 AI 浪潮的变革下，泛法律职业共同体需要在交互方式、数据处理、客户体验等方面重新寻找发展机会。一方面，应当鼓励科技在法律服务业的应用，促进法律与科技融合发展；另一方面，应当进一步推行惠企政策"免申即享""即申即享"，筛选并扶持一批本地龙头法律科技企业，在特定应用场景以政府采购的方式支持企业发展，发挥头部企业的带动效应，推动行业规模化标准化发展。

关键词：人工智能；法律科技；法律服务；法律服务产业化

一、法律服务及其产业化

（一）何为法律服务

法律服务是指律师、法律工作者、法律专业人士（包括法人、企业内部在

---

[*] 基金项目：本文系 2021 年度国家社科基金重大项目"民事司法程序现代化问题研究"（项目批准号：21&ZD205）的阶段性研究成果。

[**] 作者信息：上海智法网络科技有限公司董事长。

职人员，退、离休政法人员等）或相关机构，以其法律知识和技能为法人或自然人实现其正当权益、提高经济效益、排除不法侵害、防范法律风险、维护自身合法权益而提供的专业活动。法律服务的内容包括诉讼业务服务和非诉讼业务服务。诉讼业务服务通常包括各种刑事、民事、行政案件的诉讼代理和仲裁代理。

非诉讼业务服务通常包括如下两类：其一，咨询及文书服务。具体包括法律咨询、代写诉讼文书以及出具法律意见书。法律意见书是指律师应当事人之委托，根据委托人所提供的事实材料，正确运用法律进行分析和阐述，对相关事实及行为提出的书面法律意见。其二，专项法律服务。具体可以分为：（1）公司专项法律服务，包括企业的设立和解散的相关事务，公司日常经营管理中的一般法律事务，投资及项目开发、金融融资、公司证券业务、收购与兼并、企业的租赁、承包、托管、知识产权、劳动人事等特别法律事务；（2）建筑与房地产专项法律服务；（3）金融、证券、保险专项法律服务，包括金融机构法律顾问服务，存贷款法律服务，票据、信托、外汇法律服务，期货、债券法律服务，租赁法律服务，国际结算、国际融资法律服务，保险法律服务，以及涉及信用卡、电子银行、网上支付、外资金融保险机构的设立等领域的法律服务；（4）知识产权专项法律事务，包括知识产权申报代理，产权管理协助，产权转让代理，专项知识产权代理，权属代理，侵权代理，技术对比咨询，纠纷代理，提供以著作权法、专利法、商标法、技术合同法、信息网络法、商业秘密法、反不正当竞争法、反倾销法等为主要内容的全方位知识产权法律服务；（5）商账管理，非诉催收事务，除此之外，其他非诉讼法律业务还包括商务资信调查，见证，公证，代理合同、协议的谈判、协商、草拟、审查、修改等。

（二）何为法律服务市场

法律服务市场，目前以律师服务业为主，根据律师协会每年的公开报道，市场规模达1000亿元左右，其中非诉讼与诉讼市场大致相等。近年来，法律科技（Law Tech）的概念兴起，其泛指将大数据、云计算、人工智能、区块链等新兴技术与司法或者法律服务相结合，以形成提升司法或法律服务效率和用户体验的产品、服务或平台。伴随技术发展，人工智能等对法律服务行业产生深远影响，亦可能衍生出"法律科技+"的新商业模式，法律服务也将逐步从定制服务转化为部分可标准化、产品化的服务。

目前,法律科技业务的市场份额占比不超过5%。根据服务对象不同,还可以区分为政府客户ToG、企业客户ToB、终端用户ToC以及ToL(面向律师),其市场份额主要包括华宇、通达海、金桥信息等上市公司法律业务,以百事通、上上签、法大大等为代表的企业法务市场,以及公共法律服务。

(三)法律服务市场能否产业化

将现存的法律服务和法律科技市场称为产业,尚有不妥。这是因为,产业是社会分工和生产力不断发展的产物。一方面,产业是社会分工的产物,它随着社会分工的产生而产生,并随着社会分工的发展而发展;另一方面,产业是由利益相互联系的、具有不同分工的、由各个相关行业所组成的业态总称,尽管它们的经营方式、经营形态、企业模式和流通环节有所不同,但它们的经营对象和经营范围都是围绕共同产品而展开的,并且可以在构成业态的各个行业内部完成各自的循环。

如上定义,则法律服务产业就不仅仅包含上述从事法律服务的参与方,还应该包含参与具体法律服务的各方角色。如客户,为法律服务最终支付费用的企业、政府参与机构、相关组织及个人等;如用户,自己使用法律服务或者参与法律服务的人;如交付人,这里特指的是律师,法律工作者,调解员,执法辅助、司法辅助人员或者系统等;如形式,通过线下面对面,或是线上视频或者电话等;以及技术系统,以信息化、数字化、工程化、智能化等为依托,通过云计算、视频服务、区块链等各种互联网应用技术呈现客户需求、用户需求、交付人需求,并最终实现价值变现。

产业是一个涉及多方参与的领域,其范畴或边界可以通过提供法律服务等具体内容来扩展。例如,商账管理与非诉讼催收(法律清收)可以通过法律手段高效地回收账款,而不是简单的诉讼或者一纸判决文书了事。这样的解决方案可以帮助委托人更快、更省地回款,从而涉及产业链条上的更多方面,如金融机构、担保公司、拍卖公司和资金方等。这不仅撬动了法律环节的费用问题,更深入地涉及客户的核心目标。此外,知识产权、道路交通等商业企业的业务也都可以为法律市场带来指数级规模增长。

通过科技手段,能够实现从最高层面到各个环节、从横向到纵向的全方位覆盖，确保司法效率得到极大的提升。如此，可以高效地调度各方参与，实现全流程数字化、线上线下协同的方式，快速解决各种问题。同时，这些解决方案还会伴生大量的法律服务数据，这些数据多层次、多维度地记录和描述了服务信息。

法律科技或法律服务在推动法律产业发展方面具有重要意义。要实现这一目标，不仅需要从业者具备高度的责任感和担当精神，特别是那些处于产业领导地位的企业，还需要政府相关部门的引导和支持。通过全面贯通产业链条、积极拓展行业应用，法律服务可以成为助力业务增长、降低成本的重要手段。在必要的行业或阶段，法律服务甚至可以成为提升利润空间和行业价值的主导力量。因此，需要从更广阔的视野和更高的角度看待法律产业，努力拓展其宽度、广度和深度，以实现更为全面和可持续的发展。

二、国内国际法律服务市场的时代之变

（一）全球法律服务市场的整体情况

当前法律服务市场正在发生着显而易见的变化。全球法律服务市场还在稳步增长，2014年全球市场规模接近7400亿美元。特别是在全球化背景下，随着经济全球化的扩张，无论是在东道国投资的外国公司，还是从事跨国业务的东道国企业，它们在投资和经营的各个环节都需要复杂和高质量的法律服务，因此，全球法律服务市场规模近年来稳步扩大。根据Statista数据，2015年至2020年，全球法律服务市场以接近3.4%的年均增速扩张，市场总收入由2015年的6038亿美元增加到2021年的接近7400亿美元。

（二）国外：科技革命对法律服务市场带来重大变革

近年来，越来越多的美国法律科技公司陆续出现，从科技的角度彻底解放美国律师、律师事务所，甚至掀起了法律科技革命。如FirmVO和Fisherbroyles，可以真正实现"云上律所"，彻底取消了实体化的办公场所，也不再需要律师助理，客户可以通过在线的方式直接与律师沟通、协同；如律师界的案源交易平台，将全美的律师串联起来，实现案源自由流通；如ClauseBase，可以让律师

像搭积木一样，快速起草出一份高质量、没有任何法律错误的合同。

最近，由 GPT-4 驱动的法律科技公司 Harvey 完成由红杉领投的 A 轮融资，并引起市场广泛关注。这家天使轮由 OpenAI Startup Fund 领投的初创公司正在构建"律师的副驾驶"（copilot for lawyers）。Harvey 的产品利用自然语言处理、机器学习和数据分析，自动化并改进了合同分析、尽职调查、诉讼和监管合规等各个方面的法律工作。尽管结果需要律师仔细审查，但 Harvey 基于大量数据产生的洞察、建议和预测，使律师能够为客户提供更快、更明智、更经济的答案，不仅可以提升律师的工作效率，还有可能改变整个法律行业的运作方式，使更多人能够以低成本获得高质量的法律服务。

（三）国内：智慧法治背景下公共法律服务的全新发展

2021 年中共中央印发的《法治中国建设规划（2020—2025 年）》提出，运用现代科技全面建设"智慧法治"，公共法律服务正呈现数据化、网络化、智能化发展趋势。在政策和市场双重加持下，智慧公共法律服务取得相当进展：在法治资源整合方面，科技促进"大数据"应用，既可打通信息上传下达的渠道，又可对律师、公证、调解等法律资源形成有效整合，公共法律服务从分散走向集约。在法治素养提升方面，科技为执法者、司法者搭建了便捷的智能化辅助平台，促进专业水平提升；同时，人民群众可以低成本获得法律知识和服务。在法治宣传促进方面，科技促进法宣内容优化整合、精准推送，实现广覆盖、深执行、强效果。

《人民法院第五个五年改革纲要（2019—2023）》的落实，已经超越了信息化 3.0 的模式，正在逐步推进奔向全国一张网的目标。目前，我国整体推行全面依法治国，强力推动以公共法律服务建设为基础的国家基础法律服务设施，基本上确定了国家兜底的"12348"和人民调解均为免费、市场驱动、法律共同体主导、科技公司完成科技赋能或者数据赋能的基本定位。

十年前，笔者从事的是法律咨询行业，现在部分介入人民调解服务，对行业有着深刻的认识。通过服务政府，探索法律工程化的路径，构建了能够处理规模化咨询服务的平台，2013 年是 40 万次 +/ 年，现在据说已经是 700 万次 +/ 年。"徐汇智调"接受十几个法院或者司法局委托的调解系统平台，2022 年全年收案量达 27538 件，调解成功 10561 件纠纷，调解员年度人均调解成功 300 多件。

三、人工智能浪潮对法律服务市场的影响

在 2023 年之前，笔者一直对智慧调解平台信心满满，即使在疫情期间，笔者也深信在线化和数字化的趋势将顺利打通各个环节。随着数据不断增长和解构后模型的持续优化，这些平台能够帮助用户提高效率，同时为用户实现更多目标。然而，随着 ChatGPT 的横空出世，开始发生巨变。

（一）人工智能的发展历史

1953 年，人工智能诞生，开启了人类智能科学的新纪元。1966 年，首个人工智能语言处理程序 Eliza 诞生，引发了人机对话的研究热潮。1980 年，专家系统的兴起，让机器具备了专业知识和决策能力。1997 年，IBM 的 Deep Blue 战胜国际象棋世界冠军，标志着人工智能在复杂计算领域的突破。2011 年，IBM 的 Watson 击败人类参赛者，成为知识问答领域的超级智能。2012 年，谷歌的深度学习算法实现图像识别突破，开创了人工智能的新篇章。2016 年，AlphaGo 击败世界围棋冠军，引发全球对人工智能的深刻思考和讨论。2020 年，GPT-3 问世，成为最先进的自然语言处理模型，引领了语言生成技术的发展。2023 年，人工智能在医疗、交通、金融等领域广泛应用，深度融入人类社会生活。

这些重要节点见证了人工智能的发展历程，展现了人类智慧的无限潜力。可以看得出，Turing、Deepmind、AlphaGo、OpenAI、GPT 成为关键点。特别是 2023 年，以聊天机器人 ChatGPT 爆火为代表，起起伏伏、整体向上的人工智能产业迎来了大模型时代。总的来看，人工智能的发展经历了三个阶段：

第一次是 20 世纪末的专家系统时代，特征是将专家的领域知识转变为计算机模型，用以推理并得出与专家相同的结论。

第二次是不久前的"机器学习+深度学习"时代，在以 CNN、RNN 为代表的神经网络的赋能下，比如车牌识别、人脸识别这类计算机视觉应用，识别准确率从过去的 92%、93%，提高到了 99% 以上，在该阶段有部分产品彻底实现了产品化、规模化应用。

第三次即是眼下的大模型时代，起源是 2017 年谷歌发表的一篇论文

《Attention Is All You Need》，里面提出了革命性的 Transformer 深度神经网络，一举将深度学习的模型参数提高到了上亿级别，并且在之后的迭代发展中，模型参数被逐步提升到了几十亿、几百亿甚至几千亿，意味着模型的复杂程度和学习能力逐步提高，越来越有接近人的表现。

换句话说，大模型产品并非采用上个时代模型参数受限的 CNN、RNN 架构，而是借助 Transformer 另起炉灶，达到了一种类似"小孩开窍"的"涌现"现象——当模型突破某个规模时，能力水平直线上升。这样一来，大模型能做的事情变得更多了，并且效果更好，比如文本生成、语言理解、知识对话、逻辑推理等。此外，由于 Transformer 是一项新技术，无论是传统玩家还是新兴企业都处在接近的起跑线，所以业界参与大模型的玩家非常多、类型非常广，各方都希望通过大模型抓住新一轮产业机会。

（二）国外法律科技的发展现状

ChatGPT 风靡全球以来，各行各业大模型应用不断涌现，法律领域 AI 大模型应用产品也风起云涌。如律商联讯推出了 Lexis+AI™，专精于企业软件管理的 Robin AI 推出了大模型赋能的合同编辑软件，Harvey、Klarity 等法律科技领域的创新型公司也基于 ChatGPT 大模型快速出台了新产品并占据了市场高地。

2023 年 5 月 5 日，世界顶级法律、专利、税务等服务商律商联讯（LexisNexis）宣布推出全球首个面向法律界的类 ChatGPT 生成式 AI 平台——Lexis+AI™。这是一个用于法律研究和文件起草的生成式 AI。LexisNexis 旨在彻底改变其平台用户的研究和文件起草过程。Lexis+AI™ 集成了 GPT-4 等多家厂商的大语言模型，来自测试版用户的预加载提示问题和反馈增强了 Lexis+AI™ 的功能。为了保证每一位用户的隐私和数据安全，Lexis+AI™ 采用私有部署模式，不会与任何第三方共享数据。这对于数据安全要求较高的法律人员来说非常重要，可以让他们放心使用该产品。

Robin AI 是一家企业管理软件提供商，帮助中小企业更快地处理合同，使该项业务成本显著降低。企业可以利用其功能高效地编辑批量合同，并获得其 30 名内部律师的专业支持。该团队位于英国伦敦，但在全球开展业务，其 75% 的收入来自美国。近日，Robin AI 获得 1050 万美元 A 轮融资，获得了

Episode 1 Ventures、Plural Platform 和个人投资者投资。Robin AI 使用最新的 AI 生成式模型，结合内部律师的指导来起草和编辑法律合同，从而帮助客户降低法律费用。该公司使用其机器学习模型开发了一个人工智能驱动的合同编辑器，该模型已经过 4.5 万份法律文件的专有数据训练。Robin AI 声称合同编辑器使用户起草和谈判合同的速度提高了 60%~80%，节省了高达 75% 的法律费用。

Harvey AI 作为 OpenAI 的首轮被投资企业，其构建在 GPT-4 底座模型之上，是一款专为法律工作者设计的人工智能平台。其能够通过人工智能协助合同分析、尽职调查、诉讼和监管合规等，并基于输入的数据帮助客户提供观点、建议和预测。因此，该产品作为律师们的"在线助手"可以提供更快、更有成本效益的解决方案。目前该产品正在不断进行数据输入的训练，旨在成为律师们的专业助手。该产品主要功能：提供了一个自然语言界面，为律师在法律工作流程中提供辅助。Harvey 允许律师用简单的指令描述任务内容，然后接收系统生成的结果，无需手动编辑法律文件或查阅资料。为实现这一点，Harvey 利用了大量的语言模型，既能理解用户的意图，又能产出正确的文本。

自 2013 年以来，Casetext 一直在为个人和小型公司、律师事务所和内部法律部门服务，从 2018 年就开始研发大语言模型，赢得超过 1 万家律师事务所的信赖。公司的新 AI 法律助理 CoCounsel 可在几分钟内完成文件审查、法律研究备忘录、证词准备和合同分析，提供给用户可以信赖的结果。Casetext 称该产品为世界上第一个可靠的 AI 法律助理，由 GPT-4 提供支持。Casetext 的专家律师和提示词工程师花费了几个月的时间培训 CoCounsel 如何过滤、排序和进行结果评分。Casetext 的法律 AI 产品主要功能包括自动摘要生成、法律研究、法规解析等。以自动摘要生成为例，该功能利用自然语言处理技术，将法律文件自动提炼为简洁明了的摘要，便于律师快速了解案件要点。产品优势主要体现在三个方面：一是 CoCounsel 建立在 OpenAI 的 GPT-4 之上，为法律行业定制，它可以进行研究生水平的阶段阅读、理解和写作；二是可以提高审核效率，例如一夜之间从 500KB 大小的文档中获取所有需要的信息；三是协助用户提升工作效率和工作质量，同时节约时间。

Klarity 是一家立足于法律科技领域的创新型公司，由 Y Combinator

（S18）投资（美国著名创业孵化器），其专注于通过人工智能技术帮助律师、企业和法律专业人士更高效、人工智能赋能地处理合同。Klarity 正在使用 GPT-4 从非结构化文档（PDF、表格、语言、元数据）中提取数据，规范化数据，并在文档和系统（如 salesforce.com）之间匹配数据。Klarity 的主要产品是自动化合同审核系统。其主要功能包括：可以从合同中提取关键数据和条款并上传到客户选择的系统中；帮助用户在合同上标记合同修改和回复的请求，可以指定发送人对条款进行发送；进行合同内容总结；会从签署的合同中立即提取元数据和关键条款，并将其上传到 CRM/CMS 等系统。

（三）国内法律科技的发展现状

从国内法律科技的发展来看，北大法宝积极探索布局法律 +AI 战略与规划，尝试推出了如模拟法庭、智能问答、智能写作、法宝来签等北大法宝＋生成式 AI 法宝智能系列产品。

近日，北大－兔展 AIGC（人工智能自动生成内容）联合实验室和北京大学信息工程学院袁粒课题组联合发布中文法律大模型 ChatLaw（智法）。其原创垂直大模型，在防止"幻觉"①领域进行了底层创新，致力于为普通人提供普惠的法律服务，目前该产品在垂直领域跑分第一。ChatLaw（智法）模型基于超过 2 亿的判例文书原始文本以及 340 万条法律法规和地方政策，构建了大规模法律知识库。同时，通过与北京大学国际法学院、行业知名律师事务所进行合作，找来资深律师辅助人工标注，确保知识库能及时更新，同时保证数据的专业性和可靠性。它在网页上即可免费使用，没有次数限制，还能读取文件和音频，提供专业法律文书、推荐法律援助，对普通人维权相当友好。

2023 年 7 月，华宇万象法律大模型发布，其目前具有八个"能力"，即法律知识检索能力、法律知识问答能力、法律要素解析能力、法律内容摘要能力、案情事实梳理能力、法律文本生成能力、模型合规管制能力、法律知识更新能力，为法官、检察官、律师和企业法务等法律人在 100 多个业务场景中提供了非常好的体验。

2023 年 8 月 21 日，由浙江大学联合阿里云、华院计算联合研制面向司法

---

① 大模型中的内容不可信问题。

领域开源开放的法律大模型——智海-录问正式发布。据介绍,"录问"取自《魏书世宗纪》中"慎狱重刑,著于往诰……当与王公卿士,亲临录问",表示对案件卷宗中蛛丝马迹信息认真审阅分析、甄别细微。目前智海-录问已具备提供法律问答、知识检索增强问答、案情分析、意图识别、推理决策、法律文书生成等法律辅助服务功能。以大模型赋能法治,让法治插上科技的翅膀,实现数字法治赋能,智海-录问为开展智能司法理论研究与技术创新、推动智慧法院与平台建设提供服务,同时也积极为浙江大学数字法治新型司法人才培养提供新路径。目前,智海-录问已在 github 和阿里云魔搭社区等平台开源。

2023 年 8 月,中国智慧司法技术总师许建峰发布并解读了由国家重点研发计划"社会治理和智慧社会重点专项"重点专项智慧司法板块技术总师系统、浙江大学、上海交通大学、阿里云计算有限公司、科大讯飞研究院联合起草的《法律大模型评估指标和测评方法(征求意见稿)》,旨在推动法律大模型的研发、评测和应用的规范化。该征求意见稿涵盖了法律大模型的能力体系,提出了法律大模型的评估指标、测评方法和典型应用场景等内容。在评测方法内容中,针对特定任务,该征求意见稿提出需从功能、性能、安全、质量四个方面共 12 项指标,为法律大模型测评提供各项指标的选择、评分和计算方法,最终获得该项任务的性能测评结果。

四、人工智能浪潮对法律服务市场的机会

(一)通用语言模型投入的进步

语言大模型是指基于深度学习的模型,能够理解和生成自然语言的能力。其中,最著名和先进的语言大模型是由 OpenAI 开发的 GPT(Generative Pre-trained Transformer)系列模型。GPT 模型的技术原理基于 Transformer 架构,这是一种基于自注意力机制的神经网络模型。自注意力机制使得模型能够在处理输入序列时,自动学习输入中不同位置的依赖关系。这使得模型能够更好地理解上下文和语义信息。

GPT 模型的训练过程分为两个阶段:预训练和微调。在预训练阶段,模型使用大规模的无标签文本数据进行训练,以学习语言的统计规律和语义表示。

通过预训练，模型能够学习到丰富的语言知识和语义理解能力。在微调阶段，模型使用特定任务的有标签数据进一步进行训练，这些任务可以是文本分类、命名实体识别、问答等。通过微调，模型能够将通用的语言能力应用到具体的任务中，提高模型在特定任务上的性能。GPT模型的生成能力是通过自回归的方式实现的。在生成过程中，模型根据前面生成的文本来预测下一个词或字符。通过不断迭代生成，模型能够产生连贯、合理的文本。

从上述几个方面来看，基本是有一个大的跨越能够给通用语言模型上市带来巨大进步。一方面，科学范式即将进入第四（第五）范式。表达的是人类无尽地追求知识、能力和财富的过程。这一过程有三大要素：第一是科学，科学是解释和预测现象。科学发展从第一范式经验主义，到第二范式系统性作实践，再到第三范式大理论作模拟、第四范式数据驱动、第五范式数据加技术驱动。人类社会进步最根本的生产力是科学的进步，这次的技术变革直接驱动了新一代的科学发展范式。科学高速进入第四范式的数据驱动、第五范式的计算驱动即大模型驱动阶段，这是这个新范式对人类发展结构里的第一个根本影响。

另一方面，技术和经济方面的巨大进步。技术的本质是人基于科学开发的能力去改变自然现象，用信息转化能源去满足人的需求。而对于经济而言，人类的经济发展体系是技术驱动的。技术驱动的社会经济发展到目前为止，只有三种大的模式，这三种模式都是信息和能源的组合决定的。数字化范式变更将加速数字化的能源转化，促进经济发展的变化。更多的企业将成为科技公司，改变当前经济核心生产力建立在设备、劳工、资本、大众商品、原材料、能源等基础上的现状。未来技术将越来越多地成为直接生产力，越来越多的企业将成为科技企业。

（二）法律科技企业的发展机遇

在这个时代，数字化是核心驱动力。一方面，数字化时代的根本意义上是用数字化、可编程的能力更有效地转化能源；另一方面，数字化是人的延伸，数字化是人自我的认知和能力的延伸。数字化范式的变更，将直接驱动模型和行动体系加速数字化转化能源的能力。进而，我们可以更有效地去改造世界，满足人的需求。

举一个例子，为什么特斯拉是大家公认的一家科技公司？科技公司与非科技公司的根本区别在于什么？因为特斯拉用信息、软件、人工智能，使能源转化效率越来越高，它每设计一个新的车子、每研发一个新的设置、每制造一个新的设备，效益都在越来越高。而老一代汽车企业它的核心生产力，还是以前的流水线、工人、设备等。本质上，它让"信息更有效地转化能源"，让技术驱动创新成为直接的生产力。

相应地，法律科技企业在数字化的过程中创造的价值能够帮助参与方实现法律服务效果、效率、效能的相统一。结合当前的大模型，其对数据的需求不是简单的数据输入，也不是简单的几十或上百人的打标签，其应该是一个数据工程化的过程，能保障技术。当然，技术强调的是满足人类的某种需求，以开发新的或者改进现有的方法和流程。工程则是一种系统的、能够迭代进步的，设计、加工和制作以满足人类需求的产品和服务。因此，技术强调新颖性，而工程则强调可重复性，能大量复制，能产生可预期的效果。法律科技公司或者服务公司，是一个持续的重复、再重复的工作，电话咨询，千万级咨询，大量的是重复想的问题，换一个个对象而已。大量的同类型案件也是在经验重复和积累中完成。因此，如果法律科技具备了高效处理大量需求的能力以及存储和应用海量数据的能力，这个工程化就迈出了第一步。

（三）安全是一个绕不开的话题

大模型或者服务提供者，在数字化过程中不可避免地会涉及本文简单描述的几个方面问题：法律大模型需要遵守相关的法律规范和伦理原则，尊重用户的隐私和权益，防止模型产生误导、歧视、侵权等不良后果，同时需要提供合理的免责声明和使用提示，以降低潜在的法律风险。

多参数：参数规模庞大，多模态增加模型攻击面，参数记住了训练数据细节；大数据：训练数据规模庞大，无法人工标注检查，训练数据可能构成侵权；大算力：训练算力需求大，产生的碳排放量惊人，中小企业无力承担。此外，技术安全：数据模型窃取、模型不可解释、不一致攻击；社会安全：有害信息传播、弱势群体歧视、劳动代替；产业安全：配套体系薄弱、产业链风险传递、行业垄断。这些风险问题，其实会根据模型归属和属性问题获得解决或者规避风险。

（四）法律科技应当实现价值跨越

面对这一轮的机会，法律科技有机会实现跨越。因为以往的法律服务或法律科技通过信息有效传递创造价值，但其体量或数据规模与传统的电商、互联网、交通、生活等产业存在巨大的数量级差异。国内法律行业的数据量级，条数或者矛盾纠纷数量年均不超过 2 亿条，即便是加上各种伴生数据，行业不超过 50 亿条，而且分散在全国不同的部委以及政府各级主管部门、企业、律师事务所等。在分散且缺乏大数据支持的情况下，自行构建大型模型几乎是不可能的。因此，笔者认为更基本的是在模型应用方面进行探索和优化。

更进一步，不局限在法律服务自身或法律科技自身定位，跨越当前的传统定位，法律产业的范畴可以更大，服务只是已经发生或生产后的范畴，而法律范畴全链条包含立法、执法、司法，如果实现数字化打通，实现全链条供给和反哺，足以创造更加广阔的市场。另外，关于"法律＋行业"或"行业＋法律"，法律科技是整个链接的桥梁或者枢纽，泛法律共同体能够无缝且多快好省地实现法律价值带来的效率效能提升，并达到效果的更好呈现。

在法律科技领域，一直有几家上市公司和互联网大厂加持的公司比较活跃，能够面对每一轮的机会，都有代表行业的发声举措。期待领军企业有担当地帮助产业撑起大模型的空间。如华宇软件推出的万象大模型，其基于华宇多年来在法律科技领域的深耕，探索出了一条可落地的法律大模型构建之路，包括研究与论证、精调训练、知识增强、用户和场景验证四个层面。首先是通用大模型的研究与验证，主要了解优势与不足，研究提升方法，通过继续学习、指令学习、法律概念学习、专家反馈强化学习等方式，实现选择合适的基座模型和训练模式以及业务场景；进而以通用大模型进行法律精调训练，之后通过集成知识检索、数据融合、法律图谱、知识向量化、应用插件等能力，对法律大模型的应用进行知识增强，最后落实到法律场景的用户验证，使其真正满足用户需要。综上，基于万象的法律知识检索和法律知识问答关键技术，与通用大模型时的法律专业能力相比，有显著提升。

司法领域新巨头科大讯飞，于 2023 年 5 月 6 日正式发布"讯飞星火认知大模型"。在发布会现场给出"讯飞星火认知大模型"年内的三次升级里程碑和时间点，并分别于 6 月 9 日、8 月 15 日如期升级发布讯飞星火 V1.5、讯飞星火

V2.0。同时,"讯飞星火认知大模型"设定了实现对标 ChatGPT3.5 的目标(中文超越,英文相当)。近期,中国企业发展研究中心、《麻省理工科技评论》等权威平台发布的大模型评测报告中,"讯飞星火认知大模型"均为第一。此外,还有前述的北大 ChatLaw(智法)、北大法宝的 AI 等表现突出。法律大模型的代表则有 LexiLaw、幂律发布的垂直模型等。

以目前大模型小百亿级的资金投入基本体量,热切期待法律垂直领域企业能够参与基础建设部分,也期待法律科技企业更多考虑如何与大模型厂家结合,利用通用的模型基础达成自己独有领域的服务叠加,尤其对于小规模可以快速转向的科技企业而言,该领域更是充满前景。

五、法律服务市场如何在巨变下寻求机会

如前所述,由于 Transformer 是一项新技术,无论是传统玩家还是新兴企业都处在接近的起跑线,所以业界参与大模型的玩家非常多、类型非常广,各方都希望通过大模型抓住新一轮产业机会。创业黑马牛文文曾在演讲中提到,只要有一个革命性技术出来,中国在应用层会快速追上。那么,中国进入"百模大战",未来机会在哪?或者说,除了诞生 ToC 的"中国版 ChatGPT",中国的通用大模型企业其他的机会点在哪?

一方面,ToG 政府,为各级政府、各个城市部署私有化大模型。另一方面,ToB 企业,为一些有需求的企业部署私有化大模型。除了通用大模型,未来也将属于千千万万的行业大模型。这主要是因为,越来越多的人感受到通用大模型的问题。比如,大模型是"通才",但缺乏行业深度;又如,大模型无法保证内容可信,行业称之为"幻觉"。还有一个很现实的问题,共有大模型的训练和部署成本太高,大多数中小企业无法承担,进而导致无法普惠所有人。

相较于通用大模型,行业模型至少有三个优点:解决专业领域问题能力很强;训练和部署成本更低;升级和迭代更加灵活。或许,AI 大模型的未来,将是十几个通用大模型,以及成百上千个行业大模型。除此以外,基于大模型产生的 AIGC 应用更是数不胜数,遍布各个细分场景,帮助人们解决各个具体问题。

此外,行业的领导者也可能发生巨变。本轮变革除了模型竞争参与机会外,

其实更多的机会是基于模型的应用。新的基础设施或者基建，需要更好的服务厂商或者应用集成者的参与。这一轮热潮昭示着一个以新的技术底座为基础的模式开启，不仅技术所有方尚无太多积累，模型需要的海量关键数据也难以通过单一的百科全书或法律文书的简单累积而实现，而需要大规模、深层次的沉淀和涵养。更关键的是其模式变化，在一个深层逻辑下的行为变化引起的新体验可能是颠覆性的。在法律产业的智能化赋能下，更多参与方会加入，包括大量中小律师事务所。如电子商务领域，淘宝电商和传统商业有较大差异，当前视频平台与传统电商和直播带货等，都带来了颠覆性的变化，法律服务产业或迎来真正的重构。

结合本次 AI 的技术选择，产业的求变者机会也越来越多。本轮智能平台发布后，在互联网领域掀起巨大冲击，前期业内的领跑者们纷纷关注并涌入该赛道，尤其是 ChatGPT 问世以来，资本不断涌入这一轮大模型创业的热潮，犹如盛极一时的移动互联网热潮。而本轮的 AI 创业之星火，恰刚刚起步，燎原之势，未来可期。

同样，对于法律科技领域的变革者、颠覆者而言，如何依托本轮变革把握好、利用好服务数据，是投身此轮热潮的关键。服务平台层面是底层革新，向上传递到应用层级或使用层还有一段距离或时间，一如业内人士论及中美大模型差异的时间和距离。但是，这个时间差，足以给志在投身本轮变革的法律科技参与者、潜在供应商、客户以及政府部门等以充分的发轫空间。

六、结语

行业发展或者产业发展必须和政策紧密结合。建议国家出台政策鼓励科技在法律服务业的应用，促进法律与科技融合发展，搭建各方交流合作平台，举办有影响力的法律科技行业峰会，打造科技法律服务孵化器、加速器和产业园区；推动成立行业协会，加强行业自律，推动行业发展。此外，还应当进一步推行惠企政策"免申即享""即申即享"。扩大集成性政策清单覆盖范围；继续强化大数据归集和精准匹配，实现政策精准直达；筛选并扶持一批本地龙头法律科技企业，提供一定的融资支持，在特定应用场景以政府采购的方式支持企业发展，发挥头部企业的带动效应，推动行业规模化标准化发展。同时，加强宣传和引导工作。多渠道多形式开展宣传，做好政策的解读和辅导；多倾听行业主体特别是企业心声，深入了解法律科技企业发展诉求。

总而言之，伴随技术发展，人工智能等对法律服务行业将产生深远影响，亦可能衍生出"法律科技+"的新商业模式，法律服务也将逐步从定制服务转化为部分可标准化、产品化的服务。从事这个领域的泛法律职业共同体，在这一轮变革中需要重新在交互方式、数据处理、客户体验等方面寻求机会。

省厅（局）特色经验展示

"四个转变"打造高能级公共法律服务平台*

江苏省司法厅公共法律服务管理处

内容摘要：近年来，江苏省司法厅在率先建成公共法律服务实体、热线、网络三大平台，实现省、市、县、乡、村五级全覆盖的基础上，以构建高水平现代公共法律服务体系为目标，进一步推动平台建设提档升级，更好满足群众多层次、多元化的法律服务需求。在全省大力实施现代公共法律服务体系建设改革创新项目，充分发挥实体平台主干作用，按照"县级以上（含县级）平台提升专业能力、县级以下平台融入基层治理"的建设思路，着力构建错位发展、功能互补、一体联动的实体平台服务矩阵，推动实现"四个转变"，打造更高水平、更高能级服务平台。

关键词：公共法律服务平台；线上服务；一站式平台

一、资源配置从分散式向聚合式转变

（一）做实"一站式"平台

目前，司法资源短缺与社会纠纷快速增长之间的矛盾仍然显著，人民群众

---

* 基金项目：本文系2021年度国家社科基金重大项目"民事司法程序现代化问题研究"（项目批准号：21&ZD205）的阶段性研究成果。

对多元司法的需求不断增加，这就对纠纷解决机制提出了更高的要求。①为给群众提供更好的法律服务，"一站式"平台应运而生。江苏省在原有公共法律服务中心"全业务"进驻的基础上，针对市、县两级司法行政部门对外服务职能丰富、平台载体分散的现状，以公共法律服务实体平台为主干，推动市、县两级司法行政部门对外服务平台、载体全面向公共法律服务中心整体进驻，并同步拓展立法民意征集、涉企法律服务等新内容，提供全新的"一站式"公共法律服务。目前，市、县两级公共法律服务中心已基本初步完成职能整合，服务运行效率得到进一步提升，群众"进一扇门，畅享司法行政一揽子服务"。2023年1月至10月，全省各级公共法律服务中心累计提供服务事项119.92万件次，服务对象满意率保持在97%以上。

（二）推动"集约化"发展

重点将市级平台建设成集资源统筹、指挥调度、产品研发、高端服务等功能于一体的区域公共法律服务枢纽。针对辖区不同的基层社会需求，为基层人民群众提供更加便捷和更有实效的诉讼服务，建立更为快捷和便利的一站式诉讼服务和公共法律服务通道。②今年以来，各市级平台加快提档升级建设，其中南京市公共法律服务中心加强业务指导和指挥协调，统筹调配区域法律服务资源，在提供"面对面"服务的基础上，加强对12348热线、网站等"线上服务"的统筹管理，推进三大平台融合发展、一体服务。

（三）创新"配套式"服务

江苏在全国开创园区公共法律服务新模式，通过建立园区公共法律服务中心、法律服务产业园、法律服务队等形式，在全省176个省级以上园区实现公共法律服务全覆盖。其中，指导南京江宁打造法律服务产业园，创新建立面向企业的公共法律服务中心，在提供法律服务的基础上，引入行政审批、金融、保险、审计、税务、会计等服务资源，为园区内企业提供"一条龙"服务。2023年，指导苏州打造高水平苏州自贸片区公共法律服务中心，吸引包括国际

---

① 赫荣平、秦富：《浅议一站式多元解纷机制》，载《辽宁行政学院学报》2020年第1期。
② 杨凯：《人民法庭高质量发展的公共法律服务体系建构——以基层社会治理的中国式法治现代化建设路径为视角》，载《中国应用法学》2022年第6期。

商事法庭、国际仲裁机构、国际商事调解机构在内的30余家机构入驻，为企业提供全方位、全覆盖、全链条、全生命周期法律服务。

二、服务理念从条线化向体系化转变

（一）探索"集成式"服务

以司法系统为例，整体上决定司法效率的绝非仅仅是案件法律争议的复杂程度，送达、鉴定等司法辅助事项同样是重要影响因素。[①] 因此，为避免法律服务辅助事项的过分迟延，司法厅充分发挥实体平台资源优势，破解服务条线各自为战的问题，以矛盾纠纷化解服务场景为切口，探索"一件事、集成办"，针对不同类型纠纷和当事人诉求，统筹安排调解、行政复议、公证、仲裁等服务力量共同参与预防和调处，避免当事人多头寻求服务，推动矛盾纠纷高效化解。自2023年以来，全年累计化解矛盾纠纷113万余件，纠纷化解周期进一步缩短。

（二）创新"全闭环"机制

在职能整合基础上，以实体平台为主干，强化"一门收件""一站办结""一事一评"，推进建立"诉非融合"公共法律服务机制，[②] 建立健全引导分流、跟踪服务、协调对接和"线上+线下"等四项融合服务工作机制，确保业务衔接有序，推进智慧公共法律服务，主动顺应信息时代，[③] 服务让群众满意。其中，以实施国家标准化试点项目为契机，指导淮安市围绕服务接待、受理、办理、评价、反馈"全流程"，制定62项制度规范，建立市级公共法律服务中心标准化体系。

[①] 杨凯：《诉讼服务与公共法律服务制度协同的构架及路径》，载《南海法学》2022年第3期。

[②] 杨凯：《中国式现代化民事"诉非融合"公共法律服务体系建构》，载《法学》2023年第10期。

[③] 钱佳、姚晓炜：《智慧公共法律服务发展研究——以浙江省嘉兴市嘉善县为例》，载《中国司法》2021年第2期。

（三）构建"大服务"格局

2021 年，司法部印发了《全国公共法律服务体系建设规划（2021—2025 年）》，加快构建覆盖城乡、便捷高效、均等普惠的现代公共法律服务体系。[①] 江苏省推进省、市、县三级公共法律服务体系建设联席会议制度全覆盖，加快形成各部门协同推进公共法律服务的工作格局，促进公共法律服务有效融入公共服务。在全省 95 个县（市、区）公共法律服务中心普遍实现与社会治理、诉讼服务、信访以及其他公共服务的融合对接。其中，苏州市在主城区三级公共法律服务中心引入法院系统"云审·融诉驿站"，群众在公共法律服务中心即可享受立案、开庭、调解等在线诉讼服务，实现服务共建共享。

三、产品供给从单一性向多元化转变

"一元性"是社会发展的共性，"多线性"是社会发展的特殊性，两者在特定历史过程中形成共性与特殊性的统一。[②] 但如今基层社会发展的"一元性"已演变为"多元性"，[③] 基层公共法律服务的实践经验要求面向差异化的社会需求，实现产品的多元化供给。

（一）健全完善"两张清单"

近年来，江苏省司法厅面向公民、企业两类不同主体，分别研发"全生命周期"公共法律服务产品 400 件和 387 件，形成公共法律服务"两张清单"。其中，面向企业的《园区公共法律服务项目清单》，提供三大类 19 项服务，项目涵盖安全生产、知识产权保护、数字经济等多个领域；面向公民的《公共法律服务基本项目清单》提供四大类 24 项服务。2023 年，在此基础上，江苏省司法厅修订实体平台基本服务事项清单，梳理市、县、乡三级实体平台 65 项服务事项。

[①] 宋方青：《现代公共法律服务整合提升的保障机制》，载《中国司法》2022 年第 5 期。
[②] 罗荣渠：《现代化理论续篇》，北京大学出版社 1997 年版，第 55 页。
[③] 杨凯：《人民法庭高质量发展的公共法律服务体系建构——以基层社会治理的中国式法治现代化建设路径为视角》，载《中国应用法学》2022 年第 6 期。

（二）因地制宜打造个性化服务

鼓励、引导各地立足资源禀赋、需求特点，推进一地一品牌建设，新增更多富有地方特色和更高品质的服务内容。南京、苏州等地发挥法律服务人才聚集优势，加大金融贸易、商事仲裁、商事调解等高端法律服务供给。连云港突出非诉讼服务特色，加大行政争议化解、行政调解、行政裁决、农村土地承包经营纠纷调解仲裁、劳动人事争议仲裁等服务。苏南各市聚焦长三角一体化发展目标，加大公共法律服务区域协同发展的探索实践。

（三）民意引领服务创新

一方面，围绕新业态、新群体的新需求，加大公共法律服务产品研发。另一方面，构建以系统性、层次性、准确性、经济性、可行性、可比性六大原则[①]为标准，以发展差异化为考量的服务评价体系。其中，扬州等地聚焦直播经济，编写《直播电商常见法律争议合规指引》，帮助相关主体规避法律风险，即时解决法律纠纷，助力电商行业从"被动合规"向"主动合规"发展。盐城、宿迁等地瞄准快递、网约车、外卖人员以及新媒体主播等在内的新业态就业群体，针对工资待遇、劳动保护等缺乏规范管理，工伤问题频发等突出现象提供法治宣传、法治体检、法律援助等"套餐式"服务。常州创新实施公共法律服务进人才公寓，面向创新创业人才，组建专业服务团队，从公司设立、生产经营、求职招聘，到知产保护、纠纷化解等各个方面，提供"把脉式咨询、一站式导引、订制式服务"。

四、服务方式从响应式向能动型转变

改变以往等案上门、被动响应的方式，充分发挥主观能动性，开展下沉服务、巡回服务，推动优质法律服务资源向基层延伸，为群众提供更多"家门口"的公共法律服务。

---

① 参见沈亚平主编：《政府公共服务质量评价系统研究》，天津人民出版社 2019 年版，第 215~223 页。

（一）丰富镇街中心办事项目

在基层治理转型过程中，法律在社会秩序维系中的作用越来越大，①"送法下乡"方式不断创新，江苏省司法厅将乡镇（街道）公共法律服务中心打造成面向群众就近提供服务的一线窗口，着力提升法律咨询、纠纷调处、法治宣传、综合指引等基本公共法律服务质效，就地解决好群众日常法律事务。进一步优化业务代收协办制度，承接做好法律援助、公证等县级平台下沉服务职能，就近满足群众法律服务需求。2023年以来，在全省400余个乡镇（街道）公共法律服务中心首批推广部署远程公证系统，提供办理17类公证事项。试点期间，办理公证事项200余件，群众满意度100%。

（二）拓展村居顾问服务领域

开展扫黑除恶专项斗争、加强农村基层社会治理、实施乡村振兴战略、实现精准扶贫目标等，均需要"一村一法律顾问"制度的支持和保障。②省司法厅将村（居）法律顾问作为打通服务群众"最后一公里"的重要举措，连续多年纳入政府民生实事项目。2023年在全省部署实施"村（居）法律顾问万场讲法活动"，以"法治护农""法治惠民""法治助企""法治强基"为主题，举办法治宣传讲座，提供法律服务。前10个月，全省村（居）法律顾问提供现场服务28.26万人次，累计举办法治讲座49481场。

（三）健全基层网格联动机制

网格化管理借助信息技术，借助社会力量在政府层级、职能和部门之间进行全方位打通，是继"无缝隙政府"模式后在政府管理流程上的一个重大变革和突破。③网格员通常是问题的"发现者"而非"解决者"，基于此，江苏省司法厅健全完善"网格+公共法律服务"工作机制，推动人民调解员、村（居）

---

① 郭星华、邢朝国：《从送法下乡到理性选择——乡土社会的法律实践》，载《黑龙江社会科学》2010年第1期。
② 邵珠同：《"一村一法律顾问"制度的反思与完善》，载《南海法学》2019年第1期。
③ 竺乾威：《公共服务的流程再造：从"无缝隙政府"到"网格化管理"》，载《公共行政评论》2012年第2期。

法律顾问、法治宣传员与网格员形成双向互动，在全省培育 21 万余名"法律明白人"，实现综合网格全覆盖，有效引导法律服务资源融入网格化治理，依托"小网格"实施"微治理""精服务"。开展"万名人民调解员入网格进万家"活动，紧盯社会安全重大风险隐患开展常态化、滚动式排摸分析，全年开展矛盾纠纷排查超 20 万次。

"公共服务的具体内容始终处于流变中，其内容随着公共需求上升。"[1] 现代化公共法律服务体系的构建，是根植共同富裕理想、促进人的全面发展和社会全面进步的重要法治保障。[2] 下一步，江苏司法行政系统将着力推动公共法律服务高质量发展，让人民群众充分享受到更加智能精准、便捷高效的公共法律服务，不断增强群众的法治获得感、幸福感、安全感，努力回应人民群众对公共法律服务的新需求、新期盼。

---

[1] 参见胡建淼：《行政法学》，法律出版社 1998 年版，第 518~520 页。
[2] 杨凯：《论现代公共法律服务多元化规范体系建构》，载《法学》2022 年第 2 期。

公共法律服务中心建设

推进苏州现代法律服务产业高质量发展 聚力打造更优法治化营商环境[*]

徐亦文[**]

内容提要：随着苏州全面迈入服务经济新时代，苏州市司法局聚焦数字经济发展机遇，引领法律服务业高质量发展，在建设现代化产业体系中积极探索实践构建优质高效的现代公共法律服务业新体系，注重发挥公共法律服务体系建设的法治化引领作用。完善的公共法律服务体系建设成为助推苏州营造国际一流法治化营商环境的重要支撑和保障。

关键词：现代法律服务产业；高质量发展；公共法律服务

党的二十大将构建优质高效的服务业新体系纳入建设现代化产业体系进行系统布局。苏州跻身特大城市行列，规模庞大的经济总量，数量可观的市场主体和生物医药、纳米新材料、人工智能应用等新兴产业经济发展，催生着各项法律服务需求和产业发展。随着苏州全面迈入服务经济新时代，聚焦数字经济发展机遇，引领法律服务业高质量发展，成为助推苏州营造国际一流法治化营商环境的重要支撑和保障。

---

[*] 基金项目：本文系 2021 年度国家社科基金重大项目"民事司法程序现代化问题研究"（项目批准号：21&ZD205）的阶段性研究成果。

[**] 作者信息：江苏省苏州市司法局党组副书记、副局长。

一、全面布局法律服务业高质量发展

为更好满足各类市场主体多元化的法律服务需求，建立与苏州经济社会发展相适应的法律服务业体系，打造更优的法治化营商环境，苏州全面布局"1+1+4"（一个行动计划、一个扶持政策和四个实施方案）法律服务产业化发展路径，全面系统深层次谋划推进法律服务业高质量发展。

苏州市司法局紧抓大力推进新兴服务业高质量发展契机，将法律服务业纳入新兴服务领域，出台《苏州市法律服务业高质量发展三年行动计划（2023—2025年）》和《关于促进苏州市法律服务产业高质量发展的扶持政策（试行）》，加快集聚行业高端资源，长效推进法律服务行业全面高质量发展。

配套出台《关于促进苏州市法律服务产业高质量发展的扶持政策（试行）》，聚焦法律服务领域体制机制创新，提出对符合条件的高层次人才予以2万元/人标准的一次性补助，对总部新迁入苏州的优秀法律服务机构、年度业务收入达到一定标准、获评国家级省级荣誉、服务苏州经济社会高质量发展等方面取得突出业绩的法律服务机构给予不同程度的奖励，以实打实的"真金白银"支持举措为法律服务业高质量发展注入强劲动力。

与此同时，制定苏州市律师、公证、司法鉴定、仲裁行业高质量发展四个实施方案，分类明确行业发展任务。市律师协会、公证协会、司法鉴定协会、破产管理人协会、基层法律服务工作者协会共同发起成立苏州市法律服务行业联盟，进一步加强资源整合、优势互补、协同发展。

二、全域推进法律服务产业园建设

根据建设区域性法律服务产业园的战略部署，以提升法律服务水平作为优化营商环境的关键之举，苏州积极推进1+N法律服务产业园建设，推动法律服务高质量发展走在前。

坚持高站位谋划法律服务产业园区建设路径。落实市委关于培育壮大法律服务市场的指示要求，着力推进法律服务产业园建设，集聚优质法律服务资源、打造法律服务完整产业链、促进现代法律服务业发展。按照撬动资源力量、放大服务效能的建设路径，三个板块联动推进，即在打造"自贸区集聚发展示范区"的同时，推进"中心城区"和"县域"法律服务业集聚发展。目前已建成苏州自贸片区法律服务中心、姑苏法律服务产业园、常熟市琴川法律服务产业园、苏州高新区天都法律服务产业园，法律服务产业园以集群之势带动法律服务产业发展壮大。

聚焦高效能探索法律服务产业园区建设模式。对标国内法律服务业发达城市，招引高端法律服务头部机构在苏州中心城区落地，提升中心城区法律服务业集聚示范效能；结合县域经济社会发展特点，支持做强海上海事、物流运输、智能制造、台商服务等特色法律服务业，引进一批匹配经济社会高质量发展的特色化专业化法律服务机构；以苏州自贸片区法律服务中心为示范的法律服务集聚区，已入驻包括苏州国际商事法庭、新加坡国际仲裁中心苏州工作委员会、华东政法大学共建研究机构等30余家法律服务机构，并充分利用中新合作、自贸片区建设等区位政策叠加优势，逐步彰显为立足园区、覆盖苏州、辐射长三角、影响全国的法律服务新高地。各产业园区整合律师、公证、仲裁、司法鉴定等法律服务资源，配套金融、保险、税务以及行政审批等相关服务，成为服务市场主体的一站式综合法律服务平台和一站式争议解决平台。

锚定高质量推动法律服务链与产业链融合。针对法律服务供需两端主要以"点对点"的形式开展业务，即企业按需寻求法律专业人士提供小范围的定制服务，"链与链"的融合对接机制未有效建立，以及法律服务作用发挥主要集中在商事争议解决等末端环节，在企业融资上市、合规管理、风险防范等前端环节介入较少的情况下，推动产业链集成，进一步引导法律服务业加快集聚、规模化发展，打造高质量法律服务业新高地。全面服务经济社会发展大局，围绕"一带一路"、长江经济带、长三角一体化以及苏州自贸片区建设等国家战略在苏州叠加实施，大力拓展法律服务领域，研发100项企业全生命周期公共法律服务产品并制定图谱。积极响应市场呼唤，动态更新企业服务事项清单，增加知识产权法律保护、商业秘密保护、商事调解、企业行政合规等涉企公共法律服务。精准排摸不同类型产业园初创型企业、小微企业普遍性法律服务需求，组织一批专业方向、能力素养相匹配的法律服务机构分别与相关产业园结对，建立健全法律服务链和产业链融合机制。

三、全力深耕公共法律服务进园区

公共法律服务进园区的重点是国家级和省级的经济技术开发区（含新区和自贸区）、高新技术产业开发区和文化产业园，深入辖区各类产业园、创业园、商务中心、中小企业集聚区，实现公共法律服务全覆盖。苏州持续深化公共法律服务进园区，提供法治体检、合规审查、风险防范等全周期服务，通过一体化服务、项目化运作、品牌化发展，助企纾困解难，激发企业活力，优化法治化营商环境。

健全服务平台，在一体化服务上强供给。以覆盖全域和紧扣重点的建设思路，在全市18个省级以上园区公共法律服务中心全覆盖的基础上，通过设立产业园、创业园公共法律服务中心，建立企业公共法律服务站、联系点，组建法律服务团等形式，推进法律服务关口前移。打造一站式仲裁平台，依托苏州仲裁委员会苏州自贸片区庭审中心，进一步服务国际商事争端解决机制多元化建设；实现仲裁服务线上线下全覆盖，推广应用网上立案、网络庭审、仲裁员移动办案系统等信息化服务平台，进一步提升案件办理效率，为企业提供更加便利的争议解决路径。高新区司法局联合公检法共建苏绣品牌法治保障中心，联合法院、企服中心共建中小投资者权益保护法律服务中心。苏州知识产权仲裁中心、苏州知识产权综合法律服务中心，加强知识产权多元纠纷化解，降低企业维权成本。线上服务同发力，企业拨打12348或12345热线实现"一号响应"。拓展12348法网触角，建设苏州"益企直通车"、12348法网+等平台。共同开发长三角一体化示范区社区矫正和检察数据一体化平台，规范审批涉民营企业社矫对象经营性外出，2023年以来助力本地企业赢下超1亿元业务额。

精准对接需求，在项目化运作上创特色。贯彻落实《江苏省中小企业促进条例》，对标上海培育扶持中小企业政策措施，优化本地中小企业法律服务，补齐企业法务短板，防范化解企业法律风险，提升企业核心竞争力。针对民营企业、小微企业的高占比，苏州市公共法律服务中心持续开展"法惠民企"实践项目，采取定点值班+机动入园的方式，每年示范性服务企业1200多家；与市文明办联合发布"法护苗企"创新型企业全生命周期公共法律服务项目，结合"苗圃"企业经营管理模式和发展前景，开展股份制改造、股权激励、股权融资、治理合规等专题服务。张家港市打造"律管家"志愿服务项目，着眼服务实体经济和推进新型工业化。昆山市在全国县域首创"知识产权全链条保护法律服务"项目，建站组团驻点服务，护航企业敢闯敢拼。姑苏区连续5年项目化实施公共法律服务进园区，扎根文创产业园、物流园、专业市场，精准服务辖区小微企业，部分项目实现从购买服务向输出服务转变。

聚焦高精尖产业，在品牌化发展上出亮点。着眼长远规划，推动园区和行业加强载体设计和品牌策划，开展各具特色的专业品牌、行业品牌、团队品牌创建，为满足市场主体多样化需求的法治实践增强渗透力和吸引力。聚焦非遗产业，打造"绣美高新，法护营商"法治街道示范创建品牌，依托苏高新公共法律服务平台汇聚法检资源，为苏绣行业提供法治宣传、纠纷化解、合规指导。聚焦中新合作的世界一流高科技园区生物医药、纳米技术应用等产业，打造"理想·月月谈"法律服务交流品牌，形成面向市场主体的法律服务矩阵，推动法律服务向专业化和价值链高端延伸。瞄准对德合作平台，主动服务提升高端装备、先进材料、现代物贸三大主导产业规模质效，培育壮大航空航天、生物医药、文化旅游三大特色产业，"璜司晋企"品牌项目促使太仓市某企业获得银行授信总额度高达8000余万元。针对对外贸易、项目投标等涉外公证明显增多，开通"急证"绿色通道，实施优化服务、优化流程、优化质量，快速受理、快速上门、快速出证"三优三快"涉外公证服务品牌，加快"受理+翻译+出证"时间，跑出公共法律服务加速度。

加快推进成渝地区双城经济圈公共法律服务一体化建设[*]

刘景文[**]

内容提要： 本文结合成渝两地公共法律服务体系建设的实践经验和发展趋势，围绕加快构建成渝公共法律服务一体化战略布局，营造成渝地区良好的法治化营商环境，就加快推进成渝两地双城经济圈公共法律服务一体化建设提出若干思考建议。

关键词： 双城经济圈；公共法律服务体系；一体化

2020年1月，中央财经委员会第六次会议部署推动成渝地区双城经济圈建设，确立了"一极两中心两地"目标定位。2020年11月18日，党中央、国务院正式印发《成渝地区双城经济圈建设规划纲要》，标志着成渝地区双城经济圈战略正式进入全面实施阶段，指明了总体工作方向。中国共产党四川省第十一届委员会第七次全体会议通过《中共四川省委关于深入贯彻习近平总书记重要讲话精神，加快推动成渝地区双城经济圈建设的决定》，要求强化公共服务共建共享，为推进成渝公共法律服务一体化提供了基本遵循。成渝两地司法行政部门把唱好"双城记"作为工作重中之重，高度重视成渝公共法律服务一体建设，提供了坚实的工作保障。围绕加快构建成渝公共法律服务一体化，营造成渝地区法治化营商环境，提些初步的思考和建议。

---

[*] 基金项目：本文系2021年度国家社科基金重大项目"民事司法程序现代化问题研究"（项目批准号：21&ZD205）的阶段性研究成果。

[**] 作者信息：四川省成都市司法局公共法律服务管理处处长。

一、成渝公共法律服务一体化建设成效明显

成渝地区双城经济圈建设是党中央交办的重大使命任务。在两地党委、政府领导下，川渝层面、成渝两地紧紧围绕唱好"双城记"、建好"经济圈"，坚持"一盘棋"思维和"一体化"目标，推动公共法律服务融合发展，取得了良好进展。

（一）搭建了成渝公共法律服务一体化总体框架

在《重庆市司法局、四川省司法厅深化战略合作协同打造"四个共同体"（区域法治、法律服务、监管安全、法治人才）助推成渝地区双城经济圈建设框架协议》总体思路基础上，成都市司法局与重庆市司法局进一步签署了《关于发挥重庆主城区和成都市双核作用推动成渝地区双城经济圈法治建设重点项目合作协议》，深化了成渝两地律师、公证、司法鉴定、仲裁四个重点领域合作，明确了平台载体一体化、法律服务一体化、法治保障一体化三大类 16 项重点项目，引领成渝公共法律服务深入合作。截至目前，在《成渝司法行政区域合作重点推进项目清单》的指导之下，成渝两地公共法律服务领域已签署具体服务项目合作协议 14 个，联合出台一系列工作方案、业务指引等，指导成渝两地区（市县）司法局签订系列合作协议。

（二）形成了成渝公共法律服务一体化合作共识

成渝两地都以成渝双城经济圈建设重点项目为抓手，充分发挥成都和重庆公共法律服务示范带动作用，有力促进成渝地区共享优质的法律服务资源，为成渝地区双城经济圈建设注入新的动力。联合发布"涉外法律服务机构及律师名录"94 家和"知识产权保护法律服务机构及律师名录"440 名，并向双方企业推介，持续优化营商环境；联合选聘马善祥、王兴华等川渝地区调解专家 100 名，成立川渝首个联合调解室，着力化解重大矛盾纠纷；推动川渝申请律师执业人员实习期限、集中培训及面试考核互认，简化律师跨区域转出转入手续流程，两地律师档案跨区域转出转入由 30 天缩短到 3 天，促进了法律服务人才自由流动；建立川渝公证机构协助核实机制，启动两地公证行业异地调查核实工作，为群众提供快捷高效服务。

（三）确立了成渝公共法律服务一体化工作机制

在重庆市司法局与四川省司法厅指导下，组建川渝司法行政战略合作工作协调小组，建立川渝司法厅（局）战略合作联席会议、工作会商、公文管理、信息交流等工作制度，定期开展互动交流，成果逐步显现。据不完全统计，2020年5月至2023年5月，在成都和重庆召开川渝司法行政、公共法律服务、基层治理等3次联席会议、1次协调小组会议和10次行业领域专题交流会，开展工作会商40余次，联合印发文件10个，共享重要信息120余条。截至目前，在公共法律服务领域已签署合作协议14个，联合出台工作方案、业务指引等9个，商定推进合作项目13个，指导川渝两地区（市县）司法局签订合作协议9个。

二、成渝公共法律服务一体化建设现实困难

成渝两地公共法律服务发展迅速，尤其是双核城市成都和重庆，各自在公共法律服务领域都位列全国前列，取得了不错的成绩，但在双方共建共享方面也有诸多困难。

（一）一体建设存在制约

公共法律服务是公共服务的组成部分。推进成渝公共法律服务一体化，必然受到行政级别、经济发展情况等制约。当前，重庆行政级别比副省级城市的成都高了半个行政级别，推进公共法律服务领域协同立法、制定统一的保障性政策制度等方面都不在一个层级，客观上制约了成渝公共法律服务一体化进程。

（二）服务发展深度不够

对标京津冀、长三角、粤港澳大湾区，成渝公共法律服务领域缺乏有效的分工合作安排，成渝法律服务团队合作响应新型法律问题不够，对于先进制造业、网络信息安全产业、新药创制产业、大健康产业、电子竞技产业等重点领域衍生的新型法律问题，尚缺乏及时、有效的法律服务产品供给，成渝公共法律服务总体水平有待进一步提高。

（三）资源整合需要持续

成渝公共法律服务体系还需要进一步完善，促进公共法律服务资源均衡配备的措施需要进一步精准，特别是要对部分地方在公共法律服务体系建设上存在着层层递减的现象进行纠正，避免因公共法律服务虚化、运行困难，导致人民群众无法享受到双城同质的公共法律服务。

（四）协同创新存在差距

对公共法律数字化、信息化领域的合作的重视程度不高，互通共享不够深入，缺乏高能级的合作项目，缺乏有效的运营保障。特别是在促进公共法律服务平台建设与5G、人工智能、大数据、云计算等现代科技的深度融合仍有不足，法律服务模式的创新升级有待加强，协同创新服务产品的水平不够高。

（五）共振效应不够明显

成渝两地公共法律服务总体合作框架下的常态化沟通协调机制、纠纷联动化解机制、人才交流培养机制、长效保障机制尚未完全建立，多方参与机制还不健全，约束力、执行力较弱。成渝两地律师协会等行业组织的合作方式比较松散，合作领域主要局限于业务协助、活动举办、交流互访等，尚未形成具有行业影响力的合作项目。成渝两地提出"共建共享"外国法查明中心、国际商事纠纷解决平台等多个具体项目，但仍处于前期论证与构思阶段，对如何通过项目建设实现优势互补，缺乏针对性措施。

三、成渝公共法律服务一体化建设思考建议

（一）共优公共法律服务体系，为建设具有全国影响力的重要经济中心提供保障

法治是最好的营商环境。要把公共法律服务体系建设作为法治建设的基础性、长期性工作，以成、渝中心城市为依托，在推动公共法律服务实体、热线、网络平台一体化建设过程中，明确各自错位互动的公共法律服务功能，为成渝

地区经济建设提升优质法律服务保障。一是打造"无缝对接"实体平台。在现有实体平台基础上，打造产业功能区、艺术区、旅游休闲区等特色公共法律服务分中心（工作站），建立"产业功能区+驻点律师"精准匹配机制，推动法律服务关口前移。坚持司法所和镇（街道）公共法律服务工作站同步建设，以村（居）法律顾问服务为基础，提升社区法律之家（公共法律服务室）服务能力，为群众提供身边的公共法律服务。二是打造"一键接通"热线平台。将成渝两地"12348"法律服务热线互联互通，统一建成"线上+线下"同步服务模式，引导线下法律服务资源均衡发展，提高热线咨询和线下服务的便捷性、稳定性和有效性。三是打造"扫码可得"网络平台。推动四川法网与重庆法网并网运行，综合运用成渝法治类官方微博、微信和客户端，开展"互联网+公共法律服务"，共建法律服务案例库，实现公共法律服务信息资源共享。四是打造"云端共享"成渝公共法律服务云中心。合作建设以四川、重庆"两地法网"为枢纽，以案例库、法律咨询、法律引导"三个模块"为基础，以应急响应、资源调度、实体服务"三个系统"为支撑的公共法律服务"云数据"，共享两地法律业务数据信息，形成区域性法律信息数据库，推动信息资源对接共享，实现配置效应最大化。五是统一成渝公共法律服务标准。加快成渝公共法律服务"专业化+行业化"进程，逐步统一各类法律服务产品、机构资质认定、设施建设、人员配备、业务规范、工作流程等具体标准，促进公共法律服务标准化、规范化。

（二）共聚公共法律服务资源，为建设具有全国影响力的科技创新中心强化支撑

律师、公证、司法鉴定、仲裁等公共法律服务资源，在服务和保障科技创新中承担着重要作用。要促进公共法律服务资源向成渝集聚，助推具有全国影响力的科技中心建设。一是合力打造全国公共法律服务人才集聚高地。落实成渝两地法律服务业发展和人才引进政策，吸引全国知名律师事务所到成渝设立分支机构，吸引全国优秀律师人才到成渝发展。争取在成渝地区设立司法部服务"一带一路"研究中心（成渝）分中心。共同争取司法部支持，将粤港澳地区"一试三证"（一次考试可获得国家职业资格认证、港澳认证及国际认证）政策在成渝落地，助力成渝两地律师跨境便利执业。积极与西南政法大学等高校

机构合作，引进高质量涉外律师和后备人才，并将其纳入"英才计划"等，提升公共法律服务资源的厚度。二是共同打造全国公共法律服务教育培训基地。整合成渝两地公共法律服务资源，共建共用培训基地和师资库，推进司法鉴定执业资质互认、教育培训互认、实习律师培训及面试考核结果互认。协同打造高端法律服务实战训练和理论培训基地，共建"巴蜀律师学院"，深化知识产权领域公证员培训，创新司法鉴定人论坛，共育成渝地区法律人才。三是协力建设成渝公共法律服务人才市场。合作建立成渝法律人才信息库，建立法律服务人才信息共享平台，推动法律服务人才信息资源对接共享，实现配置效应最大化。依托"互联网＋政务服务"，简化法律服务机构及人员跨区域执业行政审批程序，减少相关证明材料、证明事项内容，实现"一网通办"。四是协同建设全国法律科技服务联盟。推动公共法律服务与科技创新手段深度融合，强化公共法律服务数据的归集、分析和研判，用"数据流"驱动两地公共法律服务人员密切协作。加强对智能化设备的利用，及时调整智能化设备的配置，同步加强技术培训，利用智能化设备提高服务水平。

（三）共拓公共法律服务领域，为建设改革开放新高地增加动能

成渝地区作为"一带一路"建设重要节点，需要进一步提升涉外公共法律服务能力，努力为推进改革开放贡献更多力量。一是深入推进天府中央法务区建设。按照一区多园模式，制定时间表、路线图，实施挂图作战，共同促进中国国际经济贸易仲裁委员会国际仲裁中心、"一带一路"国际商事调解（西南）中心、"一带一路"外国法查明（西南）中心提档升级，着力构建资源共享、优势互补、便捷高效的"一站式"涉外法律服务平台，努力形成与成渝两地对外开放相适应的法律服务支撑体系。二是积极推动成渝律师抱团"走出去"发展。联合出台促进两地法律服务发展政策制度，支持鼓励两地优质法律服务企业开展项目合作，互设分支机构，鼓励成渝两地律师事务所在"一带一路"沿线国家和地区互补设立分支机构。三是合力打造全国公证改革创新策源地。推动在四川大学、西南政法大学等高校挂牌成立"成渝公证理论研究中心"，开设公证学，总结提升公证书跨区域调查核实、跨国远程办证等创新举措，打造具有示范带动效应的公证品牌。争取司法鉴定试点任务，建立统一的公证业务协作平台，促进行业创新发展。四是培育涉外公共法律服务品牌。提升公共法律服务

的国际化视野,组建成渝涉外公共法律服务团,聚焦知识产权、污染防治、国际商事、跨境物流、涉外金融等领域,打造涉外公共法律服务品牌,促进成渝地区国际化水平提升。

(四)共提公共法律服务质效,为建设高品质生活宜居地贡献力量

要突出共建共享目标,通过具体服务项目、创新举措,深入推进成渝地区公共法律服务一体化,努力实现"人民群众享有的基本公共法律服务质量和水平日益提升"目标。一是打造"15分钟公共法律服务圈"。共同做精"全时空"陪伴式法律服务,提档升级"区—街—社"三级法律服务平台,开通"一村(社区)一法律顾问"跟踪服务微信群,创新推出"法律超市"等举措,将公共法律服务送到群众身边。二是开展矛盾纠纷化解"最多跑一地"改革。充分利用互联网时代的技术优势,建设覆盖成渝的线上调解、仲裁平台,建立两地调解员、仲裁员资格认定统一标准,推动两地调解员、仲裁员资格跨地区互认,跨地区交流和工作,推动调解协议、仲裁裁决的跨地区互认和执行。三是总结推广"零接触"公证经验做法。扩大数据共享范围,在两地扩大赋予强制执行公证、抵押公证、提存等其他公证类型的数据共享,提高信息核实和公证文书辨伪的效率和准确度,建立配套的公证员审查义务的免责机制,切实方便成渝地区群众办理公证。四是提升司法鉴定便民服务水平。鼓励司法鉴定机构拓宽鉴定业务范围,加强两地共建和两地互补,采取共建实验室、人才培养、建立分支机构等方式,满足群众日益多元多样鉴定需求。五是深化法律援助协同共建。争取在援助范围,特别在经济困难标准、申请、受理和实施,权利和义务,法律责任等主要方面尽可能地作出一致性规定。进一步就申请材料递交、援助律师指派、补贴标准和发放程序等事项,相互提供支持和便利,试点部分援助案件互派援助律师,提高法律援助效率和社会效果。

(五)共促公共法律服务协同,为推动成渝地区双城经济圈建设凝聚共识

成渝公共法律服务是一项长期工作,需要发挥各个方面的积极性和创造性,凝聚更多的社会共识。一是探索开展两地立法协同。加强协作配合,做好"顶层设计",推动形成与成渝公共法律服务一体化建设相适应的地方性法规和政府规章体系,避免因立法差异造成公共法律服务对接壁垒。废止或者修改限制、

阻碍公共法律服务协同发展的法规制度，及时评估协同立法的效果，进一步协调法规规章冲突。二是加大经费保障力度。将成渝两地公共法律服务建设经费纳入同级财政预算，加大政府对购买公共法律服务的投入力度。引导社会力量或资金参与公共法律服务体系建设，鼓励通过慈善捐赠、依法设立公益基金会等方式，引导社会资金投向成渝双城公共法律服务领域。加大对欠发达地区财政支持力度，遵循公共服务均等化原则，建立健全补偿机制，构建互动机制，逐步缩小地区差距，有序推进公共法律服务协调发展。三是建立成渝公共法律服务联盟。鼓励法律服务行业协会突破行政区划障碍，组成跨地区的行业联盟，共同制定区域行业发展规划、区域共同市场规则，推动在分立的行政区基础上形成共同的内在机制，实现组织体系内的超行政区的协调与管理。四是完善信息交流共享机制。每年召开1到2次由司法行政机关领导、律师代表和法学专家等法治人才构成的法律服务联席会议，审议成渝法律服务一体化建设的重大规划、重大政策、重大改革、重大项目、工作方案等事项。建立成渝公共法律服务合作论坛，让更多的人和组织参与到成渝法律服务一体化的建设中来。五是完善激励机制。通过物质和精神奖励等方式，将社会力量提供公共法律服务与税收减免、年度奖励、职称评定等挂钩，引导更多力量主动参与到成渝公共法律服务一体化建设，激发全社会参与成渝公共法律服务一体化建设的热情。

《中国公共法律服务》约稿函

党的二十大报告指出要"建设覆盖城乡的现代公共法律服务体系"。公共法律服务是全面依法治国的基础性、服务性和保障性工作，是当代中国社会治理实践和全面推进依法治国的进程中形成的一个全新法治概念和理论命题，亦是建构中国法学自主知识体系的生根点、增长点和重要支点。与此同时，公共法律服务学科的兴起与发展，因应了《关于加强新时代法学教育和法学理论研究的意见》中所提出的优化法学学科体系之要求。

为了推进公共法律服务学科建设和学术研究，为公共法律服务学科提供理论与实践相结合的、更加广泛融合的交流平台，依托司法部与华东政法大学部校共建"公共法律服务协同创新与数字治理研究基地"，由华东政法大学"经天学者"特聘教授、博士生导师、公共法律服务研究院院长杨凯担任主编，创办《中国公共法律服务》，采用定期连续出版书籍形式，每年出版4辑，由人民法院出版社定期出版。

《中国公共法律服务》的宗旨是：聚焦中国式法治现代化的理论与实务热点问题，提炼公共法律服务理论命题，汇聚法律服务行业的整体力量，关注法律科技创新和产品研发应用前沿，聚力公共法律服务行业的数字化转型，推进公共法律服务行业和法律科技产业高质量发展，弘扬中国公共法律服务体系建设的发展理念、理论、思想和实践，从而将公共法律服务实证应用法学研究融入全面依法治国实践，适应法治建设新要求。

《中国公共法律服务》开设有特稿、融合发展理论、诉讼公共服务、线上线下结合、基层社会治理、法务区建设前瞻、公共服务新视野、新时代枫桥经验等栏目。来稿可以围绕中国公共法律服务的本土性概念和时代性功能展开理论探讨，可以对公共法律服务的针对性政策和体系性制度进行实证研究，可对当前公共法律服务的理论、规范与实践等维度的现状进行反思，亦可将公共法律服务与枫桥经验、诉源治理、基层社会治理、在线诉讼、在线调解等法学命题相结合展开融合思考、交叉研究。

本书还特别设置了"省厅（局）特色经验展示、公共法律服务中心建设、科技应用前沿和产品创新"等特色栏目，尤其欢迎公共法律服务行业各条线的实务工作者和法律科技企业的研发人员提出实践问题，凝练实践经验和展现前沿法律服务产品。

一、稿件要求

（一）一般规定

1. 稿件应为尚未发表的原创作品，稿件需有中文内容提要和关键词。正文中的层次序号按照"一、""（一）""1.""（1）"的顺序使用。

2. 文中注释一律采用脚注，每页重新编号，编号格式为：①②③等。

3. 来稿中请注明作者的单位、职称（或职务）和联系方式，作者简介信息注以星号上标。

4. 如果来稿系受基金项目资助的成果，请注明项目名称、类别和项目编号。

（二）注释范例

1. 专著

蔡虹：《中国民事诉讼法的鼎新逻辑》，法律出版社2021年版，第×页。

[美]理查德·A.波斯纳：《超越法律》，苏力译，中国政法大学出版社2001年版，第×页。

2. 编著

张文显主编：《马克思主义法理学——理论与方法论》，吉林大学出版社1993年版，第×页。

3. 期刊

胡云腾：《论理解与践行"努力让人民群众在每一个司法案件中感受到公平正义"的几个问题》，载《中国青年社会科学》2020年第4期。

张文显:《中国法治40年:历程、轨迹和经验》,载《吉林大学社会科学学报》2018年第5期。

4. 报纸

张文显:《统筹推进中国特色社会主义法治体系建设》,载《人民日报》2017年8月14日第7版。

二、投稿方式

本刊实行优稿优酬,肯定学术劳动价值,鼓励和扶持青年学者的研究成果。稿约常年有效,接受投稿采用线上电子邮件方式。

本刊唯一收稿邮箱:ZGGGFLFW2023@163.com

联系人:白蒙尼 15737128525、王璨璨 15622362050

《中国公共法律服务》编辑部

2023年10月28日